中國倫理思想研究文叢

三 編

王澤應 主編

第 5 冊

船山與船山學研究文集

王興國 著

花木蘭文化出版社

國家圖書館出版品預行編目資料

船山與船山學研究文集／王興國 著 -- 初版 -- 新北市：花木蘭
文化出版社，2015〔民 104〕
目 2+292 面；19×26 公分
（中國倫理思想研究文叢 三編：第 5 冊）
ISBN 978-986-404-234-0（精裝）
1.（清）王夫之 2.學術思想 3.清代哲學
190.9208   104012130

ISBN- 978-986-404-234-0

中國倫理思想研究文叢
三 編 第 五 冊   ISBN：978-986-404-234-0

船山與船山學研究文集

作　　者　王興國
主　　編　王澤應
總 編 輯　杜潔祥
副總編輯　楊嘉樂
編　　輯　許郁翎
出　　版　花木蘭文化出版社
負 責 人　高小娟
聯絡地址　新北市中和區中安街七二號十三樓
　　　　　電話：02-2923-1455／傳眞：02-2923-1452
網　　址　http://www.huamulan.tw 信箱 hml 810518@gmail.com
印　　刷　普羅文化出版廣告事業
初　　版　2015 年 9 月
全書字數　261117 字
定　　價　三編 12 冊（精裝）新台幣 22,000 元

船山與船山學研究文集

王興國　著

作者簡介

王興國（1937.9～），男，湖南長沙人。湖南省社會科學院哲學研究所原所長、研究員，國際儒學聯合會理事，中國哲學史學會理事，中國近現代哲學史學會理事，船山學社社長，湖南省佛教文化研究會常務副會長，湖南省道家道教文化研究中心副主任，湖南省湖湘文化交流協會副會長，湖南省哲學學會副理事長，湖南省孔子研究會副理事長，湖南省書院研究會副理事長，湖南省譚嗣同研究會副理事長，湖南省毛澤東思想研究會常務理事，湖南省鄧小平理論研究會理事兼副秘書長。研究方向：中國思想史、馬克思主義哲學史（主要是毛澤東思想發展史）、湖湘文化史。1961 年於中國人民大學哲學系本科畢業，同年被分配到湖南哲學社會科學研究所工作。1969～1977 年在中共湖南省委寫作小組工作。1977年 8 月至今在湖南社會科學院工作。1983～1997 年任湖南省社會科學院哲學研究所所長。主要著述及獲獎情況：《當代中國哲學問題》（主編之一），1987 年湖南人民出版社出版，獲湖南省首屆優秀社科成果二等獎；《賈誼評傳（附陸賈晁錯評傳）》，1992 年南京大學出版社出版，獲湖南省第二屆優秀社科成果二等獎；《青年毛澤東的思想軌跡》（合著），1993年湖南出版社出版，獲湖南省第三屆優秀社科成果三等獎；《當代中國的馬克思主義》（副主編之一），1994 年湖南出版社出版，獲 1994 年度湖南省「五個一工程」獎，湖南省第三屆優秀社科成果二等獎；《湖湘文化縱橫談》（主編），1996 年湖南大學出版社出版，獲1996 年度湖南省「五個一工程」獎；《郭嵩燾評傳》；1998 年南京大學出版社出版，獲湖南省第五屆優秀社科成果一等獎。其他專著還有：《毛澤東早期哲學思想研究》（合著），1980年出版；《楊昌濟的生平及思想》，1931 年出版；《王船山認識論範疇研究》（合著，1982 年出版）；《運動與靜止》，1986 年出版，《毛澤東：走向馬克思主義》（合著，1993 年出版）《毛澤東與佛教》1995 年出版；《實事求是論——馬克思主義「實事求是」命題與中國傳統文化》，1998 年出版。此外，還發表了 100 多篇論文。

提　　要

　　王船山是中國明末清初時期傑出的哲學思想家和百科全書式的學者，他以「六經責我開生面」的學術精神自許，在傳統哲學、史學和文學諸領域都作出了革故鼎新的研究，將中國傳統哲學和學術思想發展到一個新的階段。王船山的學術思想和人格品質在中國近代思想史上產生了重大而深遠的影響。收入本書的論文對船山思想和生平作出了頗爲全面系統的研究，涉及王船山的本體論、發展觀、重民思想、實學思想以及王船山對湖湘文化的繼承與創新等，並對船山學研究的一系列理論和實際問題予以深度的探究，拓展了船山學研究的新領域。著述是作者 50 年研究船山思想和船山學的成果總匯，具有較高的學術理論價值。

目次

我與船山和船山學
（代前言）

　　吾人生也有幸，1961 年秋天從中國人民大學哲學系畢業，分配到湖南哲學社會科學研究所哲學組工作後，在學術上接觸的第一件大事，就是籌備 1962 年紀念王船山逝世 270 週年學術討論會。從此以後，我便與船山和船山學結下了不解之緣。特別是文化革命之後，重建船山學社，召開一系列船山學術討論會，恢復《船山學報》（《船山學刊》），出版《船山全書》，我都躬與其事。回顧一生中與船山和船山學的關係，感到十分親切和欣慰。

一

　　1961 年 10 月，爲了紀念辛亥革命 50 週年，由中國歷史學會在武昌舉行了一次學術討論會，取得了很大成功。會後，時任武漢大學校長的李達（1890～1966，湖南永州人）與時任湖南考古歷史研究所所長的謝華（1894～1987，湖南衡陽人）經過商量，共同倡議 1962 年在長沙舉行一次紀念王船山逝世 270 週年學術討論會。此一倡議，得到了中共湖南、湖北兩省省委的支持，以後又得到中國科學院哲學社會科學部（中國社會科學院前身）的大力支持，於是由兩省哲學社會科學聯合會共同籌備這次會議。當時，湖南省哲學社會科學聯合會還沒有獨立建制，而是湖南哲學社會科學研究所的一個處級機構（只有兩三個工作人員），所以湖南方面的籌備工作，主要是由湖南省哲學社會科學研究所屬下的社聯和哲學組的科研人員來承擔。我在籌備和召開這次學術討論會的過程中，主要做了以下四件工作：

其一，爲會議撰寫論文。當時哲學組成立不久，科研人員大多是剛從大學畢業的年輕人，對船山雖然知其人，但缺乏深入研究。於是時任湖南哲學社會科學研究所副所長王興久（所長是時任中共湖南省委宣傳部副部長的方克兼任，王是唯一副所長）便確定由年紀較長的王忠林負責，率領王興國和楊際平，在開會之前一定要寫出一篇文章參加學術討論會。我們 3 人集中精力，認眞研讀太平洋本《船山遺書》。經過一段時間的閱讀原著和有關資料，確定研究王船山的辯證法思想。題目確定後，3 人分工寫題綱。分工之後，又進一步閱讀船山所有的哲學著作，並且做分類索引。經過反復討論修改，初稿完成之後，交由王忠林統稿。此文最後定名爲《試探王夫之的發展觀》，共分五個部分，分別對船山的動靜觀、聯繫觀、矛盾觀、發展觀等方面進行了比較系統的論述。我在寫這篇文章時，雖然所占的篇幅不多，但確實是認眞讀了不少船山原著，對船山思想的博大精深有了初步的體會，也爲我以後的科研工作積累了一些經驗。這篇文章後來以「林國平」的名義提交紀念王船山逝世 270 週年學術討論會，並且收入中華書局 1965 年出版的《王船山學術討論集》（上冊）。後來有人問我，林國平與林增平（湖南師範大學教授）是什麼關係，我說林國平是一個筆名，即取王忠林、王興國、楊際平三個人名字的最後一字。

其二，會前赴山東濟南迎接專家學者。1962 年的船山學術討論會預定開會時間是當年 11 月 18 日至 26 日。在此之前，山東省於 11 月 6 日至 12 日在濟南舉行山東省第二次孔子討論會，這次會議邀請了不少全國知名學者參加，而且其中不少人也是船山會已經邀請並答應到會的。可是正當湖南的會議緊鑼密鼓的準備迎接京滬等地專家學者蒞臨時，從濟南傳來中華書局總經理金燦然的電話：一些專家學者在參加濟南會議的過程中感到疲勞，不想來湖南參加船山會了。這時，作爲會議籌備小組主要負責人之一的王興久便立即指示哲學組組長曹忠琨和我迅速趕赴濟南，當面請求專家學者一定要到長沙來。同時指示我們順便瞭解山東方面是如何接待專家和組織這麼大型學術會議的經驗。我和老曹坐火車連夜趕赴濟南，這時會議剛好閉幕，專家學者第二天就要去曲阜孔子故里參觀。當時長沙會議邀請的 13 名外地專家中，有 7 人在濟南參加孔子討論會，他們是：呂振羽、馮友蘭、關鋒、金燦然、楊榮國、吳澤、林聿時。我們到濟南後不僅逐一對他們拜訪和當面邀請，而且陪同他們返回北京，購好飛機票再陪同他們到長沙。到北京後，我找到了在中

國人民大學讀書時的老同學、時在《紅旗》雜誌工作，並且跟關鋒學習和研究中國哲學史的閻長貴，他帶我們去關鋒家，關鋒對我們說，我還給你們邀請了一位客人吳傳啓。當時，關鋒任《紅旗》雜誌編委和中國哲學史研究組組長，他和林聿時、吳傳啓三人緊密合作研究哲學和中國哲學史，以「撒仁興」的筆名發表了大量文章，名振一時。「撒仁興」乃「三人行」的諧音。11月17日，專家學者在老曹的陪同下，乘飛機到長沙，而我、閻長貴和中國科學院哲學社會科學部一位處長則坐火車到長沙。因為那時候因公坐飛機是有級別限制的。

其三，討論會期間我當哲學二組紀錄員。哲學二組成員有潘梓年、關鋒、馮友蘭、吳傳啓、范陽、蕭萐父、唐明邦、方克、陳學源、朱凡、王忠林、吳立民、閻長貴等 30 來人。1962 年 11 月 19 日下午和 20 日上午，哲學二組圍繞船山的認識論進行了熱烈的討論。馮友蘭重申他前一天關於船山在心與理的關係上未超過朱熹的觀點。他當場拿著《讀四書大全說》原著（太平洋本），分析了船山在其卷一中所講格物致知一段話，認為「吾心之知有不從格物而得者」等語，和朱熹的「一旦豁然貫通」之說相同。船山所謂「無心外之理」，即朱熹的「心具眾理而應萬事」；所謂「人有理外之心」，即指有些心不能循理，因而，和朱熹一樣，在「知覺運動」的「人心」之上講「仁義之心」的「道心」；「道心」先驗地「具眾理」。船山有批評朱熹之處，卻又站在陸王立場上去了。可見，他在認識論上未超出道學唯心主義。關鋒同樣引述了《讀四書大全說》那段話，指出船山在這裡所批判的，主要是對「格物、致知」的割裂，他基本正確地解決了格物和致知、學問和思辨的關係問題。在克服經驗主義中，強調了可以「格一知十」，「吾心之知有不從格物而得者」，也有其正確性。至於在心、理關係上，雖解決得不夠好，但主要思想是正確的，顯然超出了程朱的圈子，而有新東西。蕭萐父說：這一問題，涉及對船山哲學的根本評價。船山的「理」，根本區別於朱熹的「邏輯本體」，而是「顯著於天下」的客觀事物的法則；「以心循理」，根本區別於客觀唯心主義的以心「立理」，而是主觀反映客觀。「天下無心外之理，而特夫人有理外之心」，這是反對不可知論，肯定理性思維的「純」、「約」、「推」、「貫」等能力為人所特有（《紀念王船山逝世 270 週年學術討論會簡報》第 3 期，1962 年 11 月 21 日）。這種討論表面上看來是心平靜氣的「百家爭鳴」，但暗地裡卻充滿了火藥氣味。因為按照當時的說法，「百家爭鳴」實際上是兩家，即無產階級一

家，資產階級一家。當時的關鋒、吳傳啓和林聿時，是紅極一時的「左派」。在會議期間的一天晚上，關鋒等人將出席會議的湘鄂兩省的青年學者召來開了一個座談會。會上，關鋒說，馮友蘭在濟南孔子會「唱高調」，而在長沙的船山會「唱低調」；他自己則是在濟南會唱低調，在長沙會上唱高調，這表明了在哲學上兩條路線的鬥爭，馮友蘭是在貶低船山的唯物主義思想，抬高孔子的唯心主義思想。他還講了馮友蘭在舊中國當「御用哲學家」、倒賣黃金等逸事，要青年學者們對他提高警惕。

其四，會後整理專家學者的講學稿。這次船山會邀請的專家學者規格之高和數量之多，在湖南是中華人民共和國建國以來之最。所以湖南省社會科學聯合會等有關部門便充分利用這一機會，請專家學者在會議期間爲大專院校師生和機關幹部講學。講學者主要有：馮友蘭 1962 年 11 月 27 日在湖南師範學院講《孔子的哲學思想》，11 月 28 日在湖南師範學院講《研究中國哲學史的基本功》；楊榮國 11 月 22 日在湖南軍區大禮堂講《中國哲學史的發展史（鴉片戰爭以前）》，11 月 29 日在湖南師範學院講《如何學習歷史的一些問題》；關鋒 11 月 25 日在湖南軍區大禮堂講《把辯證法應用於反映論》；吳傳啓 11 月在中國人民解放軍第一政治幹校講《〈論持久戰〉的辯證法》和《〈資本論〉中的辯證法問題》；林聿時 11 月 30 日在交際處講《關於哲學史方法論的幾個問題》；吳澤 11 月 23 日在湖南軍區大禮堂講《關於中國歷史上的公社制和土地所有制》，12 月 4 日在湖南師範學院講《中國現代史學的發展及其特點》；徐旭生 11 月 19 日在湖南師範學院講《我國傳說時代與考古所得材料的關係》等。這還只是一部分。由於講演者往往沒有提供完整的講演稿，而靠手工紀錄又很難準確，當時只有中共湖南省委機關有一台鋼絲錄音機，一些重要的大會發言和講演都錄了音。所以討論會之後，領導便交給我和劉泱泱一項任務，就是到省委錄音室去將這些手工紀錄稿與錄音進行核對增補。核對增補後交給當時的社聯主席、湖南大學校長朱凡審定再排印發放。我和劉泱泱騎著自行車，天天往省委跑，搞得省委的門衛都不耐煩。但經我們耐心解釋，總算完成了任務。現在我手頭還保存著這次王船山學術討論會的整套資料和專家講學記錄整理稿。

文化大革命中，1962 年山東省召開的第二次孔子討論會，被姚文元的《評新編歷史劇〈海瑞罷官〉》一文誣衊爲「牛鬼蛇神發了狂的大黑會」。這樣，緊接濟南孔子會之後召開的船山會不免也受到牽連。在文革期間，我還曾被

派往武漢大學，企圖更多地瞭解 1962 年船山會策劃過程中的一些細節以利批判。由於李達已經被整死，而參與籌備那次會議的哲學系主任余志宏也被隔離，所以沒有得到什麼材料。不過船山會比孔子會幸運的是，船山後來被封為「法家」，所以這個會受到的批判沒有孔子會那樣凶。文化大革命之後，中國哲學史學會是全國性學會中建立較早的學會之一，由於船山在中國哲學史上的地位特殊，所以對他的研究也最早為學術界所關注。

二

早在 1979 年 4 月，我作為湖南省哲學社會科學研究所的代表之一，參加了在當月 18 日至 26 日由中國社會科學院哲學研究所在山東濟南召開的全國哲學規劃會議。在會上，我遇到也參加過 1962 年王船山會議的武漢大學哲學系的蕭萐父先生。兩人分別 10 多年之後相見，感到分外親切。我們不僅回憶了 1962 年的會議情況，而且希望繼續合作，在 1982 年王船山逝世 290 週年時，再召開一次大規模的學術討論會。1980 年 6 月 2 日，知名的船山研究專家王孝魚應湖南省社科聯邀請來長沙講船山的《周易外傳》，當天上午在中共湖南省委黨校開講。下午，湖南省中國哲學史學會籌備小組在黨校開成立會，盧楓、黃洪基、唐凱麟、王忠林和我為小組成員，推盧楓任組長，黃洪基和我任副組長。6 月 7 日下午，湖南省中國哲學史學會籌備小組在省委黨校專題討論王船山研究問題。會上建議在 1982 年王船山逝世 290 週年時，舉行一次大型的學術研討會。11 月 21 日，根據湖南省社會科學院和湖南省社科聯有關領導指示，我起草了關於 1982 年召開王船山學術討論會向中共湖南省委的報告。12 月 26 日～30 日，由湖南省教育廳和湖南省社會科學院聯合主持的湖南省高等院校文科科研座談會在韶山召開。我和陳遠寧也參加了此會。當我們在會上談及船山研究時，省內著名學者林增平、姜書閣、羊春秋、馬積高等都對在 1982 年召開紀念王船山逝世 290 週年學術討論會表示熱烈支持，他們還建議要逐步恢復船山學社和《船山學報》。會後，李楚凡副院長要我寫了一個船山學社簡介，以供有關領導參閱。船山學社於 1982 年 5 月 8 日重建，吳立民任社長，我和陳遠寧等人任副社長。1994 年起我任社長，一直任職到現在。回顧學社工作的經歷，有以下幾點值得一敘：

其一，抵制「左」的壓力，重建船山學社。重建船山學社的籌備工作是從 1981 年底正式開始的，那時文化革命結束不久，「左」的影響還比較嚴重。這

年 11 月 27 日，重建船山學社籌備小組成立並召開第一次會議。爲了組建船山學社理事會班子，我和時任《求索》雜誌負責人的陳遠寧商量，提出了一個名單供領導參考。有一位領導看了這個名單之後，對將鄧潭洲列入候選理事名單大不以爲然，寫了很長一段批示，說鄧有「歷史問題」，將這樣的人選進學社理事會，會損害學社的名譽，等等。鄧潭洲（1925～1991），湖南瀏陽人，1941 年考入湖南國學社，專攻經史。以後長期從事中學教育。1957 年調入湖南歷史考古研究所（湖南省社會科學院的前身之一）從事研究工作。1960 年他被「拔白旗」（即批判他走「白專道路」，只重視業務不重視政治，只專不紅），並取締他的科研資格，直到 1962 年將他遣至瀏陽一中任教。文化革命中他又被開除公職，靠拖板車賣黃泥爲生。「鄧公」（這是我們對他的尊稱）經史功底紮實，就是在逆境中也從不放棄科研。我們在籌備船山會時，知道他在寫作《王船山傳論》，這正是王船山學術討論會學術準備所需要的。我們瞭解到，鄧公在 1978 年就已經落實政策，回到瀏陽一中教書，並且當選爲瀏陽縣政協常委。我們認爲，既然國家的一級政治機構都可以那麼信任他，作爲群眾性學術團體的船山學社，沒有必要在所謂的「歷史問題」上去糾纏。那時，鄧公在中學的教學任務很重，寫作所需要的時間和資料都無法保證。湘潭大學曾想調他，但瀏陽方面不肯放人，並且宣稱：只有原單位落實政策要調才可以考慮放。而他原來所在的單位，由於個別領導的堅持，又不可能將他調回。這時，湖南人民出版社爲了出版研究船山的著作，以迎接 1982 年船山會，正需要有一位文史水準高的編輯。於是我和陳遠寧便找省教育廳的老廳長劉壽祺和當時的廳長王向天，在他們的支持下，於 1982 年初將鄧公借調到湖南人民出版社，1984 年又正式調回湖南省社會科學院哲學研究所。由於我們頂住了「左」的壓力，在學社重建時，不僅使鄧公當了學社的理事，而且擔任過學社秘書長和副社長。他在出版社爲出版「船山研究叢書」等書作出了重要貢獻，《船山學報》復刊後他又擔任副主編，爲提高學報品質做出了不懈努力。

其二，純潔學會理念，加強學社內部團結。船山學社重建後，學社的日常事務一直是我負責。我和學社的領導成員始終堅持這樣一種信念：學術是一種高尚和神聖的事業，不要讓學社成爲爭名逐利的場所。我經常宣傳：理事，理事，就是要辦事，既無名可爭，也無利可得；要爭名奪利就不要到學社來。所以學社從來沒有去找大官來掛名，以爭取政府的撥款。重建後的第一任社長吳立民是省委統戰部副部長、省政協秘書長，雖然也算一位「大官」，

但他又是一位眞正的學者。他沒有爲學社要過一分錢的財政撥款作日常經費，他長期從事統戰工作，有一些有錢的朋友，我們也曾在他的介紹下，爲船山學社成立基金會而找了這些人，但是一無所得。因爲當時找這些「財主」要錢的人太多了，而我們又有點「清高」，不肯老是跟著人家屁股後面追。學社重建初期，省社科聯每年還給少量活動經費，後來由於學會太多不給了，我們就堅持自力更生，靠與一些單位合作開展學術活動。2002 年船山會，我請香港孔教學院院長湯恩佳向具體操辦這次會議的衡陽市社科聯贊助了 3 萬元，衡陽市社科聯從中分了 5000 元給船山學社作日常活動經費。當時負責學社日常工作的副社長徐孫銘說，我可以從中提百分之十作爲勞務費，但我沒有要。正是由於學社同仁在名利面前比較超脫，所以學社內部一直比較團結。即使個別成員之間，有時也會出現一些意見分歧，但是爲了學社的整體，也能從大局出發，妥善加以處理。例如，我和陳遠寧（1931～2006）在重建船山學社前期，一直是合作得很好的。那時他擔任《求索》主編，我擔任哲學所所長。後來他與一位院領導發生矛盾後，辭去主編到哲學所搞科研。到了20 世紀 90 年代初期，因爲在處理和那位與他有矛盾的院領導關係的方法上，我們之間出現了一些意見分歧，有一段時間他對我比較冷淡。那時他沒有評上研究員就退休了，加之他的身體也不太好，而我還在擔任哲學研究所所長。當時我們都住在院外，所以我經常在回家途中，將院裡發給他的工資、物資或他的郵件帶給他。在朱有志博士擔任院長之後，我又建議院裡聘他爲研究員。在籌備 2002 年王船山學術討論會時，老陳寫了一本《中國古代易學發展第三個圓圈的終結——船山易學思想研究》，出版遇到經費困難。我又建議朱院長設法予以資助，因而使此書順利出版。我的這些努力，得到了老陳的理解和諒解。2011 年是老陳誕辰 80 周年，此時他已經逝世 5 年，我寫了一篇《陳遠寧先生對船山學的貢獻》發表於《船山學刊》2012 年第 3 期，對老陳在重建船山學社和船山學研究方面的貢獻，做了充分肯定。這篇文章，得到了他的家屬和老朋友的普遍肯定。

在學社建設上，我們克服論資排輩的觀念，比較重視青年學者的培養。我們不僅在《船山學報》上開闢「青年論壇」，而且注意幫助青年學者出版學術專著。我就曾應湖南人民出版社之約，爲呂錫琛、彭大成等人研究船山的專著當社外特約編輯。學社的領導班子建設也比較注重培養中青年，不少人出任學社副社長時都只有 40 來歲。

其三，提高學術質量，組織系列學術會議。重建船山學社的直接目的，就是爲了籌備 1982 年的王船山學術討論會。所以我們在重建船山學社時，一邊抓組織建設，一邊則大力抓研究船山論著的寫作。我們當時確定至少要寫出兩部專著。一是要確保鄧潭洲的《王船山傳論》能夠寫出並出版；二是由陳遠甯、黃洪基和我合作寫作一本《王船山認識論範疇研究》。爲了保證這本專著能夠按時寫出和出版，3 人所屬單位都對作者在寫作時間上予以適當保證，同時在 3 人分別寫出初稿之後，社科院又出資在一個招待所租房，由我和老陳住在一起集中力量統稿，從而有效地保證了此書的按時出版。我們在完成自己的寫作任務的同時，還先後組織了 3 次湖南作者座談會，開始時是逐人落實選題、寫作計畫，在論文寫出之後，我和陳遠寧等人又逐篇進行審讀，提出修改意見。這樣，就爲召開紀念王船山逝世 290 周年學術討論會作了比較紮實的學術準備。在開會期間，我負責學術組的工作，既與陳遠寧一道寫了好幾位領導在開幕式講話的講稿，又負責組織大會發言和安排小組討論的主題，還要編會議簡報；既要處理會議內部的種種問題，還要處理會議外部的種種矛盾。會議是在衡陽市召開的，而當時的衡陽地區與衡陽市是兩個平行、獨立的地級機構，兩家都認爲王船山是他們的。如何正確處理兩家關係，將兩個積極性都調動起來，就頗費了我們的一些心思。如在住宿方面，我們將會議的秘書處和一般學者安排在市委招待所，而將參加會議的專家則安排在地委賓館住。諸如此類的一些做法，使地市雙方都比較滿意。有了組織 1982 年船山學術討論會的經驗之後，我們接著在 1992 年和 2002 年又召開了兩次大型的紀念船山逝世 300 週年和 310 週年學術討論會。必須指出，1982 年和 1992 年兩次大型的船山學術討論會的會議經費，都是由湖南省社科聯出面向省裏打報告，要了一筆專款，那時在開會時我沒有爲錢犯過愁。可是，到了 2002 年，由於省社科聯管轄的學會太多，無法再爲船山會議籌款。所以那次會議是我陪著衡陽市社科聯的負責人到湘潭大學哲學系和武漢大學哲學學院去化緣；還請香港孔教學院院長湯恩佳先生也捐了一筆錢。2009 年，是船山誕辰 390 週年，我們根據現在對歷史人物的紀念大多是以誕辰週年來進行的，想將過去以船山逝世週年搞紀念逐步改變爲以誕辰週年搞紀念，於是與湖南省佛教協會會長聖輝法師商定，由船山學社與湖南省佛教協會船山佛教文化研究中心合作，召開一次紀念船山誕辰 390 週年學術討論會。這樣做，不僅比較順利地解決了會議經費，而且使論文作者獲得了一些稿酬，這在船

山學術討論會來說是第一次。2012 年是船山逝世 320 週年，當時我在美國探親，但還是通過預先商定，由船山學社的掛靠單位之一的衡陽師範學院於 10 月 21 日～23 日召開了「王船山思想與當代社會核心價價值觀」國際學術研討會，共有來自海內外 30 多所高等院校和科研單位的 60 多名專家學者參加。學社重建以來的 30 多年間，除了召開上述大中型紀念性的學術討論會之外，還組織過多次專題學術研討會。這種專題討論會，對於保持學社活動的經常性、深化船山研究是很有助益的。

其四，加強學科研究，全面推動船山學的繁榮。「船山學」的概念是我在中國人民大學哲學系讀書時的老同學、時任南開大學教授方克立在 1982 年船山會上提出的。我積極支持他這一提法。但是對於什麼是船山學，長期以來並沒有統一的認識。2006 年 4 月船山學社與衡陽師範學院在衡陽舉行了一次船山學學科建設研討會。學者們對船山學的內涵與外延進行了討論，我認為其外延至少應該包括以下十多個方面：1、船山的生平、行跡、事蹟研究；船山歷史遺跡、文物的保護研究；2、船山的家庭、親屬和師友以及他們對於船山的影響研究；3、船山著作的寫作和刊刻、出版情況的研究；船山著作佚文的繼續收集整理；4、船山各方面學術思想的專題和綜合性研究；船山生平和學術思想研究中有爭論問題的研究；5、船山思想淵源、影響及其在世界思想史、中國思想史和湖湘文化史上歷史地位的研究；6、船山研究方法論的探討和研究；7、船山思想現實意義的研究，除了船山思想品德的現實意義的研究之外，還應包括包括船山歷史遺蹟文物及船山學、船山學社品牌的開發利用研究；8、船山學發展的歷史階段及各階段歷史特點的研究；不同歷史階段中一些對船山學有貢獻的代表人物及有代表性的著作的研究；9、從思賢講舍到船山學社等國內外有關船山的教育和學術機構的研究；10、從民國時期的《船山學報》到當代的《船山學報》、《船山學刊》，包括《衡陽師範學院學報》的船山研究專欄的研究；11、國外及港台船山學的情況及其特點的研究；12、船山思想和著作的普及推廣的研究；13、船山學的未來發展和展望的研究（《關於船山學學科建設的兩個問題》，《衡陽師範學院學報》2006 年第 4 期）。當然，這一概括並不完善，但有了這些共識之後，就可以使學社的工作有一個更加具體和明確的努力方向，也可以使船山學的學科建設更加自覺和全面發展。我在組織學社活動過程中，也是以此為指導，只要是對活躍和繁榮船山學有幫助的，我都支持和參與。這些年來，我先後就馮友蘭、侯外廬、蕭箕父等

先生對船山學的貢獻寫過文章。2002 年，是船山逝世 310 周年，我寫過一篇《船山學研究四十年之回顧》，對 1962 年至 2002 年這 40 年的船山研究進行了一個小結。2014 年是船山學社創建一百周年，2015 年又是《船山學刊》創刊一百周年，我又寫了《船山學社百歲生日頌》和《〈船山學刊〉百歲生日頌》，對船山學社和《船山學刊》所經過的一百年的歷程進行了粗線條的描述。

三

船山學社的重建，使船山研究這支隊伍有了一個組織機構；但要使這支隊伍英雄有用武之地，還必須將《船山學報》恢復起來。經過我們努力，1983 年 7 月 4 日中共湖南省委宣傳部給湖南省社會科學院發出《關於重辦〈船山學報〉的批覆》，文稱：「經研究並報請省委領導同志批准，同意你們重辦《船山學報》。」自從《船山學報》重辦以後，中經改名《船山學刊》，我一直是它編輯部中的一員，與它保持著密切的關係。

其一，《船山學報》由湖南省社會科學院、湖南省社會科學聯合會、湖南省船山學社共同主辦。從 1984 年學報第 1 期出版至 1989 年第 2 期，共出版 14 期，我任學報主編。這個時期的學報編輯部沒有固定編制和專職編輯，由於我是湖南省社會科學院哲學研究所所長，所以編輯部就設在哲學所，編輯人員主要是哲學所的王興國、鄧潭洲、徐孫銘、張鐵夫，《求索》編輯部的陳遠甯、李漢武以及文學所的陳書良等人兼任。我這個主編不僅要負責稿件的終審，而且要擔負一定的編輯任務。第一期出版時，我只校對了自己負責的部分，而沒有校對全部稿件，結果發現刊物中差錯較多。從此以後，我就每期都要進行一次終校，從頭到尾將清樣校對一次，這樣就使刊物的印刷品質有了比較大的提高。《船山學報》的前 3 期，只刊登與船山有關的稿件，第 4 期以後，擴大至明清思想史與中國思想史，從而有較地增加了學報的內涵。1989 年有關出版主管部門規定每個廳局級單位只能辦一個刊物，要將《船山學報》砍掉。我當即據理力爭，向省裡的有關領導和部門寫報告，論述《船山學報》不應壓縮的理由；同時請湖南省社會科學院、湖南省社科聯有關領導多方奔走，向省裡許多領導（包括時任省委書記的劉正和省委宣傳部長夏贊忠等）呼籲，陳述學報不能砍的理由。後來，省出版局一位管刊物的處長對我說：你寫那些報告都轉到我這裡來了。此番努力雖然未能挽救學報被撤銷的命運，但是得到省委通知：《船山學報》停刊後，由《湖南社會科學》不

定期出版船山研究專刊，由省社聯負責出版經費。1991 年 7 月，《湖南社會科學》船山研究增刊出版。我的日記表明，我曾參與這期增刊的選稿和編稿工作。

其二，1990 年上半年，學社負責人多次找省內有關部門商量《船山學報》復刊事，得到了首肯。5 月 7 日，我代省社聯向湖南省新聞出版局起草了一個關於《船山學報》復刊申請報告。6 月 18 日，湖南省新聞出版局便向國家新聞出版署發出《關於請求批准〈船山學報〉復刊的報告》（1990 年 37 號文），報告稱：「我省社聯主辦的《船山學報》有較長的歷史，以繼承王船山愛國主義思想，宏揚中華民族優秀文化傳統為宗旨，在四項基本原則指導下，為船山研究、湖湘文化研究和中國傳統文化研究作出了成績，獲得了海內外學者的好評。一九八九年報刊壓縮整頓時，由於指標的緣故，也由於刊期長（半年刊）的因素，被確定停辦，並決定由《湖南社會科學》雜誌不定期出版船山研究專刊。現在看來，這種辦法多有不便，社會輿論也強烈要求獨立出版，以利於船山研究和湖湘文化研究能持久穩定的發展。省委、省政府領導對此十分關注，希望這樣的學術性刊物還是保存。為此，特請求批准《船山學報》從下半年起復刊。」大概是因為第一個報告送上去之後沒有及時答覆，省新聞出版局於 1991 年上半年又向新聞出版署發了一個 19 號文。7 月 2 日，國家新聞出版署向湖南省新聞出版局發出（91）新出期字第 759 號文件稱：「湘新出報（1990）37 號文與湘新出報（1991）17 號文均悉。經研究，同意湖南省社聯創辦《船山學刊》（刊號：CN43－1190／C），公開發行。希嚴格按照所定宗旨出刊，遵守期刊管理規定，注意提高刊物品質。請予辦理登記。」改名後的《船山學刊》由湖南省社科聯主辦。經湖南省社科聯黨組批准，學刊由龔建昌任主編，我與陳遠甯任副主編。1993 年以前的學刊，編輯部除主編是專職人員之外，編輯還是徐孫銘、張鐵夫兼任。1993 年以後，李安定任社長，張以文任主編，我任執行編委。從 1997 年至 2010 年底，張以文任社長兼主編，我則任編委會副主任。這時，其他兼職編輯沒有了，學刊編輯部雖然增加了一些搞編務的人員，但除了主編之外，只有我可以編稿子，所以在這一段時間裡，我不但要審稿，而且要編稿，甚至還曾要我妻子蕭力幫著搞過一段時間的校對。2011 年楚玲任社長兼主編之後，我仍任學刊編委會副主任，省社科聯的領導和楚玲本人都和我打招呼，要我為學刊品質把關。這一段時間，我雖然不再具體編輯稿件了，但卻要將二審的稿件全部看一遍，並

且從中確定那些能用，那些可以作重點文章。即使是我赴美國探親，也是用電子郵件進行聯繫。長期以來學刊責任編輯名單中有一個「王欣」，就是我的筆名，它說明我的確在當責任編輯。從《船山學刊》2014 年第 2 期起，王澤應教授當執行主編之後，才把我從責任編輯的繁重任務中解脫出來，這是我這個年近 80 的老頭要特別感謝的。

其三，正是由於我長期參與學報和學刊的具體編輯工作，並且審閱的稿件也比較多，所以對學術界關於船山研究的現狀比較瞭解。在紀念《船山學刊》創辦 90 周年時，我寫了一篇《深化船山研究，開拓船學的新生面》的文章，主張要從三個方面加強對船山和船山學的研究。一是宏觀：加強比較、探源和方法論研究，具體來講，就是要加強對船山思想與國內外同一類型思想家的比較研究，加強對船山思想的淵源發展的研究，還要加強對船山研究方法論研究。二是中觀：加強師友、思想體系和船山學的研究，這些都是船山思想研究本身的一些帶有全局性的問題。三是微觀：繼續深化對著作、觀點的考證和研究。這是船山研究中的一些比較具體的問題，如對某一本著作的寫作時間和地點的考證，對船山某些觀點的新發現和研究等。我的這些觀點不一定很準確，但對船山研究的發展還是有參考價值的。

其四，在《船山學刊》創刊一百周年之際，我寫了一篇《〈船山學刊〉百歲生日頌》，回顧了學刊在其誕生後的一百年間，經歷了三個階段，而每個階段在船山學的研究上都具有特點：民國年間的《船山學報》是在晚清湘籍學者和思想家為船山爭取在中國學術史上地位並且獲得官方認可（即從祀文廟）基礎上，從多方面努力在廣大並不熟悉船山的讀者面前塑造出一個具體而感性的王船山；20 世紀 80 年代復刊的《船山學報》是全面開展對船山思想研究的時期；而在《船山學刊》時期，則是將船山思想的研究推向更加深入，繼往開來，有望開拓船山學與國學新局面的時期。

四

在籌備 1982 年船山學術討論會和重建船山學社的過程中，1981 年 9 月傳來了《中共中央關於整理我國古籍的指示》。這樣，《船山全書》整理出版就很快提到了議事日程之上。根據我的日記，1981 年 11 月 9 日，我參加了湖南省新聞出版局和湖南人民出版社召開的一個會議，出版局和出版社負責人胡代煒、黎維新、喻岳衡、黃治正等出席，會上宣布了出版《船山全書》和「船

山研究叢書」的決定，並委託我爲「船山研究叢書」擬選題。1982 年 4 月 26 日～28 日，湖南省古籍整理出版規劃會在長沙召開，重建船山學社籌備小組的成員大部分都參加了這次會議，會上確定將《船山全書》列入《湖南省 1982 年至 1990 年古籍整理出版規劃》。這年 12 月，中共湖南省委辦公廳批覆湖南省出版局《關於成立船山全書編輯委員會的請示報告》，指定屈正中爲編輯委員會主任，車文儀、姜書閣、李楚凡、吳立民爲編委會副主任，羊春秋、馬積高、宋祚胤、雷敢、顏克述、楊堅、王興國、陳遠甯爲委員。編委會辦公室主任是楊堅，我爲副主任。在全書的編輯過程中，我主要做了以下幾件工作：

其一，1982 年 10 月 15 日，我和陳遠寧在赴衡陽落實王船山學術討論會的準備工作時，從船山 12 世孫王鵬處得到王敔所寫的《大行府君行述》抄件，此件較通行本行述多 2000 多字，有很多新內容。這些新材料主要表現在兩個方面：首先，是提供了研究船山政治態度的新材料，其中包括對待農民起義，特別是對待高必正和李定國態度、對待吳三桂態度的新材料，以及對待清政府態度的新材料；其次，還有一些材料對於瞭解船山自然觀和生死觀也很有助益。經過我和陳遠寧的校勘標點，此件發表在《中國哲學史研究》1983 年第 3 期，該刊同時還發表了我們所寫的《研究王船山生平思想資料的一個重要新發現》一文。《大行府君行述》後來收入嶽麓書社出版的《船山全書》第 16 冊，列爲「傳記之部」的第一篇。

其二，1983 年 6 月 15 日～23 日，我和劉志盛、徐孫銘受船山全書編委會委託，去北京辦了三件事：一是在北京圖書館（今國家圖書館前身）善本部校對了收入《四庫全書》的船山《詩經稗疏》、《書經稗疏》等著作。當時，《四庫全書》還沒有影印出版，我們據以校對的是文津閣本《四庫全書》。這其實是一種重要文物，所以閱讀時圖書館的規定十分嚴格，夏天天熱人出汗不出借，出借時閱讀者要戴白手套，記錄時不能用水性筆，只能用鉛筆。我們 3 人經過幾天校對，完成了這一任務。二是去中華書局協商將王孝魚等人爲該社已校點而未出版的船山著作轉讓嶽麓書社事宜，得到支持。後來中華書局將 24 種船山著作點校稿本轉讓給嶽麓書社《船山全書》編輯委員會，其中大部分爲王孝魚的點校。對於這些校點稿，夏劍欽先生有一個評價：「王先生的點校精審而明確，且其所加新式標點及分段均爲船山著作整理之嚆矢，故對於《船山全書》的編輯工作十分有用，功莫大焉。」（夏劍欽：《王孝魚

與〈船山全書〉》,《船山學刊》2014 年第 3 期)。三是找馬宗霍先生之子馬雍協商,將馬宗霍的《船山遺書校記》的手稿本複印給船山全書編委會。馬雍(1931～1985)湖南衡陽人。中國社會科學院歷史研究所研究員,長期從事中國古代史的研究,尤專於西域史研究。他還兼任中國中亞文化研究協會副理事長兼秘書長,聯合國教科文組織《中亞文明史》編委。我們去找時,他剛從巴黎參加聯合國教科文組織的會議回國。馬雍保存的這個材料叫《船山遺書校記》,是 20 世紀 40 年代馬宗霍先生以所見衡陽劉氏、邵陽曾氏所藏鈔本 20 種與金陵本對照,錄其異文,時加按語,凡二千八百餘條。聽說,中華書局在 20 世紀五、六十年校勘標點出版船山著作時,曾找馬雍想借此校記,但馬雍沒有同意。所以當時王孝魚校點船山著作時,採用了顧廣圻、劉毓崧、周調陽三氏之校記,獨馬氏的校記則除《讀通鑑論》和《宋論》之部分,曾由舒士彥採入中華版二書之校點本外,其餘均未及利用。我們和馬先生素昧平生,他如此慷慨地願意將校記提供給《船山全書》編輯委員會,反映了他積極支持家鄉文化建設的一片赤子之心。據楊堅說,馬宗霍在作「校記」時,曾見《周易內傳》的「嘉愷錄」的抄本,但是這個抄本後來再也找不到了(楊堅:《〈船山全書〉編校箚記》一,《船山學報》1984 年第 1 期)。僅此一端,就說明馬氏「校記」有其特殊的價值。胡漸逵則將馬氏校記的精確之論歸結爲四點:一、明乎遣詞所本;二、明乎行文句式;三、明乎文意相承;四、依乎事理推斷(胡漸逵:《馬宗霍〈船山遺書校記〉述評》,《船山學刊》2000年第 2 期)。可見這個校記的學術價值是比較高的。

其三,1984 年 11 月 14 日～18 日,我與張鐵夫赴衡陽縣找王船山 12 代孫王鵬,借到並複印了其祖傳王夫之的《張子正蒙注》和《讀四書大全說》抄本。後經專家鑒定,《張子正蒙注》爲船山手跡。夏劍欽經過仔細比較《張子正蒙注》的各種版本之後,認爲這個標明「朱宏燦校」的本子,在時間上比其他本子要早,而且有可能是王夫之著作的正本,而不是副本;此書標明了寫作時間,這是其他版本的「正蒙注」所沒有的。這個稿本在內容上的完備、眞實,更是其他各本所不及的,它補充了其他版本中所缺損的上百個文字。正是由於朱校本優於原有的各種版本,所以嶽麓書社在整理出版《張子正蒙注》時,便決定以之爲底本,並參考吸收其他版本的長處(如補上王敔的按語),使它成爲迄今爲止最完善、最可行的版本(夏劍欽:《王夫之〈張子正蒙注〉版本的新發現》,《王夫之研究文集》,河北教育出版社 1995 年版,

第 119～124 頁）。《讀四書大全說》抄本爲此書之第七卷，含《論語》之《季氏》、《陽貨》、《微子》、《子張》、《堯曰》5 篇，成爲《船山全書》校勘此書的參校本。

其四，我在主編《船山學報》時，十分重視對船山佚文、佚詩等的搜集。每期均將它們刊在學報的前面，並且請提供者撰文，或將佚著的發現過程寫出，或對佚著的內容進行分析。在學報時期共發表了佚文、佚詩、佚聯 31 篇（首）。後來，這些佚文佚詩佚聯收入《船山全書》第十五冊「詩文拾遺」，在一定程度上增加了全書的完整性。

《船山學刊》在創刊百周年之際，擬召開學術討論會，向我徵文；學刊執行主編、湖南師範大學的王澤應教授又告訴我：他與台灣一家出版社合作，主編出版一套叢書，擬將我有關船山和船山學的論文編爲一輯，並要我將自己一生與船山和船山學的因緣寫出，作爲此輯的前言。對學刊和澤應教授對我的厚愛，我表示衷心的感謝。上述文字算是我的答卷，能否及格，敬祈指示。

本集內容分兩部分：第一部分爲有關船山生平和思想的論文，第二部分爲有關船山學的內容。兩部分論文均按發表時間先後排列。

收入本集的文章發表的時間跨度超過半個多世紀，所以個別文章之間內容或小有重複，爲了保留歷史的原貌，這些均仍而未改，這是需要特別加以說明並請讀者諒解的。

王興國　2015 年 5 月

船山生平與思想研究

試探王夫之的發展觀

　　王夫之是我國十七世紀偉大的唯物主義者和辯證法家。王夫之的樸素辯證法思想，繼承了我國古代的辯證法思想的優良傳統，同時綜合了自己的時代的認識成果，因而使辯證法得到充實和發展。王夫之在很大程度上把樸素辯證法和唯物主義結合起來了。因此，結合他的唯物主義思想，對他的發展觀加以全面的探討，實在是一件很有意義的工作。

　　我們幾個初學者讀了王夫之的幾部主要哲學著作，學習了當代學者們有關的研究著作，得到很多啓示。我們大膽地把自己粗淺的學習心得寫出來，請大家指教。

（一）

　　王夫之在他的著作中十分強調世界是不斷地運動變化的。

　　關於他的運動變化觀點，下面分三點來說明。

　　一、在物質與運動的關係上，夫之是明確地站在唯物主義立場上，確認物質世界是永恆存在的，物質和運動是不可分割的，堅決反對唯心主義無中生有，和脫離物質的運動的謬語。他說：

> 周子曰：「動而生陽，靜而生陰。」生者，其功用發現之謂。動則陽之化行，靜則陰之體定爾。非初無陰陽，因動靜而始有也。今有物於此，運而用之則曰動，置而安處之則曰靜，然必有物也以效乎動靜。大極無陰陽之實體，則抑何所運而何所置耶？（《周易內傳發例》，頁七。本文所引王夫之著作，除《周易外傳》、《張子正蒙注》、《思問錄內外篇》、《老子衍》、《莊子通》爲中華書局出版外，餘均爲太平洋書店出版。）

又說：

> 老氏以天地如橐籥，動而生風，是虛能於無生有，變幻無窮……
> 然則孰鼓其橐籥令生氣乎？（《張子正蒙注》卷一，頁八——九）

沒有物質怎麼能有運動？這個質問是很打中要害的。夫之大力地破除脫離物質的運動的思想。如說：

> 非動而後有陽，靜而後有陰，本無二氣，由動靜而生，如老氏之說也。（同上卷一，頁九）

夫之斷定運動乃是物質本身的運動。他說：

> 動靜者乃陰陽之動靜也。（同上卷七，頁二○五）

> 神化雖隱，變合雖賾，而皆本物理之固然，切生人之利用，故不可厭惡。（同上卷七，頁二○四）

天地萬物是在不斷運動變化的，但不是無秩序的亂變一通，而是有其必然的客觀規律性，夫之把這種規律性稱之為「道」。他說：

> 陰陽具於太虛絪縕之中，其一陰一陽，或動或靜，相與摩盪，乘其時位以著其功能，五行萬物之融結流止，飛潛動植各自成其條理而不妄……於此言之則謂之道。（同上卷一，頁一五～一六）

> 動靜各有其時，一動一靜各有其紀，於是者乃謂之道。（《周易外傳》，頁二）

夫之承認運動是物質的運動，承認物質運動的客觀規律性和物質運動必須在一定的時間（「時」）、地點（「位」）中進行，這都說明夫之的運動觀是建立在樸素唯物基礎上的。

　　二、夫之肯定了物質運動的永恆性。

　　他的關於物質運動的永恆性觀點，是從他的物質不滅的觀點中必然地引伸出來的。他說：

> 散而歸於太虛，復其絪縕之本體，非消滅也。聚而為庶物之生，自絪縕之常性，非幻成也。（《張子正蒙注》，頁五）

事物的具體形態通過「聚」、「散」不斷的互相轉化，或「復其絪縕之本體」，或「聚而為庶物之生」，既不是憑空創造出來的，也不會消滅得無影無蹤。他舉例說：

> 以天運物象言之，春夏為生，為來，為伸，秋冬為殺，為往，為屈。而秋冬生氣潛藏於地中，枝葉槁而根木固榮，則非秋冬之一

消滅而更無餘也。車薪之火，一烈已盡，而爲焰，爲煙，爲爐，木
者仍歸木，水者仍歸水，土者仍歸土，特希微而人不見爾。一甑之
炊，濕熱之氣，蓬蓬勃勃，必有所歸；若盒蓋嚴密，則鬱而不散。
汞見火則飛，不知何往，而究歸於地。有形者且然，況其絪縕不可
象者乎！（《張子正蒙注》，頁六～七）

物質與運動是不可分割的，而物質又是不滅的，他自然就得出了物質運動是
永恆的這個結論。例如他說：「太虛者，本動者也。動以入動，不息不滯。」
（《周易外傳》頁一八三）他更進一步說：

天地之生亦大矣。未生之天地，今日是也。已生之天地，今日
是也。惟其日生，故前無不生，後無不至。（《周易外傳》，頁五一）

這就是說天地的生成運動是無始無終的。他又說：

天地之終，不可得而測也。以理求之，天地始者今日也，天地
終者今日也。其始也，人不見其始；其終也，人不見其終。其不見
也，遂以言謂邃古之前，有一物初生之始；將來之日，有萬物皆盡
之終。亦愚矣哉！（《周易外傳》，頁一二八）

那麼，對於常說的「始」、「終」究竟應作何解釋呢？他說：

始終，非有無之謂也。始者聚之始，日增而生以盛；終者聚之
終，數盈則日退而息於幽。非有則無以始，終而無則亦不謂之終矣，
所自始者即所自終。（《張子正蒙注》，頁二八五）

所謂「始」、「終」是指事物的具體變化過程，即「日增而生以盛」、「數盈則
日退而息於幽」。他還特別強調指出：「天地始者今日也，天地終者今日也」，
「所自始者即所自終」，這就是說：絕對的「始」、「終」是沒有的，一切「開
始」同時也就是「終結」，新過程的「開始」即是舊過程的「終結」。這些觀
點都是辯證的，非常光輝的。

夫之從這裏出發，猛烈抨擊了「貴無主靜」的思想。他說：

且夫欲禁天下之動，則亦惡從而禁之？（《周易外傳》，頁一七
三）

想要使天地萬物靜止不動是白費心機的。他並且說：

……禁其必動，窒其方生，汩亂五行，而不祥莫大焉。（《周易
外傳》，頁一七二）

這一抨擊是很有戰鬥力的。

　　三、夫之在強調物質運動永恆性的同時，並不否認物質相對靜止狀態的存在。所謂「立天下之大本，則須兼動靜而致功，合陰陽而成能」（《讀四書大全說》卷八，頁二八）。即是說天地萬物乃陰陽動靜的統一。他對動與靜的辯證關係做了許多很有見地的闡發。他說：

　　　　動而不離乎靜之存，靜而皆備其動之理。（《張子正蒙注》，頁八一）

　　　　靜以居動，則動者不離乎靜；動以動其靜，則靜者亦動而靈。（同上，頁二三一）

　　　　動而無靜之體，非善動也；靜而無動之理，非善靜也。（《周易內傳》卷二，頁一二）

這說明動與靜是對立的統一，二者互相聯繫，互相滲透。

　　夫之承認運動是絕對的、永恆的，而靜止則是相對的，沒有絕對的靜止。如說：

　　　　一動一靜，闔闢之謂也。繇闔而闢，繇闢而闔，皆動也。廢然之靜，則是息矣。「至誠無息」，況天地乎！「維天之命，於穆不已」，何靜之有！（《思問錄》，頁二～三）

所謂「靜」，不是絕對的「靜」，而是運動的一種特殊狀態。正如他說的：

　　　　太極動而生陽，動之動也；靜而生陰，動之靜也。（同上頁二）

　　　　靜者靜動，非不動也。（同上頁一二）

既然動中含靜，靜中含動，那麼就很容易得出「虛而含實，靜而善動之理存焉」（《周易內傳》卷二，頁一一），「靜則無不可動」（《莊子通》頁九十），「動靜非有恆也」（《周易內傳發例》頁七），這樣一些動靜可以互相轉化的結論。

　　王夫之用這些樸素辯證法思想批判了把動與靜截然分開的形而上學，斥之為「流俗」和「異端」。他說：

　　　　流俗滯於物以為實，逐於動而不反；異端虛則喪實，靜則廢動：皆違性而失其神也。（《張子正蒙注》，頁二七九）

動與靜在整個物質世界運動過程中各占何種地位呢？夫之並沒有把「動」與「靜」等量齊觀，他肯定了「動」的一方面是主導的，強調了動的意義。他說：

　　　　天地之氣，恒生於動而不生於靜。（《讀四書大全說》卷十，頁

一三）

若其知天地之化育，則只在動處體會。（同上卷八，頁二八）

以動爲造化之權輿。（《張子正蒙注》，頁二二三～二二四）

動者，道之樞，德之牖也。（《周易外傳》，頁一七四）

……夫天地之所以行四時，生百物，亙古今而不息者，皆此動之一幾相續不捨，而非窅然而清、塊然而寧之爲天地也，審矣。

（《周易內傳》卷二，頁三七）

可見夫之是把握到了運動的絕對性，認爲沒有運動就沒有世界。動是如此重要，那麼靜是否就沒有意義呢？不！夫之同時也肯定了靜的意義。他說：

靜而有動，動留而生物，物生於俄頃之間，而其先皆有故也，一留而形成矣。知此，則能弗守其靜，以聽其動乎！靜不倚則動不匱，其動必正，其留必成，其生必順。（《莊子通》，頁八九）

這裏就包含有靜止是物質分化的條件這個意思。

（二）

夫之的辯證法思想之一，是承認一切事物之間普遍存在的聯繫。在《張子正蒙注・動物篇》中，夫之發揮了張載「物無孤立之理」的說法。他說：

凡物，非相類則相反。……錯者，同異也；綜者，屈仲也。萬物之成，以錯綜而成用。……或始同而終異，或始異而終同，比類相觀，乃知此物所以成彼物之利。金得火而成器，木受鑽而生火，惟於天下之物知之明，而合之，離之，消之，長之，乃成吾用。不然，物各自物，而非我所得用，非物矣。（頁七五）

這裏很明確地談到了萬事萬物之間的相互聯繫，沒有這種相互聯繫，萬物就不可能發生效用。與外界萬物斷絕聯繫的「物」不可理解的，有物等於沒有物一樣。

他的「物物相依」的命題是很光輝的。他說：

夫可依者有也，至常者生也，皆無妄而不可謂之妄也。奚以明其然也？既已爲人矣，非蟻之仰行，則依地住；非蝡之穴壤，則依空住；非蜀山之雪蛆不求煖，則依火住；非火山之鼠不求潤，則依水住；以至依粟已饑，依漿已渴。其不然而已於饑渴者，則

非人矣。

　　粟依土長，漿依水成。依種而生，依器而挹。以萬種粟粟不生，
以塊取水水不挹。相待而有，無待而無。若夫以粟種粟，以器挹水，
楓無柳枝，粟無棗實，成功之退，以生將來，取用不爽，物物相依，
所依者之足依，無毫髮疑似之或欺；而曰此妄也，然則彼之所謂眞
空者，將有一成不易之型，何不取兩間靈、蠢、蛟、醜之生，如一
印之文，均無差別也哉？（《周易外傳》，頁五二～五三）

這段話是非常深刻的。說明世界一切都是相互聯繫和相互制約的這一思想，
是客觀世界的眞實反映，絕不是虛妄的。正因爲如此，每一個事物和現象的
存在都是有條件的，是受著周圍具體的條件所制約的。與「地」、「空」、「火」、
「水」的關係不同，在某種意義上就形成了人與蟻、蟓、蛆、鼠的區別。否
認了事物的普遍聯繫，那麼就會把每一個不同的、具體的事物，看成「一成
不易之型」、「一印之文」，而沒有絲毫差別了。

（三）

　　關於矛盾的學說是王夫之的樸素辯證法思想中的一個很重要的組成部
分。他因襲了《周易》中的「陰陽」這一對範疇來說明事物的矛盾。

　　首先，夫之把矛盾的相互作用看作事物運動的原因。他說：

　　易者，互相推移以摩盪之謂。……純乾純坤未有易也，而相峙
以並立，則易之道在。（《周易內傳》卷一，頁一）

這裡的「乾」、「坤」也就是「陽」、「陰」的意思。這就是說只有當矛盾著的
對立面在一定條件下彼此聯繫起來的時候，才能產生運動。在《張子正蒙注》
中他也說：

　　易之爲道，乾坤而已。……或聚或散，或出或入，錯綜變化，
要以動靜夫陰陽。而陰陽一太極之實體，唯其富有充於虛空，故變
化日新，……陰陽之消長隱見不可測，而天地人物屈伸往來之故盡
於此。（頁八）

這說明天地人物運動變化的原因（故），就在於陰陽這一對立著的勢力的消長
隱現。

　　由於夫之把對立面的相互作用看作事物自己運動的原因，所以他就反對

從外部去找運動的原因，反對把運動僅僅理解爲外力推動的結果。他說：

> 升降飛揚，乃二氣和合之動幾，……「生物以息相吹」之說非
> 也，此乃大虛之流動洋溢，非僅生物之息也。（《張子正蒙注》，頁一
> 一）

其次，我們再來看夫之是如何具體闡述他的矛盾學說的。

夫之指出一切事物都是由矛盾組成的，矛盾無所不在。他解釋「太極」
不過是「陰陽渾合者而已」（《周易內傳》卷五，頁三一），一切事物都有太極，
「無所變而無太極」（《周易外傳》頁一六六）。他說：

> 陰陽二氣充滿太虛，此外更無他物，亦無間隙，天之象，地之
> 形，皆其所範圍也。（《張子正蒙注》，頁一〇）

> 凡天下之物，一皆陰陽往來之神所變化。物物有陰陽，事亦如
> 之。（同上，頁七六）

這說明沒有矛盾就沒有事物，也就沒有運動。

他還認爲矛盾的存在是永恆的，無始無終的。他在解釋《易繫辭》中「易
有太極，是生兩儀」一句時，就認爲不能把太極與陰陽（兩儀）的關係瞭解
爲父子相生的關係。他認爲所謂「是生」是指由於對立面相感而產生運動的
意思，「非太極爲父，兩儀爲子之謂也。陰陽無始者也，大極非孤立於陰陽之
上者也。」（《周易內傳》卷五，頁三一）

這樣，由於夫之承認了矛盾的普遍性，就能有力地證明運動的永恆性，
而反對那種認爲沒有矛盾也存在運動的唯心主義觀點：

> 後世緯書，循黃老養生之邪說，謂有太初，有太始，有太易，
> 其妄滋盛。易在乾坤既建之後，動以相易。若陰陽未有之先，無象
> 無體而何所易耶？（《周易內傳》卷一，頁一）

沒有矛盾就沒有運動的思想在夫之是明確的。

夫之認爲對立的雙方是通過「感」而互相作用著的。所謂「感」，就是對
立面的相互參錯的作用。關於「感」的思想可以分爲以下幾點：

（1）只有當矛盾著的對立面相互交錯才有「感」，「惟異生感」。他說：

> 陰陽合於太和，而性情不能不異；惟異生感，故交相訢合於既
> 感之後，而法象以著。（《張子正蒙注》，頁一九）

（2）「感」是客觀世界的固有法則，是「自然之理勢」。他說：

感者，交相感；陰感於陽而形乃成，陽感於陰而象乃著。……
感遇則聚，聚已必散，皆升降飛揚自然之理勢。（《張子正蒙注》，頁
一二）

（3）世界上萬事萬物產生和運動的原因都在於「感」。

一屈一仲，交相爲感，人以之生，天地以之生人物而不息，此
陰陽之動幾也。（《張子正蒙注》，頁七六）

天下者，萬事萬物之富，而皆原天道自然之化之陰陽相感……。
（同上，頁一八六）

天地之寒暑、雨暘、風雷、霜露、生長、收藏，尚陰陽相感以
爲大用；萬物之所自生，即此動幾之成也。（同上，頁二七七）

從上面的敘述看來，夫之對於對立面相感的作用是很重視的。

在對立面的統一性和鬥爭性的關係上，夫之把「和」理解爲一切事物都
是由矛盾著的對立面一起來的，沒有截然分析之物。如他說：

蓋陰陽者，終不如斧之斯薪，已分而不可合，溝之疏水，已去
而不可回，爭豆區銖累之盈虛，辨方四圓三之圍徑，以使萬物之性
命分崩離析，而終無和順之情……。（《周易外傳》，頁二○八）

在這個意義上，他認爲和順對於天地萬物有性命般的重要：「天地以和順而爲
命，萬物以和順而爲性。」（《周易外傳》頁二○七）這種思想是他的沒有矛
盾就沒有事物的學說的必然結論。

但是夫之卻因此把「和」的作用過於誇大了，把不「和」看成不能長久
的偶然現象。他說：

天地違其和，則能天，能地，而不能久。人違其和，則能得，
能失，而不能同。昏於陽，鬱於陰；昏於陰，鬱於陽。言過則踦，
樂極則悲；一心數變，寢寐自驚。不知廣大一同，多所不信，坐失
常道，何望自然哉？凡道皆道，凡德皆德，凡失皆失。道德樂游於
同，久亦奚渝？喜怒不至，何風雨之怨乎？（《老子衍》，頁七）

夫之看到了客觀世界存在著對立面的鬥爭，例如他說：

以氣化言之，陰陽各成其象，則相爲對。剛柔、塞溫、生殺必
相反而相爲仇。（《張子正蒙注》，頁二二）

這裡的「對」、「仇」都包含有鬥爭的意思。但夫之認爲鬥爭的結局只能是「互
以相成，無終相敵之理」，必定是「和而解」的。這種把統一性誇大，而不承

認鬥爭的絕對性的思想，就是夫之最終不能不陷人循環論的基本原因。這種調和論的哲學觀點，表現在對於處世之道的看法上，一定就會是主張遵行不偏不倚的中道。他說：

> 中道者，大中之矩，陰陽合一，周流於屈伸之萬象而無偏倚者，合陰陽、健順、動靜於一而皆和，故周子曰「中也者和也」。(《張子正蒙注》，頁一一五)

（四）

在夫之的著作中包含有關於事物的發展及其形式、趨勢等題的豐富思想。

第一，夫之認為事物的發展總是由簡單到複雜，而反對「今不如昔」的謬論。他說：

> 千章之木，不給於一埋之灰，市朝之人，不給於原阜之冢。初古之生，今日而無影跡之可舉，因而疑天下之始巨而終細也。獨不曰前此之未有，今日之繁然而皆備乎？(《周易外傳》，頁一八七)

因此，他反對頑固守舊，明確地提出了這樣的警語：

> 守其故物而不能日新，雖其未消，亦槁而死。(《思問錄·俟解》，頁三六)

第二，夫之認為事物的發展要經過一個逐漸的量變的過程。他說：

> 今且可說死只是一死，而必不可云生只是一次生。生既非一次生，則始亦非一日始矣。莊子「藏山」、佛氏「剎那」之旨，皆云新故密移，則死亦非頓然而盡，其言要為不誣；而所差者詳於言死，而略於言生。……斷不可以初生之一日為始，正死之一日為終也。
>
> (《讀四書大全說》卷六，頁一～二)

事物的產生（生）和消滅（死）不是突然出現的，而是經過長期、逐漸的發展才形成的。沒有任何準備過程的突然變化，夫之謂之「頓生」、「頓滅」，他認為這種情況一般說來是不存在的。他說：

> 方來之神，無頓受於初生之理；非畏、厭、溺，非疫癘，非獵殺、斬艾，則亦無頓滅之理。(《張子正蒙注》，頁七一～七二)

雖然夫之認識到了發展的量變形式，但是他對於事物發展的另外一種更為重要的形式——質變、飛躍卻缺乏正確的認識。

第三，夫之認為肯定的事物中包含有否定的因素。例如他說：

> 因之中必有通焉，窮則變，變則通。(《張子正蒙注》，頁一七
四)

因此他認為人們應該而且可能從壞事當中吸取有益的經驗教訓。他說：

> 衛君之暴，楚齊之交，蒯聵之逆，皆師也，而天下何不可師者
哉！(《莊子通》，頁八一)

夫之認為「事之所由成，非直行速獲而可以永終」(《張子正蒙注》頁七五)，
事物的發展不可能是直線的，而是曲折的，有起伏的。他舉例說：

> 始於勞者終於逸，始於難者終於易，始於博者終於約，歷險阻
而後易簡之德興焉。(同上)

的確，在夫之的關於運動、變化的理論中，充滿了關於發展的觀念，例如他
說：

> 人見形之不變而不知其質之已遷，則疑今茲之日月為邃古之日
月，今茲之肌肉為初生之肌肉，惡足以語日新之化哉！(《思問錄‧
俟解》) 頁五七)

他也反對過「死生輪迴」的循環論。他說：

> 一噓一吸，自然之勢也，故往來相乘而迭用。相乘迭用，彼異
端固曰死此生彼，而輪迴之說興焉。死此生彼者，一往一來之謂也。
夫一往一來，而有同往同來者焉，有異往異來者焉，故一往一來而
往來不一。化機之妙，大造之不可為心，豈彼異端之所得知哉？(《周
易外傳》，頁一八一～一八二)

但是，在夫之的發展觀念中，我們看不到關於從舊質轉化為新質的明確觀點。
例如「人見形之不變而不知其質之已遷」句中，提到的「形」是指形式，「質」
是指內容，所謂「質之已遷」只不過是說明內容變了，而不是說明質的轉化。
又例如「一往一來，而往來不一」，可以看作是關於事物的發展不是完全的重
複的觀點，但是「往來」怎樣「不一」呢？是僅有數量的增加和減少呢？還
是有了質的轉化呢？這一點仍得不到明確的解答。因此，也仍舊不能與循環
論劃清界限。同時在他的著作中還有這樣的提法：

> 陰陽不偏，循環不息，守正以待感，物得其宜，為經常不易之
道。(《張子正蒙注》，頁二○)

關於社會的發展他更是這樣說：

> 天下之勢，一離一合，一治一亂而已。……一合而一離，一治

而一亂，於此可以知天道焉，於此可以知人治焉。（《讀通鑒論》卷
一六，頁七）

這就更明顯地表露出他思想中的循環論的色彩。

（五）

綜上所述，在王夫之的發展觀中具有豐富的、樸素的辯證法思想。第一，
他特別強調一切事物是處於不斷的運動變化和普遍的相互聯繫之中，而與「貴
無主靜」的唯心主義形而上學的理論相對立。第二，他把矛盾看作運動變化
的原因，並且認爲事物矛盾是普遍存在的和永恆的。第三，他對於事物的發
展及其形式和趨勢也吐露過一些天才的思想。第四，他把這些基本思想，廣
泛地應用於對自然、社會和思維的觀察、分析，得出了許多有益的結論（關
於這方面本文未作具體論述）。就夫之所處的時代來說，他的這些思想達到了
當時的先進水平。

當然，即使從他的發展觀的這些積極方面來看，我們也不能估計過高，
他的這些思想在很大程度上還是直觀的結果，而缺乏科學的論證。因此，他
的發展原則是抽象的，在具體的歷史分析中，他往往恰好走到這些原則的反
面。更重要的是他的發展觀存在著嚴重的缺陷，在許多重大原則上都沒有擺
脫形而上學的影響。這首先是在矛盾的統一性和鬥爭性的關係問題上，他誇
大了矛盾的統一性，否認矛盾鬥爭的絕對性，因而就不能認識事物發展的質
的變化和飛躍，最後不得不陷於庸俗的進化論和循環論之中。

我們認爲王夫之的發展觀從整個的、基本的方面看來是樸素辯證法，而
不是形而上學。這可以從以下幾點來說明：

第一，劃分誰基本上是辯證法的，誰基本上是形而上學的，誰是動搖於
辯證法與形而上學之間的，應有一個基本的界線。正如劃分唯心主義與唯物
主義兩大陣營有一個基本標準一樣（根據恩格斯的指示，這一標準是看哲學
家們如何解決思維和存在何者爲第一性的問題）。關於這個問題我們可以從列
寧的下面一段話中得到啓示：

　　　有兩種基本的（或兩種可能的？或兩種在歷史上見到的？）發
　　展（進化）觀點：認爲發展是減少和增加，是重複；以及認爲發展
　　是對立面的統一（統一物之分爲兩個互相排斥的對立面以及它們之
　　的互相關聯）。

根據第一種運動觀點，自己運動，它的動力、泉源、動因都被忽視了（或者這個泉源被移到外部——移到神、主體等等那裏去了）；根據第二種觀點，主要的注意力正是放在認識「自己」運動的泉源上。

第一種觀點是死板的、貧乏的、枯竭的。第二種觀點是活生生的。只有第二種觀點才提供理解一切現存事物的「自己運動」的鑰匙，才提供理解「飛躍」、「漸進過程的中斷」、「向對立面的轉化」、舊東西的消滅和新東西的產生的鑰匙。（《哲學筆記》，《列寧全集》38 卷，頁 408）

對於列寧的上述指示，我們是這樣理解的：是否把「發展」看成對立面的統一（即認為一切事物的發展是它自己的運動；而事物的內部所包含的矛盾就是這種自己運動的動力、動因和泉源），是發展觀中的最根本的問題，是劃分辯證法與形而上學兩種對立的發展觀的最高分水嶺。正確地解決這個問題就為解決發展觀中的其他問題提供了基礎。正如我們前面所指出的，夫之在這個發展觀的基本問題上是站在辯證法的立場上的。當然，即使在這個問題上，由於夫之誇大矛盾的統一性，否認矛盾鬥爭的絕對性，因而也是不徹底的。

第二，從哲學史上看，馬克思主義辯證法產生以前的辯證法學者們的不徹底性，可以說是一個普遍的、也是必然的現象。古希臘唯物主義哲學家，辯證法的奠基者之一的赫拉克利特的辯證法，也是有歷史局限性的，他把運動僅僅瞭解為自然界的循環，排斥向前發展的思想。黑格爾是馬克思主義辯證法以前的最大的辯證法家，但他的辯證法也是不徹底的。他認為矛盾鬥爭的結局是調和，新東西和舊東西會和解。他的辯證法和他的形而上學體系之間形成了鮮明的矛盾。由此可見，在馬克思主義辯證法以前的辯證法家們，他們的發展觀都不可能是「純粹的」，他們還不能完全突破形而上學的藩籬。但是只要他們在解決最基本的問題上是正確的，我們就應該承認他們的發展觀是辯證法的。當然，這並不妨礙我同時嚴肅地指出他們的學說的局限性。

（此文是為 1962 年王船山學術討論會而寫的，收入 1965 年中華書局出版之《王船山學術討論集》，署名林國平，是我和王忠林、楊際平合寫）

王船山論一與多

　　一與多是王船山認識論中的一對重要範疇。他企圖通過這對範疇，說明人們在認識的過程中，必須正確處理具體與抽象、個別與一般、雜多與統一的關係。

　　一多問題，在中國哲學史上是一個起源很早、聚訟紛紜的問題。這個問題，既具有本體論的意義，又具有認識論的意義。從本體論的方面來說，就是人們面對著的這個五彩繽紛、萬象雜陳的世界，有沒有統一性？如果有的話，這個統一性是什麼？它和多樣性的關係如何？從認識論方面來說，既然世界是一與多的統一，人們又如何去認識它、把握它？

　　先秦的一些哲學家已經開始接觸到這個問題。老子把「道」看成世界獨一無二的本體，他說：「道生一，一生二，二生三，三生萬物」（《老子》第四十二章）。這是老子關於世界發生的一個模式。而他說的「聖人抱一爲天下式」（同上書，第二十二章），「侯王得一以爲天下貞」（同上書，第三十九章），就具有從認識論角度把握一的意義。莊子的「夫道，於大不終，於小不遺，故萬物備」（《莊子·天道篇》），是從本體論上講的；他說的「參萬歲而一成純」，也具有從認識上把握一多關係的意義。孔子雖然沒有直接從本體論方面論述一與多的關係，但他從認識論方面也注意到這個問題。他說的「博學」、「多聞」，具有從感性方面認識雜多的意義；他說的「一以貫之」，包含有從理性方面掌握普遍原則的意思。孟子說的「博學而詳說之，將以反說約也」（《孟子·離婁章句下》），雖然更多地是從學習經典這個角度講的，但也包含有在認識上解決一多關係的因素。

西漢末年的揚雄也談過一多問題，他說：「多聞則守之以約，多見則守之以卓。寡聞則無約也，寡見則無卓也」（《法言》）。他所講的「一多」，顯然具有認識論的意義。

先秦和兩漢的哲學家，雖然接觸到一多問題，但他們還沒有明確地把一和多當作哲學上一對重要範疇來進行研究。自覺地把一與多當作哲學範疇進行研究的，是魏晉玄學家。王弼說：

萬物萬形，其歸一也。何由致一？由於無也。（《老子道德經注》）

事有宗而物有主，途雖殊而其歸同也，慮雖百而其致一也。（同上）

夫眾不能治眾，治眾者，至寡者也。……物無妄然，必由其理。統之有宗，會之有元，故繁而不亂，眾而不惑。……自統而尋之，物雖眾，則知可以執一御也；由本以觀之，義雖博，則知可以一名舉也。……繁而不憂亂，變而不憂惑，約以存博，簡以濟眾。（《周易略例‧明象》）

王弼在解釋孔子的「吾道一以貫之」時，還說：「貫，猶統也。夫事有歸，理有會。故得其歸，事雖殷大，可以一名舉；總其會，理雖博，可以至約窮也。譬猶以君御民，執一統眾之道也」（《論語釋疑》）。

王弼的「執一統眾」的一多理論有兩點值得注意：一是他把道家老子的道（即「一」）為本和「執一」的思想與儒家孔孟的「多學」與「一貫」和由博反約的主張揉合在一起，為儒道合流奠定了理論基礎；二是他把一多與體用、本末、同殊等等範疇聯繫起來，這就為一多關係的研究開闢了廣闊的領域。所以，王弼關於一多關係的觀點，對以後哲學的影響很大。

隋唐時期，佛教在中國廣泛傳播，一些佛教流派，如華嚴宗、禪宗等，也吸收了魏晉玄學家王弼等人關於一多關係的理論，以論證他們的虛無主義和相對主義的宇宙觀。華嚴宗宣揚「一即多，多即一」，「一即一切，一切即一」（《華嚴一乘教義》）；「一一事中，理皆全遍」（《華嚴法界觀門》）。禪宗則鼓吹「一性圓通一切性，一法遍含一切法；一月普現一切月，一切水月一月攝」（《永嘉證道歌》）。佛教的一些理論家不僅從本體論上較多地論述了一多關係，而且企圖從認識論上解決一多問題。但是，由於他們為唯心主義立場所限制，不可能正確解決這個問題。例如僧肇認為「至人空洞無象，而萬物

無非我造，會萬物以成己者，其唯聖人乎」（《涅槃無名論》）。很明顯，僧肇
是企圖用主觀的「一」來銷熔客觀上的「萬」的。所以王船山說：「張子《西
銘》一篇，顯得理一分殊，才與天道聖性相爲合符。終不可說會萬物爲一己
者，其唯聖人也。（出釋氏《肇論》）」（《讀四書大全說・論語・公冶長篇》）

作爲儒釋道三家合流的宋明理學，對一與多的關係研究得更多，其認識
論的意義也越來越明顯。

程顥、程頤認爲：「天下物皆可以理照，有物必有則，一物須有一理」（《河
南程氏遺書》卷十八）。「一人之心，即天地之心；一物之理，即萬物之理」（同
上書，卷二）。

朱熹繼承了王弼的「一以治多」和華嚴宗的「理事無礙」以及禪宗的「月
印萬川」的理論，提出了「理一分殊」的觀點。他說：「萬物皆有此理，理皆
同出一原，但所居之位不同，則其理之用不一。」（《朱子語類》卷十八）既
然萬事萬物都不過是理的表現，那麼認識的任務就是要通過接觸的事物去發
現這「一貫」之理。他說：

> 聖人未嘗言理一多，只言分殊。蓋能於分殊中事事物物、頭頭
> 項項理會得其當然，然後方知理本一貫。不知萬殊各有一理，而徒
> 言理一，不知理一去何處？聖人千言萬語教人，學者修身從事，只
> 是理會這箇，要得事事物物，頭頭件件各知其所當然，而得其所當
> 然，只此便是理一矣（《朱子語類》卷二十七）。

爲了從認識論上解決對一多的認識問題，朱熹繼承了程頤「脫然貫通」的觀
點，並接受了禪宗的「頓悟」說，提出了「一旦豁然貫通」的理論。他在《大
學章句》中說：

> 大學始教，必使學者即凡天下之物，莫不因其已知之理而益窮
> 之，以求至乎其極。至於用力之久，而一旦豁然貫通焉，則眾物之
> 表裏粗精無不到，吾心之全體大用無不明矣。

朱熹在本體論上雖然把理看成是先於事物而存在的絕對，但在認識論上卻把
理看成人心中固有的東西，所以他說的「一旦豁然貫通」並不是指人們在認
識過程中從個別和特殊到一般的飛躍，而是指通過對一個個客觀理的認識，
以啓發並反省自己心中固有的理。因此，他並不能正確地解決如何認識一多
的問題。

上面我們所引述的，基本上都是唯心主義者對一與多關係的論述。在歷

史上，某些唯物主義哲學家對一多關係也作過分析，但他們多是從本體論的角度來闡述這個問題的。從張載認為「陰陽之氣，散則萬殊，人莫知其一也；合則混然，人不見其殊也」（《張子正蒙注・乾稱下篇》），到王廷相提出「氣一則理一，氣萬則理萬……統而言之，皆氣之化，大德敦厚，本始一源也。分而言之，氣有萬品，小德川流，各正性命也」（《雅述》上篇），都是如此。

王船山繼承了歷代唯物主義的優良傳統，同時也吸取了唯心主義思想家的一些合理內核，對一與多的關係作了許多精闢的論述。他不僅充分地論證了世界是一與多的統一，而且把一多關係運用於認識論，提出了在認識過程中如何正確處理一與多，即如何處理具體與抽象、個別（特殊）和一般、雜多與統一等關係的原則與方法。

「天居一以統萬，聖合萬而皆一」

王船山認為，自然界的紛紜複雜的現象，是有其統一性的；而人們認識的任務，就是要透過這些雜多的現象看到其統一，即看到包含在這些現象中的普遍規律。他這個思想，集中地體現在「天居一以統萬，聖合萬而皆一」（《尚書引義・咸有一德》）的命題之中。

（一）王船山從多方面論證了「天居一以統萬」，即客觀世界是一與多統一的思想。

從「天」與「命」的關係來看，他認為天是一，命為多：

> 夫在天則同，而在命則異，故曰「理一而分殊」。「分」云者，理之分也。迨其分殊，而理豈復一哉！夫不復一，則成乎殊矣。（《讀四書大全說・孟子・盡心上篇》）

從「命」與「性」的關係來看，他認為命是一，性是多：

> 反之於命而一本，凝之為性而萬殊。（同上《中庸》第一章）

從本與末的關係來看，他認為本是一，末是多：

> 由一而向萬，本大而末小。本大而一者，理之一也；末小而萬者，分之殊也。（《尚書引義・泰誓上》）。

> 且《大學》之教，理一分殊。本理之一，則眾善同原於明德，故曰「明德為本」。因分之殊，則身自有其身事，家自有其家範，國自有其國政，天下自有其天下之經。本統乎末，而由本向末，莖條枝葉之不容夷也。（《讀四書大全說・大學傳》第十章）

從體與用的關係看，體是一，用是多：

> 太和絪縕爲太虛，以有體無形爲性，可以資廣生大生而無所倚，道之本體也。二氣之動，交感而生，凝滯而成物我之萬象，雖即太和不容已之大用，而與本體之虛湛異矣。（《張子正蒙注‧太和篇》）

> 口目之用一，而所善者萬；心一，而口目之用萬。（《老子衍》）

從虛與實的關係看，虛是一，實是多：

> 以知命者以虛。虛者此虛同於彼虛，故太空不可畫以齊、楚。以能命者以實。實者此實異於彼實，故種類不可雜以稻粱。唯其同，故一亦善，萬亦一善……唯其異，故人差以位，位差以時，同事而殊功，同謀而殊敗。（《周易外傳‧困》）

王船山不僅從客觀方面論證了世界是一與多的統一，而且指出人的主觀活動中也有一與多的關係。例如他在談到心與情識的關係時說：「心函絪縕之全體而特微爾，其虛靈本一。而情識意見成乎萬殊者，物之相感，有同異，有攻取，時位異而知覺殊，亦猶萬物爲陰陽之偶聚而不相肖也。」（《張子正蒙注‧太和篇》）

王船山在從主客觀方面論述了世界是一與多的統一之後，進而分析一與多的內在關係。在他看來，所謂「一」，是與「道」、「理」同實而異名的（「道一而已矣」），它指的是普遍規律的意思；而「多」則是指具體事物或具體規律。他認爲「『一』，含萬，入萬而不與萬爲對」（《老子衍》）。就是說，作爲普遍性的「一」，它是包含著千千萬萬的差別性的，它存在於千千萬萬的差別性之中，而不是與差別性對立的。列寧說：「個別一定與一般相聯而存在。一般只能在個別中存在，只能通過個別而存在」（《談談辯證法問題》）。王船山對一和多關係的分析，是辯證的，也是唯物的。

（二）王船山論證了「聖合萬而皆一」的重要性。

王氏認爲，既然世界是一和多的統一，而這種統一又是客觀的、具體的，那麼人們的認識就應通過「多」，即通過具體的、特殊的事物，去認識「一」，即認識存在於這些具體事物之中的抽象的和普遍的道理。用王船山的話來說，就是要認識和掌握「天下之大本」、「大經」、「大體」或「根本」。他說：

> 大本不立而欲以學聖，非異端則曲學而已。（《張子正蒙注‧天道篇》）

　　　　由其法象，推其神化，達之於萬物一源之本，則所以知明處當
　　者，條理無不見矣。天下之物皆用也，吾心之理其體也；盡心以循
　　之，則體立而用自無窮。(《張子正蒙注・大心篇》)

「大本大源」是宋明理學的許多人慣用的一個概念，指的是世界的本體、本
源；而所謂掌握「大本大源」，則有掌握「理」或「道」的意思。但由於理學
家們往往把理看成是頭腦裏固有的（主觀唯心主義），或先於具體事物而獨立
存在的（客觀唯心主義），所以他們往往把對這個「大本大源」的把握看作是
神秘的妙悟的結果，而不是通過對事物本身規律進行抽象概括的產物。王船
山雖然沿用了這個概念，但他卻作了根本的改造。他所說的「天下之物皆用
也，吾心之理其體也」，並不是說理是人心所固有的主觀自生的東西，而是說
作為物之「體」的理，只有「盡心以循之」才能認識和把握；而把握的途徑
則是通過事物的現象（「法象」），分析和研究它們的神妙變化（「神化」），從
中看出它的規律（「條理」）。所以他又說：「蓋聖人之神，超然知道之本原，
以循理因時而已」（同上）。「聖人」之所以比一般人高明，就是由於他能夠掌
握道（即「一」）這個本原，並且能夠「循理因時」，按照客觀規律行事罷了。
王船山的這個觀點，是符合唯物主義認識論原則的。

　　王船山認為，掌握了「一」這個「大本」，對人們的言論和行動都有重大
的指導意義。

　　（一）它可以使人立言、治事抓住綱領和主要宗旨。他說：

　　　　君子奉一以為本，原始以建中，萬目從綱，有條不紊，分之秩
　　之，兩端審而功滿天下。(《周易外傳・繫辭下傳第四章》)

　　　　言有綱，道有宗；綱宗者，大正者也。故善言道者，言其宗而
　　萬殊得；善言治者，言其綱而萬目張。循之而可以盡致，推之而可
　　以知通，傳之天下後世而莫能搖其瑕壘。(《宋論》卷十)

因為一切事物的具體規律都是受普遍規律（「一」）制約的，所以認識了普遍
規律，也就認識了事物的根本；抓住了普遍規律，也就抓住了綱和宗。而人
們一旦抓住了綱和宗之後，立言就有明確的宗旨，就能頭頭是道，眾說皆通，
無懈可擊，而不致為那些枝節之論和表面現象所迷惑；治事就能綱舉目張，
秩序井然，有條不紊，行動合乎法則，卓有成效。王船山說，那些「疏庸之
士」不懂得這個道理，不善於抓「綱」，不善於掌握「大本」。他們口頭上雖
然也說要抓綱、抓宗，實際上卻是「宗不足以為萬殊之宗，綱不足以為萬目

之綱，尋之不得其首，究之不得其尾，泛然而廣列之，若可以施行，而莫知其所措」（同上）。羅列一大堆現象，看起來似乎可行，其實，事到臨頭，往往會茫無頭緒，無所措手足。

（二）它可以幫助人們克服主觀性和表面性。王船山在解釋張載「中正然後貫天下之道」一語時，明確指出：

> 不倚之謂中，得其理而守之、不為物遷之謂正。中正，則奉天下之大本以臨事物，大經審而物不能外，天下之道貫於一矣。有成心者有所倚，循見聞者必屢遷；唯其非存大中而守至正，故與道多違。（《張子正蒙注・中正篇》）

王船山所說的「成心」，指的是主觀成見；而所謂「拘見聞者必屢遷」，指的是為一些道聽塗說的表面現象所迷惑而改變主意。他認為掌握了「天下之大本」，就懂得了事物的根本規律（「大經」）。既知道「事物所以然之實」，又能瞭解其「當然之則」（同上），這樣就能駕馭千差萬別的客觀事物，而不致為主觀成見或表面現象所迷惑。

（三）它對於一個人立身處世、加強思想修養也有重要意義。因為一個人只有「經大經，立大本」，才能「壁立萬仞」，威武不能屈，富貴不能淫。否則，「根本不固而枝葉徒繁，則果有千駟萬鍾以誘之，得生失死以脅之，而義力未厚，氣焰徒浮，將有摧撓屈折，一挫而不能更振者矣」（《讀四書大全說・孟子・公孫丑上篇》）。

「多學」與「一貫」

既然客觀世界是「一」與「多」的統一，人的主觀認識就應該正確地反映它，並且在認識中把這二者統一起來。怎樣才能做到這一點呢？王船山認為應當正確處理「多學」與「一貫」的關係，即要善於從客觀存在的實事、實理出發，透過千差萬別的現象（「多」），認識其中的普遍規律（「一」）。他說：

> 以實理為學，貞於一而通於萬，則學問思辨皆逢其原，非少有得而自恃以止也。（《張子正蒙注・乾稱篇下》）

「實理」，就是各種具體事物的道理。「以實理為學」，就是指要多學習實際事物中包含的理，「貞於一而通於萬」，則是指「一以貫之」而言。王船山認為，多學與一貫是人們認識過程中兩個不可分割的方面，既不能只有一貫而沒有

多學，也不能只有多學而無一貫，而博學、多聞又是一貫的基礎。他說：

> 夫子之能「一以貫」者，其得力正在「多學而識」。(《讀四書大全說・論語・衛靈公》)

> 曰「聖人生知，固不待多學而識」，則愚所謂荒唐迂誕之邪說也。(同上)

> 聖賢之學，則須說「深造之以道，欲其自得」。佛、老欲自得，即向自得上做去，全不理會何以得，何以自得，顛倒說深造之以道，便非自得。聖賢則須說「博學而詳說之，以反說約」。佛、老欲說約，則一句便從約說起，而於約之所以為約者，只據一星兩星，便籠罩遷就去，顛倒說博學詳說，便不得約。……故不深造之以道，必不能自得，不博學而詳說，必無以說約。(同上《孟子・離婁下》)

王船山把「多學」、「博學」作為「一貫」的基礎，這是符合唯物主義認識論原則的。因為一般是存在於個別、普遍是寓於特殊之中的，人們只有通過對眾多個別的剖析，才能窮究其中的「一貫」之理。如果顛倒這個關係，認為聖人生知，可以不待多學就能認識普遍規律，那顯然是「荒唐迂誕之邪說」。可是佛老等唯心主義者卻恰恰顛倒了這個關係。他們把「天下同歸而殊途，一致而百慮」的正確命題，歪曲為「殊途而同歸，百慮而一致」，把本來是在客觀基礎上統一的多樣性世界，說成是統一於主觀。這樣，他們就不是從「多學」到「一貫」，而是把「一貫」看成主觀自生的東西，甚至企圖用這種主觀的「一」去銷熔客觀上的「多」，進而鼓吹其「萬法歸一」的謬論。王船山指出：「釋氏所以云爾者，他只要消滅得者世界到那一無所有底田地，但留此石火電光、依稀若有者，謂之曰一，已而並此一而欲除之」(《讀四書大全說・論語・里仁》)。這就一針見血地指出了唯心主義認識論的荒謬性。

王船山雖然強調「多學」是「一貫」的基礎，但又反對在二者之間機械地分先後。他說：

> 子曰「女以予為多學而識之者與」，又曰「予一以貫之」，凡兩言「以」。「以」者用也，謂聖功之所自成，而非以言乎聖功之已成也。然則夫子自志學以來，即從事於「一以貫之」，而非其用功在多，得悟在一也。(《讀四書大全說・論語・衛靈公》)

> 古人之學，日新有得，必如以前半截學識，後半截一貫，用功

在學識，而取效在一貫，是顏子早年不應有「亦足以發」之幾，而
夫子在志學之年，且應不察本原，貿貿然求之，而未知所歸也。（同
上）

王船山所以極力反對在多學與一貫之間分先後，並不是否認從多學到一貫之
間要有一個過程，而是反對「以學識爲學識，而俟一貫於他日」（同上），即
反對把多學與一貫割裂開來，把「一」看成超然物外、「以一爲工夫，屈折物
理」（同上）的錯誤作法。他認爲「學者之始事，固無能貫之力，而要不可昧
於一之理」（同上）。所謂「不可昧於一之理」，包含兩個方面的含義：一是在
多學時，不能忘記學的目的是爲了發現「一」之理。如果忘記了這一點，就
是「爲學識而學識」，也就是「玩物喪志」。二是在多學時不能沒有「一」之
理作指導，也就是在感性認識過程中，必須有理性思維起指導作用，所以王
船山說：「夫子自志學以來，即從事於『一以貫之』。」

　正是從這種「多學」與「一貫」的統一觀出發，王船山極力反對朱熹宣
傳的「一旦豁然貫通」的「頓悟」說。他說：

　　朱子抑有「忽然上達」之語，則愚所未安。若立個時節因緣，
作迷悟關頭，則已入釋氏窠臼。朱子於《大學補傳》，亦云「一旦豁
然貫通焉」，「一旦」二字亦下得驟。想朱子生平，或有此一日，要
未可以爲據也。孟子曰「是集義所生者」，一「生」字較精切不妄。
循循者日生而已，豁然貫通，固不可爲期也。曰「一旦」，則自知其
期矣。自知爲貫通之「一旦」，恐此「一旦」者，未即合轍。「下學
而上達」，一「而」字說得順易從容。云「一旦」，云「忽然」，則有
極難極速之意，且如懸之解，而不謂之達矣。「忽然上達」，既與下
學打作兩片，上達以後，便可一切無事，正釋氏「磚子敲門，門忽
開而磚無用」之旨。釋氏以頓減爲悟，故其教有然者。聖人『反己
自修』而「與天爲一」，步步是實，盈科而進，豈其然哉！（《讀四
書大全說・論語・憲問》）

王船山的這段話，對朱熹割裂「下學」與「上達」、「多學」與「一貫」的關
係的形而上學觀點，批判得很深刻。朱熹認爲在「下學」或「多學」的階段，
是談不上「一貫」的。只有通過一次又一次的「格物」，到一定的時候，才會
「一旦豁然貫通」，這時候就達到了「眾物之表裏精粗無不到，而吾心之全體
大用無不明」的境界，也就是把握了「絕對眞理」，從此以後也就用不著再去

從事「下學」了。王船山反復強調多學與一貫的一致性，強調「盈科而進」，這對於批判朱熹割裂感性認識與理性認識的關係，把理性認識看成無源之水、無本之木的謬論，無疑是具有重要意義的。

王船山把「多學」與「一貫」統一起來，作為從「多」中見「一」的基本途徑的思想是十分深刻的，是符合人類認識的客觀規律的。因為一般是寓於個別之中，普遍性是存在於特殊性之中，所以人們要認識普遍或一般，就必須從個別和特殊開始，「從最簡單、最普通、最常見的等等東西開始；從任何一個命題開始，如樹葉是綠的，伊萬是人，哈巴狗是狗等等。一在這裏（正如黑格爾天才地指出過的）就已經有辯證法：個別就是一般」（列寧：《談談辯證法問題》）。

王船山似乎掌握了這個一般與個別關係的辯證法。他又批判地吸取了莊子「參萬歲而一成純」的觀點，把它作為「多學」與「一貫」的一個補充手段。他說：

> 莊生云：「參萬歲而一成純。」言萬歲，亦荒遠矣，雖聖人有所不知，而何以參之！乃數千年以內，見聞可及者，天運之變，物理之不齊，升降污隆治亂之數，質文風尚之殊，自當參其變而知其常，以立一成純之局而酌所以自處者，歷乎無窮之險阻而皆不喪其所依，則不為世所顛倒而可與立矣。（《俟解》）

莊子是一個相對主義者，他否認古今、遠近等時間和地域差別的客觀性，他講的「參萬歲而一成純」，實際上是用主觀的同一性，去彌合古今之間的客觀差距。王船山站在樸素唯物論和辯證法的立場，「因而通之」，把它改造成一個唯物主義的認識論的命題。在對這個命題的闡述中，王船山既強調人的認識必須從對千差萬別事物的「聞」「見」出發，即從感覺經驗出發，又指出認識不能停留在感性認識階段，還必須「參其變而知其常」。這裡講的「參」，有「參稽」即比較考察的意思，這顯然是屬於理性認識的任務，而所謂「參其變而知其常」，就是要對無數變化著的事物或現象進行比較考察，從中找出其根本規律——「一」。所以，王船山說：「『參萬歲而一成純』，所為貴一也。」（《莊子通》）

王船山的這種參變知常的思想還表明，他認識到要做到從「多」中見「一」，是離不開事物的運動變化的。他在論「善」時，也闡述過這種思想。他說：「若夫善也者，無常所而必協於一也，一致而百慮也……萬象之殊不遺

於方寸，千載之遠不詒於旦夕。故《易》曰:『繼之者善也。』天以繼而生不息，……人以繼而道不匱」(《尚書引義·多方一》)。這就是說，規律是存在於客觀事物之中的，事物在不斷變化，規律也在向前發展，人們只有在「繼」的過程中，即在不斷的「察識而擴充」(《張子正蒙注·誠明篇》)的過程中，才能充分把握「道」。這樣在運動中把握「道」(「一」)，也就是「隨時」:「夫天下之萬變，時而已矣。君子之貞一，時而已矣。變以萬，與變俱萬而要之以時，故曰『隨時之義大矣哉』，大無不括，斯一也。……故君子之時，君子之一也。『學以聚之，問以辨之，寬以居之，仁以行之』，括天下之變而一之以時，……是故君子之與道相及也，一者全而萬者不迷也」(《詩廣傳》卷三)。王船山這種「隨時」的思想是很深刻的。

王船山對「參萬歲而一成純」的發揮還說明，人們要以對事物規律的清醒認識去指導行動，使自己「歷乎險阻而皆不喪其所依」，「不爲世所顛倒」。王船山自己就是用這種理論爲他的政治實踐服務。他指出:

> 使我而生乎三代，將何如?使我而生乎漢、唐、宋之盛，將何如?……使我而生乎契丹、金、元之世，將何如?則我生乎今日而將何如?豈在彼在此遂可沉與俱沉，浮與俱浮邪?參之而成純之一審矣。極吾一生數十年之內，使我而爲王侯卿相，將何如?使我而饑寒不能免，將何如?使我而蹈乎刀鋸鼎鑊之下，將何如?……豈如此如彼，遂可驕、可移、可屈耶?參之而成純之一又審矣。(《俟解》)

這段話清楚地表明，王船山是以他的「純一」的愛國熱情，面對著社會動亂和異民族的高壓統治，不畏饑寒，不懼鼎鑊，也不隨波逐流，不爲富貴利祿所誘惑。這種堅貞不屈的愛國主義精神，是很可敬佩的。

反對「執一」和「逐物」

王船山雖然十分重視掌握「大本大源」，即認識和把握普遍規律，但他又激烈地反對「執一以賊道」。什麼叫做「執一」呢?對此，他進行了細緻的分析。

他認爲「執一」是一種主觀武斷，或者叫「意見」。他指出，「知、能」是人所具有的一種主觀認識能力和實踐能力，但認識能力並不等於認識本身，可是人們卻往往「恃所能以爲知，成乎意見，以武斷乎天下」(《周易外

傳·繫辭上》第一章），即把認識能力當作認識本身。這就勢必把認識活動僅僅停留在主觀頭腦之中，拒絕與外物接觸，而憑空產生出一些主觀臆斷（「意見」），並利用這種「意見」「武斷天下」。所以，王氏反對「執一」。而要做到不「執一」，必須清除頭腦中的主觀意見（「虛其中」），用心地去「隨事隨物」（同上），以分析和掌握其中的理。

王船山進一步指出，「隨事隨物」並不等於必「逐物」。「恃其所能以為知」固然不對，「逐物」也同樣不對。因此他分析「執一」的第二種表現形式就是「逐物」。他說：

> 古之聖人治心之法，不倚於一事而為萬事之樞，不逐於一物而為萬物之宰，虛擬一大共之樞機，而詳其委曲之妙用。（《尚書引義·益稷》）

> 學而行，無滯於行，則已行者化；習而察，則不執所習，而參伍以盡其變，故不執一德而裁成萬理；德進之盛，殆由此與！（《張子正蒙注·三十篇》）

可見，所謂「逐物」就是以偏概全，把客觀世界的某一具體事物或事物的某一具體方面，當作整個世界的樞機或主宰。這種「執一」的人，還以為憑著自己的某種主觀見解，就可以「裁成萬理」，「而詳其委曲之妙用」，這難道不是十分荒謬的嗎？王船山認為，這種「執一」，和老子宣揚「曲則全」的觀點是一致的。所以他說：「老氏僅有其一端之知，而曰『曲則全』，其劣著矣。……執一廢百，毀乾坤之盛，而驕為之語曰『先天地生』，夫孰欺」（《周易外傳·繫辭上》第一章）。老子的「曲則全」，從辯證法的角度來看，有其合理性，即他看到了「曲」與「全」之間的矛盾和同一。但如果把它作為一種普遍性的認識原則，甚至認為只有把片面的認識當作全面的認識、把局部當整體、個別當一般才能求得真理，那就是錯誤的了。其結果必然導致「執一廢百」，否定世界的多樣性，歪曲世界的本來面目。王船山從認識全面性的要求出發，批判老子的「曲則全」是深刻的。

王船山講的「執一」，還有一個方面的意義，就是指那種把「一」和「多」割裂開來、對立起來的錯誤作法。他在批判老子時指出：

> 彼之析一以二，遊一於三者，侈數廣而執一狹。狹於執一，侈於生三，而放以之於萬，以自廣而狹天下，則始之局量以小，規模以隘，而不足以資始；終之詖而蔽，蔽而窮，而不足以成終。不知

大備之謂一者，其賊道固必至於斯也。(《尚書引義‧咸有一德》)

　　道一而已矣，一以盡道矣；道非大而一非小，不得曰「道生一」。
一該萬矣，萬爲一矣；二亦萬之二，三亦萬之三，萬乃一之萬，不
得曰「一生二，二生三，三生萬」。(同上)

客觀事物本來是一與多、普遍與特殊的統一，就是說「一該萬矣，萬爲一矣」，
「一含萬，入萬而不與萬爲對」(《老子衍》)，普遍性寓於特殊性之中，特殊
性中包含有普遍性。世界上沒有離開「多」而孤立存在的「一」，沒有離開特
殊性而孤立存在的普遍性。可是老子卻恰恰把這個「一」，即普遍性看成離開
「多」和特殊性而孤立存在的「絕對」。「一」(也叫「道」)在他那裏成了世
界的本源，世間萬事萬物都是從這個「一」中派生出來的。所謂「一生二，
二生三，三生萬」就是老子的神秘主義的宇宙發生論。可見老子本體論上的
唯心主義是與他在認識上割裂了一多統一的辯證關係分不開的。王船山緊緊
地抓住了老子這個形而上學的致命弱點，指出他「不知大備之謂一」，即不懂
得一多統一的辯證法，這對於揭露老子唯心主義認識根源是深刻而有力的。

　　王船山反對「執一」也就是反對認識的主觀性和片面性，反對離開事物
的多樣性談統一性，離開特殊性談普遍性。

　　綜上所述，可見王船山對人類如何認識一多關係的論述是相當深刻的，
他對唯心主義的頓悟的批判也是比較徹底的。但是，由於他的樸素唯物主義
立場的局限，他沒有認識到從多中見一，即從感性認識到理性認識的過程必
須有一個飛躍。由於不懂得這種飛躍，所以儘管他一再強調從多中見一，但
他沒有指出如何得一的具體途徑，因此，有時候他說的「一貫」就容易變成
無源之水，導致唯心主義。

　　(此文爲我與陳遠甯、黃洪基合寫、湖南人民出版社 1982 年出版的《王
船山認識論範疇研究》中本人所寫之第十章)

王船山論名與實

　　名實問題，是中國古代哲學家十分重視的一個問題。古代哲學家們把名實關係的研究，作爲介乎理論認識和實際行動之間的一個重要環節。道理很清楚：名由實生，如果人們不通過對宇宙的根本規律（大道）的研究和認識，形成一套由明確的概念（即「名」）、判斷和推理組成的理論體系，就不可能正確地指導自己的行動。莊子曾經在《天道》篇中指出：「古之明大道者先明天，而道德次之；道德已明，而仁義次之；仁義已明，而分守次之；分守已明，而形名次之；形名已明，而因任次之；因任已明，而原省次之；原省已明，而是非次之；是非已明，而賞罰次之；賞罰已明，而愚智處宜，貴賤履位，仁賢不肖襲情，必分其能，必由其名，……古之語大道者，五變而形名可舉，九變而賞罰可言也。驟而語形名，不知其本也；驟而語賞罰，不知其始也。」莊子這裏講的「形名」的「形」，主要是從由名所表示的「實」說的，所以「形名」就是論述「名實」的問題。莊子這段話，一方面指出了「形名」在「明大道」與「處事功」，即知和行之間的重要地位，另一方面也暗示了名實問題的研究中必然出現的兩種傾向：一是把名實作爲「明大道」的一個重要手段，即把名實的研究作爲人類認識的一般方法論；一是把名實作爲「處事功」的工具，使之沿著政治倫理化的方向發展。在先秦的名實研究中這兩種傾向都存在，而且後一傾向占著統治地位，這就是所謂「正名」主義。

　　孔子是最早提出「正名」主義的，他在講到如何「爲政」時說：「必也正名乎」，「名不正則言不順，言不順則事不成，事不成則禮樂不興，禮樂不興則刑罰不中，刑罰不中，則民無所措手足」（《論語・子路》）。孔子雖然沒有直接論述名的來源及其與實的關係，但在他的心目中是把西周的那一套等級

名分看作固定不變的東西的。所以當齊景公向他問政時，他回答說：「君君，臣臣，父父，子子」（《論語‧顏淵》）。可見，孔子實際上是要使「實」去適應「名」，而不是使「名」去符「實」，這就顛倒了名實之間、主客觀之間的關係。

孔子雖然有把「名」絕對化的傾向，但他畢竟還承認「名」與「實」之間有差別，而老子竟連這個差別也否認了，直認「名」為宇宙的本體。他說：「無名天地之始，有名萬物之母」。他認為作為宇宙本體的「常名」是叫不出名字的——「名可名，非常名」（《老子》第一章）。老子的這種「無名」論，從政治上看，顯然是反對孔子的「正名」論，揭露孔子鼓吹「學禮」，空立「形名」以檢驗是非的欺人之談；但從世界觀和認識論的角度看，由於他過於誇大了「無名」的作用，就勢必貶低「有名」、即具體概念在認識過程中的重要作用。

墨子從他的唯物主義認識論出發，正確解決了名實關係問題。他說：「瞽不知黑白者，非以其名也，以其取也。……天下之君子不知仁者，非以其名也，亦以其取也」（《貴義》）。就是說，看一個人的認識是否正確，不在於他口頭上會說黑、白之類的名詞，而在於他選取黑白等具體事物時是否選取對了。這實際上就是把「實」作為定名的根據。後期墨家還明確提出了「以名舉實」（《墨經‧小取》）的觀點。《經上》云：「舉，擬實也」。就是名必須摹擬或符合客觀事物的實在。又說：「所以謂，名也；所謂，實也；名實耦，合也。」名是表達事物的形式，它所表達的內容是客觀實在的。基於這種「以名舉實」的原則，《墨經》把名分為三類，《經上》說：「名：達、類、私。」達名就是最高的類概念，類名就是一般的類概念，私名就是專有名詞。名家的公孫龍也認為「正名實」是邏輯的主要目的，並指出沒有「物」就沒有名實的對象。但是他說的「物」，不過是主觀精神的表現。因此，他的名實觀是唯心主義的。

先秦的墨家及名家，對名實理論的研究雖然都離不開為政治倫理服務這個總的方向，但他們把研究範圍、領域擴大了，開拓了對一般事物的名實關係的研究。宇同（張岱年）在《中國哲學史大綱》中說：「孔子所講正名，雖專是正人事之名；而後來辯者對於一般物的正名，實乃受孔子的啟發而始有者。」這個說法是有一定道理的。例如，公孫龍子就曾經引用孔子的正名理論，論證他的「白馬非馬」的著名論題（參見今本《公孫龍子‧蹟府》）。汪奠基在談到惠施時也說：「他（按，指惠施）把所謂『春秋正名』的舊政治倫

理觀念，轉變爲『歷物』的概念分析，對於名辯的科學要求，基本上提出了一套新的思想方法」（《中國邏輯思想史》）。

　　荀子是先秦哲學的集大成者，他對「名」「實」關係也有許多精闢的見解。首先，他用唯物主義的反映論，說明概念（即「名」）產生的客觀基礎。他說：「名無固宜，約之以命，約定俗成謂之宜，異於約則謂之不宜」（《正名》）。就是說，每一個具體事物的名稱，爲什麼叫這個而不叫那個，並不是一開始就是固定的，它們不過是人類社會長期共同生活所形成的一種習慣，並且得到大家一致承認罷了（「約定俗成」）。但是這種「約定俗成」應該有其客觀基礎——即應是主觀對客觀的正確反映。所以他說：「心有徵知，……然而徵知必將待天官之當簿其類，然後可也」。「凡同類同情者，其天官之意物也同。故比方之疑似而通，是所以共其約名以相期也。」（同上）在荀子看來，「名」的產生是人的主觀（「心」的「徵知」）通過感覺器官（「天官」）接觸客觀事物的結果。由於具有同等認識能力的人（「同類同情者」）經過對同一類事物的接觸，就會得到共同的認識，然後概括出一個「名」來（「共其約名」），這樣人們便有了交流思想的共同基礎。其次，他指出了制名的重要性：「制名以指實……如是則志無不喻之患，事無困廢之禍」（《正名》）。制名既是適應政治倫理上「明貴賤」的需要，也是日常生活中「辨同異」所不可缺少的。這就把孔子的正名論和墨、名諸家正名論的要求都結合了起來。第三，荀子還指出了制名的原則（他稱之爲「制名之樞要」）：「同則同之，異則異之。單足以喻則單，單不足以喻則兼，單與兼無所相避則共，雖共不爲害矣」（同上）。就是說，同類的事物要用同一名稱，不同類的事物要用不同的名稱；單個事物用單稱名詞，複數用複稱名詞，等等。正是在這個基礎上，他對概念的分類進行了研究，提出了「大共名」、「大別名」等概念。最後，荀子還對當時流行的詭辯論，如「惑於用名以亂名」、「惑於用實以亂名」、「惑於用名以亂實」等進行了比較深刻的批判。

　　西漢董仲舒進一步發展了孔子正名思想的唯心主義傾向，他把概念（「名號」）說成是有意志的天給人的一種啓示：「古之聖人謞而效天地，謂之號；鳴而命施，謂之名。名之爲言，鳴而命也，號之爲言，謞與效也。謞而效天地者爲號，鳴而命者爲名。名號異聲而同本，皆鳴號而達天意者也」（《春秋繁露·深察名號》）。董仲舒的這種神秘主義名號理論，完全是爲他宣揚的天人感應的神學目的論服務的。

　　魏晉時期的著名玄學家王弼鼓吹一種「言不盡意」的唯心主義名實觀。他認為「言」是由《周易》上講的「象」產生的，而「象」又是根據聖人的主觀意志制定的，「象生於意，而存象焉，則所存者乃非其象也；言生於象，而存言焉，則所存者乃非其言也」（《周易略例‧明象》）。王弼看到了名言這些認識媒介、工具與認識對象之間的區別，但他把這個區別絕對化了，以至得出了概念（言、名）不能反映它的對象的錯誤結論。歐陽建從唯物主義立場出發批判了這種錯誤理論，指出客觀事物是在語言概念之外獨立存在的：「形不待名，而方圓已著，色不俟稱，而黑白以彰。然則名之於物，無施者也；言之於理，無為者也」（《言盡意論》）。歐陽建在這裏既明確區分了「名」和「物」是兩個不同的東西，又批判了王弼的由意生象、由象生言的唯心主義認識路線。同時，歐陽建還針對王弼否定概念在認識中的作用的錯誤觀點，論述了名、言在認識中的重要作用。他說：「古今務於正名，聖賢不能去言，其故何也？誠以理得於心，非言不暢；物定於彼，非名不辨。言不暢志，則無以相接，名不辨物，則鑒識不顯。鑒識顯而名品殊，言稱接而情志暢。原其所以，本其所由，非物有自然之名，理有必定之稱也。欲辨其實，則殊其名；欲宣其志，則立其稱」（同上）。歐陽建這種「理得於心，非言不暢；物定於彼，非名不辨」的觀點，正是對概念、言語在認識過程中重要地位的概括。最後，歐陽建還把發展變化的觀點引入名實理論中，他說：「名逐物而遷，言因理而變，此猶聲發回應，形存影附，不得相與為二矣。苟其不二，則言無不盡矣。吾故以為盡矣」（同上）。在歐陽建看來，「名」是要隨著事物的改變而改變的，「名」與「實」的關係就像形與影一樣分不開的。既然「名」是對「實」的反映，則言一定能盡意。這樣，歐陽建不僅有力地駁斥了王弼，而且豐富了名實理論。

　　王船山的名實理論，既有對前人的批判繼承，也有他自己的獨創。

名從實起　依實定名

　　首先，王船山用唯物主義觀點，深刻地論述了「名」從「實」起、按「實」定「名」的原則。他認為「名」是人們對事物的一種稱謂，是屬於主觀方面的「謂之」。他在解釋張載講的「謂之天」、「謂之地」、「謂之人」等時說：

　　　　「謂之」云者，天、地、人亦皆人為之名，而無實不能有名。

（《張子正蒙注‧大易篇》）

「名」固然是人給取的，但它又是「實」的反映，沒有「實」就不可能有「名」。為了進一步說明「名」必從「實」的道理，王船山還舉天文學上的「度」和「次」爲例，他說：

> 天無度，人乙太陽一日所行之舍爲之度。天無次，人以月建之域爲之次。非天所有，名因人立。名非天造，必從其實。

> 名從實起，次隨建轉，即今以順古，非變古而立今，其尚允乎！

（《思問錄·外篇》）

既然「名因人立」，由於人們觀察問題的角度不同，所以對同一事物就可能有不同的名稱。

王船山在分析張載講的「由太虛，有天之名；由氣化，有道之名；合虛與氣，有性之名；合性與知覺，有心之名」一段話時，就明確指出這一點：

> 名者，言道者分析而名；言之各有所指，故一理而多爲之名，其實一也。太虛即氣，絪縕之本體，陰陽合於太和，雖其實氣也，而未可名之爲氣；其升降飛揚，莫之爲而爲萬物之資始者，於此言之則謂之天。（《張子正蒙注·太和篇》）

張載那裏，太虛和氣化、天與道之間的關係講得不太清楚。張載有把太虛、天看成高於甚至產生氣化和道的傾向，所以有的同志認爲他的唯物主義和辯證法思想不夠徹底。這個缺點固然不能歸咎於他立多了「名」，但通過他對不同名的概說卻可以看出他思想的局限性。王船山正是抓住了他對名的概說的不準確而加以糾正，指出「太虛即氣」，太虛、氣化、天、道等等，都不過是同實而異名的東西，因而在本體論問題上就把唯物主義向前推進了一步。

王船山認爲，人創立了名，就要使名實相符，他把這種「名」「實」，之間沒有誤差，完全符合的狀態稱之爲「信」：

> 「信」者不爽也，名實不爽、先後不爽之謂也。唯名實爽而後先後爽。如《五行志》所載李樹生瓜，名實既爽，故前此初不生瓜，後此仍不生瓜而生李，則先後亦因之而爽矣。（《讀四書大全說·大學傳》第十章）

李樹不能生瓜，生瓜的樹不能叫李樹（這叫「名實不爽」），可是《五行志》開始說這棵樹是李樹，以後又說這棵李樹生了瓜，再後又說它還是結李子的李樹，這就造成了前後自相矛盾的說法（「先後爽」）。而矛盾的原因在於「名實爽」，所以王船山說「唯名實爽而後先後爽」。

正是基於這種名從實生、名實不能爽的唯物主義立場，王船山反對名不符實的種種錯誤傾向：

（一）反對「循名責實」。這裏又分兩種情況：

（1）「實」本身是比較抽象的東西（如「理」、「氣」、「仁」、「義」之類），如果硬要根據理、氣、仁、義之名去找一個可見、可聞的理、氣、仁、義，就可能走向邪路。所以王氏說：「循名責實，必求其可見、可聞者以爲情狀，則暴氣逆理，而但據如取如攜之利，亦何所不可哉！」這樣發展下去，就勢必否認仁義禮樂等抽象的東西的存在，表面看來很「質樸」，實際上是一種主觀隨意性。所以他又說：「所甚惡於天下者，循名責實之質樸，適情蕩性之高明也」（《俟解》）。硬要給一個抽象事物的名找出一個具體的實，當然是「知名而不知實」。（2）把某種抽象的理論和公式不分具體情況地生搬硬套。例如王氏在評論「爲官擇人，不爲人建官」這一理論時，就認爲這是「核名實、求速效之說」，而不是「獎人材、厚風俗、勸進天下於君子之道」。因爲只有「育人材以體天成物，而天下以靖。」他認爲，這個道理自古代皆然，「三代之所以敦厚弘雅，迎天地之清淑者，豈在循名責實、苟求速效之間哉」（《宋論》卷一）。

（二）反對「惜名廢實」。王船山在批評司馬光不接受畢仲遊關於加強理財的建議時說：「天子不言有無，大臣不問錢穀，名之甚美者也。大臣自惜其清名，而又爲天子惜，於是諱言會計，而一委之有司。」「自矜高潔之名，而忘立國之本，此之謂惜名而廢實」（《宋論》卷七）。王船山對「惜名廢實」的批判，不但批判了司馬光，而且也擊中了宋明理學的要害。

（三）反對「以名戕實」。王船山在反對恢復肉刑時說，古代「聖人」只是把五刑繪成圖畫（曾運乾在《尙書正讀》解釋「象以典刑」時說：「象，刻畫也。蓋刻畫墨、劓、宮荆、大辟之刑於器物，使民知所懲戒」），「以目治警來者」，其目的在於施行教化，只有在不得已的時候才用刑罰。可是後世教化不行，「無昭明平章之至化」，怎麼能「遽復象刑之辟」呢？王船山認爲，如果平常不注重教化，用刑時又不謹愼，那麼即使打著古代聖人「象以典刑」的旗號，也不過是「徒託於名以戕其實」。王船山說，「聖人」是以君子之道待天下的，而鍾繇、陳群提出恢復肉刑的建議，不過是「名示天下以君子，而實成天下之奸回」（《尙書引義‧舜典四》）。

（四）反對重名不重實，徒爭虛名的錯誤傾向。這種爭虛名的風氣，乃

是封建的正名主義所造成的大弊害，王船山說：「忠臣孝子之事，與天爭逆順，與人爭存亡，其將以名爭之乎？夫天則不知人之有名也。彼所不爭，挾以與爭，其如天何哉！若夫人，則以名相勝，而在此在彼，俱有可得之名。況乎天下之利，在實而不在名，業已有實而名可起。既得之於實，又得之於名，勢將偏重於彼，而能與之爭乎」（《尚書引義·多方二》）？就是說，那些熱衷於爭名的人，他們在與誰爭呢？與天爭嗎，可是天根本就不知道人有名，你偏要去與它爭，豈不是無的放矢？與人爭嗎，可是名又是由實決定的，你沒有實卻偏要去與人爭名，豈不是白費力氣。王船山指出，「其實不成而名亦不令」（同上），沒有實在其中，名聲也就好不了。古代的聖人都是名實並重的。

名實相符，在於「與物交」

王船山強調人們必須「與物交」，才能做到以實定名，名實相符。光有名從實生的唯物主義的原則還不夠，必須從認識的方面解決「名」如何從「實」中產生出來，這樣才能徹底批駁名實問題上的種種錯誤觀點。王船山認為，要做到以名定實，一個最基本的前提就是必須「與物交」。他說：

> 識知者，五常之性所與天下相通而起用者也。知其物乃知其名，知其名乃知其義，不與物交，則心具此理，而名不能言，事不能成。赤子之無知，精未徹也，愚蒙之無知，物不審也。（《張子正蒙注·太和篇》）

概念（「名」）是對客觀事物的反映和摹寫。沒有被反映者（物）當然就不可能有反映（名），但是有了物，如果人們不去接觸它、變革它，它還是不可能反映到人們的頭腦中來，也就不可能形成概念。小孩子無知，是由於他主觀方面的認識能力還不發達，愚昧者的無知，是因爲他們對客觀事物缺少認識，所以王船山特別強調人們要「與物交」，認真地觀察事物。

王船山還進一步從形、象與質的關係論證這個道理。他說：

> 物生而形形焉，形者質也。形生而象象焉，象者文也。形則必成象矣，象者象其形矣。……視之則形也，察之則象也，所以質以視章，而文由察著。未之察者，一弗見焉耳。（《尚書引義·畢命》）

在王船山看來，「形」是屬於事物的質的方面，「象」是屬於事物的文、即現象的方面。任何質都是有象的，任何象都是反映質的。「見聞所得者象也，知其器，知其數，知其名爾」（《張子正蒙注·大心篇》）。人們的見聞只能接觸

到事物的象，事物的「名」也是物件的反映。由於物的象是表現質的，既然通過見聞可以知象，知象就知質，所以用名也可以表象、表質。既然名可以表象、表質，所以言也就能夠盡意。因此王船山極力反對王弼的「言不盡意」論。他說：

> 形而上者，道也。形之所從生與其所用，皆有理焉，仁義中正之化裁所生也。仁義中正，可心喻而爲之名者也。得惻隱之意，則可自名爲仁，得羞惡之意，則可自名爲義，因而徵之於事爲，以愛人制事，而仁義之象著矣。（《張子正蒙注・天道篇》）

道和理是存在於事物（「形」）之中的，仁義中正是通過對理的認識而產生的。仁義中正可以通過心去理解，並且可以用名言來表述它。例如人們懂得了惻隱之意，就可以自稱爲「仁」；懂得了羞惡之意，就可以自稱爲「義」，這種「仁」、「義」還可以在行動中表現出來。既然意可以理解、可以表述，還可以「徵之於事爲」，怎麼能說「言不盡意」呢？王弼把名、言比作捕捉魚、兔的蹄、筌，他說人們捉到了魚、兔以後就把蹄、筌丟掉了，所以人們「得意」之後也就把名、言忘掉。王氏認爲這種比喻是不倫不類的。他說：

> 若夫言以說象，相得以彰，以擬筌蹄，有相似者。而象所由得，言固未可忘已。魚自游於水，兔自竄於山，筌不設而魚非其魚，蹄不設而兔非其兔。非其魚兔，則道在天下而不即人心，於己爲長物，而何以云「得象」、「得意」哉？故言未可忘，而奚況於象？況乎言所自出，因體因氣，因動因心，因物因理，道抑因言而生。則言、象、意、道，固合而無畛，而奚以忘耶？（《周易外傳・繫辭下第三章》）

當「道」還沒有被人們認識之前，它的確與「魚自游於水，兔自竄於山」的情況相似，都是產「自在之物」而非「爲我之物」。但當道被人們認識以後，它與魚兔進入筌蹄以後的情況就大不一樣了。因爲「蹄非兔也，筌非魚也」（同上），它們畢竟是兩種不同的東西，而道在成了「爲我之物」以後，就與象和言分不開了，因爲離開了言與象，道、意就無法表達出來，所以王船山說：「言、象、意、道，固合而無畛，而奚以忘耶？」王氏指出「言所自出，因體因氣，因動因心，因物因理」，他對言語現象的這種解釋，也是唯物主義的。王弼鼓吹「得意忘言」，豈不是要把語言這一點點物質運動的形式都要徹底擺脫掉嗎？所以王氏又指出：

蓋王弼者，老、莊之支子，而假《易》以文之者也。老之言曰：
「言者不知。」莊之言曰：「言隱於榮華。」而釋氏亦託之以爲教外
別傳之旨。棄民彝，絕物理，胥此焉耳。（同上）

把作爲思維的物質外殼的名、言都否定，這是一切「棄民彝，絕物理」的唯
心主義的必由之路。

既然制名的前提是不能「絕物理」，而是要「與物交」，因此人們在認識
過程中一個首要的前提，就要分清什麼是名、什麼是物，什麼是認識的主體、
什麼是認識的客體，而決不能把主體當成客體、把名當成物本身，否則就會
在名實上造成極大的混亂。可是佛家和宋明理學的一些理論家卻恰恰是這
樣：他們把主觀的認識能力（「能」）當作客觀的認識物件（「所」），把屬於主
觀的「敬」、「無逸」等精神現象當作客觀事物本身。對此，王船山是極力反
對的。他說：「今以謂『敬』與『無逸』之不可作所，實與名兩相稱也。」就
是說，如果認爲「敬」和「無逸」這些主觀的精神現象不能當作客觀對象本
身，這樣名和實就符合了。「乃如曰『敬』與『無逸』之可爲所，名之不得其
實也。此亦曉然而易知者也。不得其實，且使有實，鑿智足以成之，終古而
不利用，用之不利，道何所定而學將奚以致功哉」（《尙書引義·召誥無逸》）！
把本來不是「實」的東西硬說成是「實」，把體用關係顛倒過來，以體爲用，
又怎能達到眞正認識事物的目的呢？所以王氏說：「體用一依其實，不背其
故，而名實各相稱矣」（同上）。只有按照事物的體用關係的實際情況去認識
事物，名實才能相稱，才能得到正確的認識。王船山有時候又把這種名實相
稱的要求，稱之爲「言必擬實」。他說：「古之君子以動必議者，其議必有所
擬，以言必擬者，其擬必從其實「（同上）。所謂「言必擬實」，是說概念必須
準確地反映客觀事物，不能以主觀代替客觀。例如「所孝者父，不得謂孝爲
父；所慈者子，不得謂慈爲子；所登者山，不得謂登爲山；所涉者水，不得
謂涉爲水」（同上）。就是說，行爲的主體與行爲的對象是有原則區別的，二
者不容混淆。人們的概念必須準確地表達這種區別，這就是「言必擬實」，也
就是「修辭立其誠」。

王船山「與物交」的制名原則的最有價值的部分，是他對「知實而不知
名」的經驗論和「知名而不知實」的唯心論的批判。

所謂「知實而不知名」，就是把認識停留在感性材料階段，而不能形成概
念。王船山認爲這種傾向的表現和危害性是：「目擊而遇之，有其成象，而不

能為之名。如是者,於體非芒然也,而不給於用。無以名之,斯無以用之也」（《薑齋文集》卷一《知性論》）就是說,人們的認識如果只停留在感性階段而不能形成概念（「名」）,那麼儘管你掌握了一大堆材料,還是沒有用。因為要使一個人的認識發揮作用,就要通過名把認識的結果表達出來;否則,思想也就無法表達出來。所以他說:「知實而不知名,弗求名焉,則用將終絀」（同上）。王船山認為這種「知實不知名」的傾向雖然是錯誤的,但由於它畢竟還有感性材料（「實」）作基礎,所以還有辦法進行補救。補救的辦法是:「問以審之,學以證之,思以反求之,則實在而終得乎名,體定而終伸其用」（同上）。王氏這裏講的「審」、「證」、「反求」的方法,基本上是屬於理性認識中的不同環節。王氏已認識到:要真正做到以實定名,光有感性認識還不夠,必須在豐富感性材料的基礎上,進行理性的辯證、分析和推理。

所謂「知名而不知實」,就是把「名」當成第一性的東西、把「實」當成第二性的東西的唯心主義。這種錯誤傾向的表現是:「習聞而識之,謂有名之必有實,一而究不能得其實。如是者,執名以起用,而芒然於其體,雖有用,固異體之用,非其用也」（同上）。根據一些道聽塗說的「習聞」來制名,以為制了名就必然會有相適應的實存在,這顯然是一種唯心主義的妄想。因為根據主觀地想當然而製造的名,終究是得不到實的。如果按照這條思想路子走下去,只是執著一些空洞的名詞概念,而不顧這些概念是否具有客觀基礎,那就必然會在名實問題上出現張冠李戴、爭吵不休的局面。所以王船山說:

> 知名而不知實,以為既知之矣,則終始於名,而惝恍以測其影,
>
> 斯問而益疑,學而益僻,思而益甚其狂惑,一以其名加諸迴異之體,
>
> 枝辭日興,愈離其本,此異同之辯說所以成乎淫邪也。（同上）

王船山對名實問題上兩種錯誤傾向的批判,是很有創見的,它不僅對中國古代哲學在「名」「實」問題上的各種錯誤觀點進行了總的清算,而且使名實問題的研究比較徹底地從封建政治倫理的樊籠中擺脫出來,使之更加具有一般的認識論意義。

實異名必異,實變名必變

由於「名」從「實」生,所以在事物的無限展開和發展過程以及人的認識無限擴大、深化的過程中,名與實的關係便應該是實異名必異,實變名亦變。王船山指出:「夫名者,在彼在此之無定者也」（《尚書引義·泰誓牧誓》）。

這就是說，「名」是根據不同的情況、不同的對象而確定的，因而「正名」就要根據不同事物、不同情況來正。例如「桐非梓，梓非桐；狐非狸，狸非狐。天地以爲數，聖人以爲名」（《周易外傳·大有》）。客觀事物之間的區別是有其內在的必然性的（「數」），「聖人」認識到這種必然性，所以才制定出不同的「名」。王船山認爲，事物的差別是客觀的、不以人們的意志爲轉移的，就像「冬不可使炎，夏不可使寒；參不可使殺，砒不可使活」（同上）一樣。因此人們不能任意更改一個事物的名字，一下子說它是桐，一下子又說它是梓；一下子說它是狐，一下子又說它是狸。

事物的相對靜止或穩定狀態，是名實之所以能夠相稱的客觀依據，但是「實」是在不斷運動變化的，因此「名」也相應地發生變化。把運動變化的觀念運用於名實問題的研究，這是王船山名實理論的一個顯著的特點。這個特點，尤其表現於對一些具體的名實關係的論述中。例如，王氏在分析張載關於「日月之形，萬古不變」時指出：「形者，言其規模儀象也，非謂質也。質日代而形如一，無恒器而有恆道也。江河之水，今猶古也，而非今水之即古水。燈燭之光，昨猶今也，而非昨火之即今火。水火近而易知，日月遠而不察耳。爪髮之日生而舊者消也，人所知也。肌肉之日生而舊者消也，人所未知也。人見形之不變而不知其質之已遷，則疑今茲之日月爲邃古之日月，今茲之肌肉爲初生之肌肉，惡足語日新之化哉」（《思問錄·外篇》）！

儘管王船山這段話是針對張載關於形不變的錯誤觀點而說的，但是，從名實關係的角度看，他在這裏卻說明了兩種情況。一種情況是：像日、月以及人體的爪、髮、肌肉等屬於同一個體的東西，雖然隨著時光的流逝，其「質」在不斷變化，但其「形」卻始終保持「如一」的狀態，所以儘管它「質日代」，但由於其「形如一」，因此人們還是可以用同一的「名」去稱呼它。另一種情況是：像江河之水以及燈燭之光，雖然就彼時彼地的具體的水和光來說，是消逝或消滅了，但是卻有與之同類的水、光來取代它們，還是能保持其「形如一」的狀態，所以人們也就仍用原來的「名」去稱呼它。王船山的這段話告訴我們，儘管事物是不斷運動變化的，但是只要某一具體事物、或某一類事物還保持其「形如一」、即相對穩定狀態，人們給它們所命的「名」也就可以繼續保存下去。

但是靜止總是相對的、運動是絕對的，「質日代」的絕對變動，總會要打破「形如一」的相對穩定，這時，一事物就要向他事物轉化，舊「名」也就

要爲新「名」所取代。就拿王船山講的「器敝而道未嘗息」、「無恒器而有恆道」的「道」來說吧：「道」這個名作爲一個大的類概念，它和「物」一樣具有恆久的穩定性，但是作爲一個具體的類概念的「道」，它又必然隨著「器」的變化而改變其形態和名稱。例如王船山說的「洪荒無揖讓之道，唐、虞無弔伐之道，漢、唐無今日之道，則今日無他年之道者多矣」（《周易外傳・繫辭上傳》第十二章）。這裏的「揖讓之道」、「弔伐之道」、「今日之道」、「他年之道」等等，相對於「道」這個大的、一般的類概念來說，是比較小和具體的類概念，隨著「器」的變化，這些具體的道的「實」變了，因此其「名」也就隨之而改變了。

列寧指出：「概念的全面的、普遍的靈活性，達到了對立面同一的靈活性，——這就是問題的實質所在。這種靈活性，如果加以主觀的應用＝折衷主義與詭辯。靈活性，如果加以客觀的應用，即反映物質過程的全面性及其統一，就是辯證法，就是世界的永恆發展的正確反映」（《黑格爾〈邏輯學〉一書摘要》）。王船山辯證法思想的深刻性，恰恰在於他把概念的運動建立在對永恆發展的客觀世界的正確反映上。這種辯證的概念論，正是他名實觀中最有價值的部份之一。

由於王船山把概念的矛盾運動牢固地建立在客觀的矛盾運動的基礎之上，所以他就能夠有力地揭露和批判詭辯論。因爲詭辯論的共同手法，就是離開事物的客觀矛盾統一而主觀地運用概念的靈活性。例如公孫龍子關於「白馬非馬」的命題就是一個典型的例證。在這個命題中，公孫龍子把本來是在一匹具體的馬身上統一存在的兩種屬性——馬和白抽象出來，變成離開具體物而存在的絕對抽象——一般的馬和一般的白。按照辯證法的觀點，一般不能離開個別，它只能存在於個別之中。可是，在形而上學者看來，一般就是一般，它與個別是無法統一的，所以公孫龍子便得出了「白馬非馬」的錯誤結論。王船山在批判這個命題的錯誤時，正是抓住了公孫龍子的這個要害。他說：「白馬之異於人也，非但馬之異於人也，亦白馬之異於白人也，即白雪之異於玉也。疏而視之，雪、玉異而白同；密而察之，白雪之白、白玉之白，其亦異矣。人之與馬，雪之與玉，異以質也，其白則異以文也。故統於一白，而馬之白必馬，而人之白必人，玉之白必玉，雪之白必雪。從白類而馬之，從馬類而白之。既已爲馬，又且爲馬之白，而後成乎其爲白馬。故文質不可分，而弗俟合也，則亦無可偏爲損益矣」（《尚書引義・畢命》）。王船山的這

段議論是非常深刻的。的確，在世間不存在一個獨立的「白」的類概念，任何白都是和具體的事物相聯繫而存在的，不是「馬之白」，便是「人之白」；不是「玉之白」，便是「雪之白」。這種種的「白」，粗疏地看（「疏而視之」）似乎都一樣，但仔細觀察（「密而察之」），卻各有各的特點，怎麼能把這種種不同的「白」抽象出來，變成脫離具體事物而存在的絕對呢？王氏還指出，馬是屬於事物的「質」，而白則是同一事物的「文」，文和質本來就是一個事物的兩個不同方面，也就是說它們之間有著具體的客觀的同一性，根本用不著人去把它們拈合（「弗俟合」）；同樣，人如果企圖去掉其中的某一方面也是不可能的（「無可偏為損益」）。既然如此，公孫龍子把白與馬對立起來，硬說「白馬非馬」，就顯然是錯誤的。王船山對「白馬非馬」論的批判，既揭露了公孫龍子的形而上學，也批判了他的唯心主義，富有戰鬥性和科學性。

名與實交相為用

　　王船山雖然一方面強調「名從實生」的唯物主義制名原則，但另一方面，他又認為不能因此而否認名的作用。「名之與實，豈相離而可偏廢者乎？名之與實，形之與象，聲之與響也。」（《尚書引義・泰誓牧誓》）名與實是互相聯繫的，不可分離的。王船山認為，名固然是由實產生的，但是它一旦產生以後，對實又有很大的反作用，「名待實以彰，而實亦由名而立」（《尚書引義・君陳》）。通觀王船山對「名」的反作用意義的論述，可以看到「實亦由名而立」包含有下列意義：

　　（一）立名可以致實。王氏認為，名固然是由實而生的，但是當名立起來以後，人們懂得了它的意義，就會按照它的標準去做，使自己的行動（即「實」）與「名」的要求相稱。王氏舉例說，作為最高統治者的「君」，本應「修其實以得其名」（《尚書引義・泰誓牧誓》），但在軍閥混戰、「殺人如將不及」、「民之屠剝橫屍者，動逾千里」（《讀通鑑論》卷二十七）的五代王潮、王建、張全義、楊行密雖素無懿德，而一旦作「君」後，卻能基本上按照「君」的「保民」之「道」（同上書，卷三十），做了不少安定民生、發展生產的事。因之，對於他們應當「存其美，略其惡」，許之以為「民主」（同上書，卷二十七）。這就是說，王潮、王建等能夠按照「君」這個「名」，奮勉行事，使自己的行動符合「名」的要求。

　　從這個角度出發，王船山又主張「爭名」。他說：「名者，天之經也，人

之紀也，義夫志士所生死爭焉者也」（《周易外傳・觀》）。很明顯，王氏這裏講的「爭名」不是爭的虛名，而是爭的名實統一。但是王氏又提出：「名與實，非易兼而有者也」（《詩廣傳・小雅》）。因爲即使像周公那樣「集天下之功，斂天下之譽望」（同上）的人，也難免有人懷疑甚至中傷他，所以周公寧願不要那些「譽望」，而保持其功德。周公是懂得「一日之實，萬世之名，實輕而名重」（《尙書引義・大誥》）的道理的。反之，如果像某些人一樣，要求「舉名實而兩獲之以爲榮」（《詩廣傳・小雅》），那就很可能只求虛名而不重其實。

（二）正名可以正實。王船山說：「天下喪其實，以實救之，君子修其實而據以爲德。天下喪其實，且喪其名，以名顯之，君子必正其名而立以爲道。名者，人道之大者也」（《尙書引義・泰誓牧誓》）。就是說，當天下的名還存在，只是喪了實的時候，那就要按照名的要求，改變不合理的實；當天下名亂了、實也亂了的時候，首先要正名，名正了，認識統一了，人們才可能有統一的行動。所以王船山說：

> 治逆亂之天下，君以賊道王，臣以狄道貴，民以禽道生；既喪其實，尤喪其名。王者去死而奠之生，珍人而殊之禽，實既孛於天下，而名居尤重之勢，必自我正之，而後天下之耳目治而心志一。
> （同上）

（三）亂名可以亂實。王船山是主張「正名」的，他說：「正者，正其不可移者也」（同上）。而那些「亂名」的人，恰恰是企圖通過亂名以達其亂實的目的。他指出：「亂吾名者，不亂吾實不止」（《尙書引義・君陳》）。爲什麼？因爲「名之不正，邪說之所由生也」（同上書，《泰誓牧誓》）。邪說製造者的手法，往往都是通過以實亂名、以名亂名從而達到其以名亂實的目的。王船山說：「名賊爲君而君之，君之名可移也；名狄爲臣而臣之，臣之名可移也；名禽爲人而人之，人之名可移也」（同上）。這就是以實亂名。名亂了就勢必影響到實亂。所以王氏又說：「三代以下，統愈亂，世愈降，道愈微，盜憎主，夷猾夏，恬不知怪，以垂至於今，豈徒實之不逮哉？名先喪也」（同上）。

綜觀王船山對名的作用的論述，雖然沒有擺脫封建正名主義和嚴夷夏之大防的立場，但其中也包含有不少合理成分，即他看到了名對實的能動作用，看到了掌握「名」的人在一定條件下是可以創造「實」的。

（此文爲《王船山認識論範疇研究》之第十一章）

王船山論知和行

　　知行關係，是中國古代哲學中一對十分重要的認識論範疇。它所要解決的問題，實質上包括兩個方面：一是人的認識、思想和理論是從哪裏來的？二是人的認識、理論對自己的行動有什麼樣的作用？在王船山以前的哲學家們，圍繞這些問題進行過廣泛的討論，提出過種種不同的意見。這些意見概括說來有：重行輕知的知易行難說，重知輕行的知先行後說，以及主張知不先、行不後的知行合一說。

　　偽《古文尚書‧說命》中，最早提出了「知之非艱，行之惟艱」的命題。偽《古文尚書》的作者梅賾把這句話加在西元前十三世紀商朝的傅說身上，當然是不可靠的；但他根據典籍記載和傳說，反映了春秋時期作爲奴隸制處於崩潰、奴隸主言行不一、知行脫節的對立物而出現的一個命題。因爲那個時期成書的《左傳》中也包含有類似的思想。例如，魯昭公十年鄭國大夫子皮說過「非知之實難，將在行之」的話。又昭公三年載有「君子曰：『弗知實難』。知而弗從，禍莫大焉」等語。這些說法，基本上都是強調知易行難的。

　　孔子是比較重視行的。他說：「始吾於人也，聽其言而信其行，今吾於人也，聽其言而觀其行」（《論語‧公冶長》）。又說：「行有餘力，則以學文」（同上書，《學而》）。他所說的「學而時習之」、以及「習相遠」等話中的「習」字，也包含有行的意義。在《論語》中，講「知」的地方比講行的地方更多，但是沒有把知、行兩個概念直接聯繫起來講，更不可能把行作爲知的基礎。孔子講的行，基本上都是實行的意思，即有了認識以後再轉化爲行動。

　　墨家把知和行聯繫起來講，但他們也還沒有認識到行是知的基礎。例如，《經上》說：「知，聞、說、親；名實合爲。」《經說上》說：「知：傳受之，

聞也；方不障，說也；身觀焉，親也。所以謂，名也；所謂，實也；名實耦，合也；志行，爲也。」這說明墨家把知識分爲三種：聞知、說知和親知。而知識的要素有四個方面：即名、實、合、爲。名，是表示所知者；實，是所知；合，即名實相符；爲，即行爲，有實踐的意思在內。墨經把「爲」作爲知的一個重要因素，而且把它解釋爲「志行」，即有目的的行動，這個思想是十分深刻的。

孟子是一個先驗論者。孔子的經驗論傾向雖然比較明顯，但由於他不能把行作爲認識的基礎，所以其經驗論就很不徹底，在一些問題上不能不陷於先驗論，如承認有「生知」之類。孔子的這種先驗論，到了孟子那裏就被大大地膨脹起來。孟子講的「良知」、「良能」就是典型的先驗論。他說：「人之所不學而能者，其良能也；所不慮而知者，其良知也」（《盡心上》）。所謂良知就是仁義之心。在孟子看來，這種仁義之心是高於一切功利的，「何必曰利？亦有仁義而已矣」（《梁惠王上》）。這種仁義之心容易爲物慾所蒙蔽而不能發揚光大，因之，認識的任務就是要加強內心修養，除蔽去欲，發現內心固有的「良知」。孟子把這種唯心主義的內省致知方法稱之爲「求放心」。儘管他也講過許多關於行的話，但大多都是從實踐內心固有道德原則的角度來說的。孟子的這種主觀唯心主義的知行理論，爲後世的先知後行和知行合一說開了先河。

荀子繼承和發展了古代唯物主義知行學說的優良傳統。他說：「不聞不若聞之，聞之不若見之，見之不若知之，知之不若行之，學至於行之而止矣。」又說：「知之而不行，雖敦必困」（《儒效》）。這是明確肯定行高於知。荀子還認爲，行有檢驗認識（知）正確與否的作用，他稱之爲「符驗」、「善言古者，必有節於今；善言天者，必有徵於人。凡論者貴其有辨合，有符驗。故坐而言之，起而可設，張而可施行」（《性惡》）。荀子知行觀中一個突出特點，就是認爲人不是消極地去順從天意，而認爲人在認識了規律以後，還可以「制天命而用之」（《天論》）。

知行關係中各種不同意見的爭論，在宋代以後得到了比較充分的展開。

知先行後的理論在程頤和朱熹那裏得到了比較全面的論述。首先，程朱認爲，知是人們頭腦中固有的。程頤說：「知者吾之所固有，然不致則不能得之，而致知必有道，故曰『致知在格物』」（《河南程氏遺書》卷二十五）。朱熹則說，「人自有生，即有知識」（《朱文公文集》卷三十）；又說：「物莫不有

理，人莫不有知。如孩提之童，知愛其親；及其長也，知敬其兄；以至饑則知求食，渴則知求飲，是莫不有知也」（《朱子語類》卷十五）。可見，程朱這種「知吾固有」的觀點與孟子的良知良能說是一脈相承的。既然「知吾固有」，為什麼程朱又說「致知在格物」呢？這是因為在他們看來，雖然人心本來具有完備的知識，但由於被物慾遮蔽，「迷而不知，則天理滅矣，故聖人欲格之」。只有去掉物慾，才能認清心中固有的天理。其次，他們主張知先行後。這種觀點是他們從「知吾固有」的命題中得出的結論。程頤說：「君子以識為本，行次之」（《河南程氏遺書》卷二十五），「須是知了方行得」（同上書，卷十八）。朱熹則說：「論先後，當以致知為先；論輕重，當以力行為重」（《朱子語類》卷九）；「夫泛論知行之理，而就一事之中以觀之，則知之為先，行之為後，無可疑者」（《文集》卷四十二）。朱熹提出「力行為重」，是對程頤「知先行後」理論的重要補充。因為他懂得，如果只講「知先行後」，就容易導致知行脫節，只注重內心修養而不注重踐履，這是不符合封建統治者的利益的。封建統治者提出一整套綱常名教，決不是為了擺在那裏好看而是希望人們心甘情願地照著去做。可是，自從理學產生以後，這種重知不重行的傾向卻越來越嚴重。正是針對這種現象，朱熹才提出「力行為重」的主張。與此相應，他還提出了「知行常相須」（《朱予語類》卷九）和「知行互發」的觀點。這些觀點的提出，就其主觀動機來說，固然是為了維護統治者的利益，但從人類理論思維的發展過程看，卻有著新的、合理的因素。

王守仁的「知行合一」說，是作為程朱的「知先行後」的對立物而出現的，但同時又是對朱熹「知行常相須」觀點的進一步發揮。王守仁在敘述他提出「知行合一」論的動機時曾說：「知行合一之說，專為近世學者分知行為兩事，必欲先用知之之功而後行，遂致終身不行，故不得已而為此補偏救弊之言」（《答周沖書五通》）。王守仁反對先知後行、「終身不行」，把知行截然分開的錯誤，從認識論上看是合理的。但他卻走到了另一個極端，把知行看成一個東西，例如他說：「我今說個知行合一，正要人曉得一念發動處，便即是行了」（《傳習錄下》）。又說：「《大學》指個真知行與人看，說『如好好色，如惡惡臭』。見好色屬知，好好色屬行；只見那好色時已自好了，不是見了後又立個心去好。聞惡臭屬知，惡惡臭屬行；只聞那惡臭時已自惡了，不是聞了後別立個心去惡」（同上）。把「一念發動」也算作行，這當然是以知代行的唯心主義胡說。但是王守仁並不是完全否認知之外的行。他說：「真知即所

以爲行，不行不足謂之知」（《傳習錄中》）。王守仁不僅承認有知外之行，而且有時還提出行而後知的觀點：「食味之美惡，必待入口而後知，豈有不待入口而已先知食味之美惡者耶？……路岐之險夷，必待身親履歷而後知，豈有不待身親履歷而已先知路岐之險夷者耶」（《傳習錄中》）？王守仁的「不行不足謂之知」和行而後知的觀點是正確的，他的「知行合一」論從唯心主義的角度，猜測到了知和行之間存在某種統一性，儘管他不能正確地解決這個問題，但他能提出這個向題就是一個貢獻。

王船山關於知行關係的理論，是建立在對上述各種不同的知行關係理論的批判和繼承的基礎之上的。在這個批判、繼承的過程中，他又根據當時理論鬥爭的需要及實踐經驗的總結，對知與行的關係進了新的探討，作出了新的概括，從而把中國哲學史上的知行觀推向了一個新的高峰。

強調「知行有別」，反對「知行合一」

王船山明確指出，知和行是兩個內容不同、「各有功效」的範疇。他說：

> 知行相資以爲用，惟其各有致功，而亦各有其效，故相資以互用，則於其相互，益知其必分矣。（《禮記章句‧中庸衍》）

> 故言知則但可曰「困而知之」，不可曰勉強而知之，而行則曰『勉強而行之』。知、行之不同功久矣。（《讀四書大全說‧論語‧爲政》）

> 蓋云知行者，致知、力行之謂也，唯其爲致知、力行，故功可得而分。（同上）

這是說明知和行的功用不同。王船山還指出，知行的內容也不一樣：「知行之分，有從大段分界限者，則如講求義理爲知，應事接物爲行是也」（同上書，《中庸》）。

王船山所說的「知」，包括兩個方面的含義。

一方面，是指人們的主觀認識能力。他說：「蓋知者象天，耳目之司也；能者象地，肢體之司也」（《續左氏春秋博議》卷下）。王氏這裏講的「知、能」，是《易傳》上的兩個概念。《易繫辭上》說：「乾以易知，坤以簡能」。高亨說：「此知字當讀爲智，智猶巧也」（《周易大傳今注》）。就是說，天以平常成其巧，地以簡單成其能。王船山所說的「知者象天，耳目之司」，就

是認為耳目所管的事就是智巧。天只有「知」，地只有「能」，而人則能把知和能兼之於一身，所以他說：「知者天事也，能者地事也，知能者人事也」（《周易外傳‧繫辭上》第一章）。但是，王氏覺得人的知能畢竟不同於天地的知能。因為人有感覺的能力，有形成概念和思慮的能力。所以，王氏說：「今夫天，知之所自開，而天不可以知名也。今夫地，能之所已著，而不見其所以能也。清虛者無思，一大者無慮，自有其理，非知他者也，而惡得以知名之」（同上）？天地都是無思無慮的，既沒有感覺能力，也沒有主觀能動性。那麼，《易傳》為什麼又說天有「知」、地有「能」呢？王船山認為，這是因為人的知能，乃「原於天而順乎道，凝於形氣」（《張子正蒙注‧太和篇》）的結果。《易傳》上說「天行健」，即天道是剛健的、運行不息的；而地道則是「順承天」，即順受天道之變化。人的認識能力恰恰具有這種「健」和「順」的特性。他說：「夫知之所廢者多矣，而莫大乎其忘之。忘之者，中有間也。萬變之理，相類〔相〕續而後成乎其章，於其始統其終，於其終如其始。非天下之至健者，其孰能彌亙以通理而不忘？故以知：知者惟其健，健者知之實也。能之所窮，不窮於其不專，而莫窮乎窒中而執一。執一而窒其中，一事之變而不能成，而奚況其賾！至善之極，隨事隨物而分其用，虛其中，析其理，理之所至而咸至之。非天下之至順者，其孰能盡亹亹之施而不執乎一？故以知：能者惟其順，順者能之實也」（《周易外傳‧繫辭上傳》第一章）。

王船山這段話的深刻性在於：一是他把運動的觀念引進了知的領域。所謂「知者惟其健，健者知之實」，是說人的「知」是和天一樣，具有自強不息的運動能力，而這種能力又是「象天」的結果。二是指出知能本身並不是認識，而僅僅是一種認識能力，要使這種認識能力得以發揮，就要「虛其中、析其理」，而不能「窒中而執一」，把認識能力當作認識本身，搞主觀唯心主義。

由於王船山看到了天地和人之間的同一性，所以他能把「健」、「順」這些運動範疇引入知；又由於他看到了天地和人之間的差別性，所以又能指出「思」、「慮」等是人所特有的認識能力，這樣就使他和一切先驗主義和神秘主義區別開來了。

王船山所講的知，包含有認識結果的意思。作為認識結果的知，他有時候用「智」、「智慧」來表述。這種智，就是人們經過認識達到了辨別是非、

善惡、美醜的境界。他說：

> 知字，大端在是非上說。人有人之是非，事有事之是非，而人
> 與事之是非，心裏直下分明，只此是智。(《讀四書大全說‧大學序》)

可見，所謂智，就是「心裏直下分明」的是非觀念。王船山認為，這種「智」並不是憑空產生的，而是有「據」的，這個「據」即「取精用物」。他說：「天之生人也，孩提之知識，惟不即發，異於雛犢之慧，故靈於萬物；取精用物，資天地之和，漸啓其明，而知乃通天之中也」(《張子正蒙注‧大易篇》)。如果認為可以「無據」而知（即達於「智」）那就會陷於釋氏的「悟」。王船山指出，釋氏雖然也高談「智慧」，實際上並不是真正的智慧。他說：「力其心不使循乎熟，引而之於無據之地，以得其空微，則必有慧以報之。釋氏之言悟止此矣。核其實功，老氏之所謂專氣也」(《思問錄‧內篇》)。這說明釋氏和老氏的所謂「智慧」，都不過是靠內省直觀，從「無據之地」得來的一種妙「悟」，它是不能稱為真正的智慧的。

王船山講的行，指的是人的主觀見之於客觀的行動，它包括履、實踐、為、習等在內。他說：

> 知者，知禮者也。禮者，履其知也。(《思問錄‧內篇》)
>
> 知之盡，則實踐之而已。(《張子正蒙注‧至當篇》)
>
> 誠於為，則天下之蠢蠢者皆能生吾之心。(《思問錄‧內篇》)
>
> 氣隨習易，而習且與性成也。(《讀四書大全說‧論語‧陽貨》)

這些話中的「履」、「實踐」、「為」、「習」等，都具有行的意義。

既然知和行是兩個不同的東西，所以王船山便極力反對王守仁提倡的「知行合一」。他說：知行之間是相資以為用的，它們各有其功用，因而也就各有其效應……「不知其各有功效而相資，於是而姚江王氏知行合一之說，得藉口以惑世」(《禮記章句‧中庸衍》)。

王船山所謂「不知其各有功效而相資」，是指否認差別和對立、主張絕對同一的形而上學觀點。在《尚書引義》中，他對這一點進一步加以闡述。他說，王守仁的「所謂知者非知，而行者非行也。知者非知，然而猶有其知也，亦倘然若有所見也。行者非行，則確乎其非行，而以其所知為行也。以知為行，則以不行為行，而人之倫、物之理，若或見之，不以身心嘗試焉」(《尚書引義‧說命中二》)。王守仁鼓吹「一念發動處便是行」，是以知為行，否認

行的客觀實在性。他雖然在知的基礎上把知與行的關係解決了，但不是在對立和差別的基礎上的統一，而是形而上學的絕對同一。所以王船山說他是「以不行爲行」，這的確是一語破的。

知行相須，並進而有功

王船山一方面強調知行有別，反對知行合一的唯心主義謬論；另一方面，他又指出，知行之間並不是絕對對立、沒有聯繫的。恰恰相反，知行是相須、並進而有功的。他在對知行相須的論述中，顯示了對矛盾統一法則的深刻理解。

首先，王船山指出，知行相須是在對立和差別基礎上的相須，沒有差別和對立也就談不上相須。他說：

> 蓋云知行者，致知、力行之謂也。唯其爲致知、力行，故功可得而分。功可得而分，則可立先後之序。可立先後之序，而先後又互相爲成，則由知而知所行，由行而行則知之，亦可云並進而有功。（《讀四書大全說・論語・爲政》）

> 好學，然後擇之審，而行之不疑；力行，則身體而喻之深。（《禮記章句・中庸衍》）

知和行的功用雖然是各不相同的，但它們之間又是相輔相成、相得益彰的。知行相成的一種具體表現形式，就是人們通過知可以知道自己行動的步驟和目的，通過行又可以反過來加深自己對知識的理解。

王船山通過對知行相異又相資的分析，得出了一個帶普遍性的方法論結論。他說：

> 知行相資以爲用，惟其各有致功，而亦各有其效，故相資以互用，則於其相互，益知其必分矣。同者不相爲用，資於異者，乃和同而起功，此定理也。（《禮記章句・中庸衍》）

同類性質的東西是談不上對立統一作用的，只有性質不同、而又處於一個統一體之中的東西，才能產生這種對立統一的作用，這是一個「定理」。在中國哲學史上，像王船山這樣明白地描述知行對立統一這個「定理」的，還未曾見過。王守仁看到了知行之間的統一性，但他不懂得統一是對立的統一，結果導致了唯心主義的知行合一論。王船山比王守仁的高明之處，在於他吸收了王守仁失敗的教訓，認識到對立統一是一個「定理」，所以才能有力地批駁王守仁的知行合一說，以及其他在知行關係上的種種錯誤觀點，從而把中國

哲學史上的知行觀推向一個新的高峰。

王船山指出，知行相須還表現在知行之間互相滲透、互相包含。他說：「知行二義，有時相爲對待，有時不相爲對待」（《讀四書大全說・論語・衛靈公篇》）。如果就大的階段來看，知行當然可以分開，如講求義理爲知，應事接物爲行。但是在「講求之中，力其講求之事，則亦有行矣；應接之際，不廢審慮之功，則亦有知矣。是則知行終始不相離，存心亦有知行，致知亦有知行，而更不可分一事以爲知而非行，行而非知」（《讀四書大全說・中庸》第二十七章）。程朱的錯誤在於把知與行截然分開：「先儒分致知格物屬知，誠意以下屬行，是通將《大學》分作兩節。大分段處且如此說，若逐項下手工夫，則致知格物亦有行，誠意以下至平天下亦無不有知」（同上書，《大學》）。這就是說，知和行從理論上講，可以分作兩個不同的階段，但在實際生活中，它們又是「終始不相離」、密不可分的。王氏舉例說：

> 格致有行者，如人學弈碁相似，但終日打譜，亦不能盡達殺活之機；必亦與人對弈，而後譜中譜外之理，皆有以悉喻其故。且方其迸著心力去打譜，已早屬力行矣。（同上）

人們學下棋，當然要懂得陣法。學陣法，可以從棋譜上學，但又不能只從棋譜上學，而必須同時在與別人對弈之中學。如果不邊學邊練，把知與行結合起來，而只是埋頭看棋譜，到真正要用時還是用不上的。這是因爲實踐是發展的，而理論則具有相對的穩定性、保守性，它往往落在實踐的後面。如果什麼事情都要等學會了才去做，那就什麼事情也做不成。王船山正是看到了這一點，所以他說：

> 蓋天下之事，固因豫立，而亦無先知完了方才去行之理。使爾，無論事到身上，由你從容去致知不得；便盡有暇日，揣摩得十餘年，及至用時，不相應者多矣。……是故致知之功，非抹下行之之功於不試，而姑儲其知以爲誠正之用。是知中亦有行也。（同上）

可見，知和行的確是密不可分的。「知不徹者不可以行，行不愊者不可以知」（《周易外傳・繫辭下傳》第五章）。沒有知就談不上能，能不及也談不上知，「知能相因，不知則亦不能矣」（《讀四書大全說・中庸第十二章》）；「知雖良而能不逮，猶之乎弗知」（《張子正蒙注・誠明篇》）。如果硬要把知行分作兩截，「以『志學』爲知，『立』爲行，『不惑』、『知命』、『耳順』爲知，『從欲不逾矩』爲行；此乃強將自己立下的柱子栽入聖言內，如炙鐵相似，亦能令

其微熱而津出，究於彼無涉也」（《讀四書大全說・論語・爲政》）。就是說，這樣分知行，只是主觀臆斷，並不符合實際情況。正是基於對知行互相滲透、互相包含的認識，王船山認爲從人的認識和實踐的具體過程來看，知和能之間無所謂先後。他說：「知能同功而成德業。先知而後能，先能而後知，又何足以窺道闡乎？……異端者於此，以知爲首，尊知而賤能，則能廢。知無跡，能者知之跡也。廢其能，則知非其知，而知亦廢」（《周易外傳・繫辭上》第一章）。

王船山的知行相須觀點的最精彩之處，還在於他認爲知和行之間可以互相轉化，行可以轉化爲知，知也可以轉化爲行。關於這些，我們在下面兩節專門論述。

行可兼知，知不可兼行

王船山知行觀的一個鮮明特點，就是突出地強調行在認識過程中的地位和作用，這是他對中國哲學史上知行觀的最大貢獻。他認爲行是知的基礎、知的目的，是檢驗知的重要手段，行高於知、難於知。

首先，王船山指出，行是知的基礎。他說：

> 行而後知有道，道猶路也。得而後見有德，德猶得也（《思問錄・內篇》）。

王船山這段話，是依據唯物主義認識論原則反對唯心論的。因爲一切唯心論雖然表現形式不同，但究其實質，都是把道或理看成是心中固有的東西。王船山針對這種謬論，提出了完全相反的觀點：人們只有通過行，才能認識事物的規律；這正如人們只有行走，才能找到所要走的道路。所以他反復強調說：「非力行焉者，不能知也」，「力行而後知之眞也」（《四書訓義》卷十三）；「誠於爲，則天下之矗矗者皆能生吾之心」（《思問錄・內篇》），「德者，行焉而有得於心之謂也。則凡行而有得者，皆可謂之德矣」（《讀四書大全說・大學傳》第十章）。這說明王船山已認識到行是知的基礎和前提，行在知之先。在王船山以前的哲學家如王廷相，雖然也提出過「知行兼舉」（《愼言・小宗》）的觀點，強調行在認識中的作用，但其理論的深度遠不及王船山。

王船山既然認爲行先於知，行是知的基礎，所以他就極力反對知先行後、離行以爲知的唯心主義謬說。他說：

> 離行以爲知，其卑者，則訓詁之末流，無異於詞章之玩物而加

陋焉；其高者，瞑目據梧，消心而絕物，得者或得，而失者遂叛道
以流於恍惚之中。異學之賊道也，正在於此。而不但異學爲然也，
浮屠之「參悟」者此耳。抑不但浮屠爲然也，黃冠之煉己沐浴，求
透簾幕之光者亦此耳。皆先知後行，劃然離行以爲知者也，而爲之
辭曰「知行合一」，吾滋懼矣！懼夫沈溺於行墨者之徒爲異學哂也，
尤懼夫浮游於倘悅者之偕異學以迷也。（《尚書引義・說命中二》）

王船山反對知先行後，不僅是針對異端異學的，而且也是針對程朱這些「先
儒」的。他說：「宋諸先儒欲折陸、楊『知行合一』、『知不先，行不後』之說，
而曰『知先行後』，立一劃然之次序，以困學者於知見之中，且將蕩然以失據，
則已異於聖人之道矣」（同上）。王船山在《讀四書大全說》中曾說朱熹「欹
重知，亦微有病」；但在這裏對知先行後說的批判，措詞就相當激烈，認爲不
只是「微有病」，而是「異於聖人之道」、與異端異學同流了。王船山指出，
宋儒的這種知先行後的理論，正是受了佛教的影響。「浮屠之言曰：『知有是
事便休。』彼直以倘然之知爲息肩之地……是其銷行以歸知，終始於知，而
杜足於履中蹈和之節文；本汲汲於先知以廢行也，而顧詘先知之說以塞君子
之口而疑天下。其詭秘也如是，如之何爲其所罔而曰『知先行後』，以墮其術
中乎」（《尚書引義・說命中二》）？

王船山認爲行是知的目的。他說：「知之盡，則實踐之而已」（《張子正蒙
注・至當篇》）。「知而後行之，行之爲貴，而非但知也」（《周易外傳・乾》）。
人們求知，不是爲認識而認識，而是爲了更好地行。王船山講的「行爲貴」，
就包含有實踐是知的目的的意義。因此，他反復強調：「知及之則行必逮之，
蓋所知者以誠而明，自不獨知而已爾」（《張子正蒙注・中正篇》）；「誠之明，
知之良，因而行之，則仁之節文具而變動不居，無所往而非仁矣」（《張子正
蒙注・至當篇》）；「學而行，無滯於行，則已行者化；習而察，則不執所習，
而參伍以盡其變，故不執一德而裁成萬理；德進之盛，殆由此與」（《張子正
蒙注・三十篇》）！王船山雖然沒有明確提出行是知的目的這樣的命題，但在
這些論述中已經具有學以致用，知是爲了行一類思想的萌芽。

王船山認爲，行還是檢驗知的手段。他繼承了荀子關於「符驗」的說法，
把「行」作爲檢驗眞知的標準。他說：「學者之於仁，其或存或去之實，則於
其好惡驗之矣」。「於其事驗其心」（《四書訓義》卷八）。這就是說，人們心中
是不是有「仁」，是要通過他的好惡的行動來檢驗的，是要從他的行事去檢驗

他的心的。他又說：「言發於先，行成於後。……考其成，乃以印其先」（《宋論》卷六）。這是說，考察其行動，就可以印證其原先的言是否正確。他又說：「知之盡，則實踐之而已。實踐之，乃心所素知（王船山說：『素，猶豫也，言豫知其理而無不得』），行焉皆順，故樂莫大焉」（《張子正蒙注·至當篇》）。這是說，通過實踐，證明人們心中原先掌握了的「理」是可以行得通的，自己就會感到掌握了眞理的愉快。

王船山有時還用「徵」來說明行對知的檢驗作用。他說：「言天者徵於人，言心者徵於事，言古者徵於今」（《張子正蒙注·有德篇》）；「聖賢之立言也，正在天理爛漫、形著明動上徵道之誠然；終不向燭影螢光尋個相似處測其離合」（《讀四書大全說·孟子·離婁下》）；「所言者皆其已行而行無不至，所行者著之爲言而言皆有徵，則德盛業隆，道率而教脩」（同上書《論語·爲政》）。這是說，人們總是用現實的、實際的、具體的事物或行動來檢驗和證明那些抽象的、一般的道理的。一個人將自己所做的用言語表現出來，他的言語都有實際的徵驗，那麼他的道德就會高尚，事業就會興盛，也就能像孔子那樣爲人師表，率道脩教。綜上可見，王船山從多方面強調「行」和徵驗，這無疑是唯物主義的觀點。

最後，王船山認爲，行高於知。他說：「知者，知其然而未必其能然。乃能然者，必由於知其然」（《讀四書大全說·中庸》第三十三章）。知道了的東西，不一定能做到；做到了的則一定是知道了的。他又說：「以在人之知行言之，聞見之知不如心之所喻，心之所喻不如身之所親行焉」（《周易內傳·繫辭上傳》）。理性認識高於感性認識，但實踐又高於理性認識。爲什麼呢？因爲「行有知之功」（《四書訓義》卷二），「知也者，固以行爲功者也；行也者，不以知爲功者也。行焉可以得知之效也，知焉未可得行之效也」（《尚書引義·說命中二》）。王船山講的「行有知之功」，「行焉可以得知之效」不僅包含著行是知的來源和行是檢驗知的標準的意思，而且包含著只有通過行，知才能眞正發揮實際作用、轉化爲物質力量的意思。「好學，然後擇之審，而行之不疑；力行，則身體而喻之深。好學力行，作聖之極功，雖聖人不能不資之審矣。」（《禮記章句·中庸衍》）這是說，只有通過力行，人們對學問才能理解和體會得更深刻。他還說：「蓋嘗論之，遏人慾者，物誘欲動，而後能施其遏。物之未構，欲之未動，不睹奸色，而預擬一奸色以絕之；不聞淫聲，而預擬一淫聲以遠之，徒勞而無可致其功，未有能濟者也。且盡古今爲學者，純疵

利鈍之不一，未有如是之迂謬以爲功者也」（《禮記章句・中庸衍》）。「遏人慾」，是理學家最愛談的題目，王船山在一定程度上也受其影響。但他認爲即使是「遏人慾」，也不能只在頭腦裏「遏」，而必須在實際生活中，在與「妍色」、「淫聲」的接觸中去「遏」。如果按程朱知先行後那套理論去做，「預存諸心而敬畏以持之」，那麼當「物至事起」以後，儘管主觀上想使自己的行動適宜，而實際上仍然會「動乖其則」（同上）。王氏這種「知以行爲功」的思想，是對宋明理學家們空談心性，不重實踐、實功的有力批判。

王船山認爲，行不僅高於知，而且難於知。他說：「聖人之道本易知而簡能，而合之者爲甚難矣。故曰『知之匪艱，行之惟艱』，行然後知之艱，非力行爲者不能知也」（《四書訓義》卷十三）。《論語》記載，子貢請問孔子何謂君子？孔子說：「先行其言而後從之。」朱熹在《集注》中引范氏的解釋，說這是孔子針對「子貢之患，非言之艱而行之艱，故告之以此。」王船山則認爲，孔子的話不僅是對子貢說，而且是對一般人說的。他說：「范氏曰『子貢非言之艱而行之艱』，其語猶自活在。然『非言之艱而行之艱』，不獨子貢也。且云『先行其言』，則『其言』云者，未嘗言之，特知其理而可以言耳。此固《說命》所謂『非知之艱，行之惟艱』之旨，古帝王聖賢之所同病，亦人道自然有餘不足之數也。即非子貢，其有易於行而艱於言，行非艱而知惟艱者哉？易於行者，其行非行。則范氏固已指夫人之通病以爲子貢病」（《讀四書大全說・論語・爲政》）。歷代的「聖賢」都是重視行、認爲「行之惟艱」的；如果輕視行，或把行看得很容易，那麼這種行就不是眞正的行。

王船山認爲，所謂「行艱」，指的是要做到力行、篤行很難。他說：「學易而好難，行易而力難」（《俟解》）。「乃所謂篤行者，元有二義。一事之已行者，專力以造其極，此以執爲篤也。眾事之待行者，推廣而皆盡其理，此以致爲篤也」（《讀四書大全說・中庸》第二十三章）。可見，所謂力行或篤行，指的是對每一件已經開始做的事，都要堅持不懈地做下去；對於那些還沒有開始做的事，則要通過行去認識和掌握其中包含的理，即通過力行去致知。

王船山還通過器與道的關係，說明知易行難的道理。他說：「聖人之所不知不能者，器也。夫婦之所與知與能者，道也。故盡器難矣，盡器則道無不貫。盡道所以審器，知至於盡器，能至於踐形，德盛矣哉」（《思問錄・內篇》）！道是一般的規律，器是各有特點的具體事物。道是聖人或一般人都比較容易掌握的，但要掌握具體事物的特點就難了。因爲不通過「行」去「盡器」、「踐

形」，具體事物的特點是無法認識的。在《宋論》中，王船山曾以朱熹知潭洲時「行經界」一事為例，進一步說明這個道理。朱熹做潭洲知州，曾經將「行經界法」向朝廷請示，朝廷批准了他的請求。可是，事實上又行不通，為什麼呢？王船山指出，原因就在於「天下之思而可得、學而可知者，理也，思而不能得、學而不能知者，物也。今夫〔物〕名則有涯矣，數則有量矣。乃若其實，則皆有類焉，類之中又有類焉，博而極之，盡巧歷之終身而不能悉舉。大木之葉，其數億萬，求一相肖而無毫髮之差者無有也，而名惡足以限之？……夫物各有情矣。情者，實也。故曰：『先王以人情為田』。人情者，非一人之思所能皆慮，非古人之可刻畫今人而使不出於其域者也。乃極其所思，守其所學，以為天下之不越乎此，求其推行而準焉，不亦難乎」（《宋論》卷十二）！王氏這段論述，深刻地說明一個道理：要把主觀的想像變成客觀實際是一個十分艱難的過程。人們如果只是「極其所思，守其所學」，滿足於掌握一般的大道理，「以為天下之不越乎此」，而不去對千差萬別變化發展的客觀情況進行調查研究，這樣想出來的方案或辦法，在實際行動中是沒有不碰壁的。可見，「言之善者，非行之善」，即使這種言是「古人之所言」，「然而言者非行也」；即使古人不但言了，「亦有既行之者矣」，但「古人之行，非我之行也；我之行，非天下之所行也」（同上）。由此可見，行可以檢驗一切言，即使是古人通過行證明是正確的言，也要在新的歷史條件下受行的檢驗。行之所以難，就不僅因為力行為難，把一般理論運用於各不相同的具體情況為難，而且要看到行不是個別人的行，還有「天下之所行」。王船山雖然不可能認識到實踐是社會的實踐，但他指出「我之行」與「天下之所行」的區別，認識到不能以個人的實踐代替天下人的實踐，這個認識還是可取的。

知有知之用

王船山雖然強調行對知的決定作用，但同時也很重視知對行的巨大的反作用。他說：

君子之知，以審行也。（《詩廣傳》卷一）

夫人知之而後能行之，行者皆行其所知者也。……喻之深，察之廣，由是而行，行必安焉。（《四書訓義》卷二十）

就人的認識過程來說，必須是先行後知，離開了實踐是談不到什麼知的。可是，人類認識的目的歸根到底還是為了行。人們不能只知不行，為認識而認

識；同時人們也不能不知而行，沒有正確理論指導的行動是盲動。知識愈豐富，對事物的內在本質瞭解得深刻，觀察面廣，在這個基礎上去行，其行才是穩妥可靠的。因此，王船山反復強調「要以所行者聽乎知，而其知也愈廣大愈精微，則行之合轍者，愈高明愈博厚矣」（《讀四書大全說·論語·爲政》）。「理無不通，故推而行之皆順」（《張子正蒙注·大易篇》）。王船山反對那種不知而行的盲動，他說：「非知之明，而何以行之至」（《四書訓義》卷五）。他在解釋孔子說的「由，誨汝知之乎？知之爲知之，不知爲不知，是知也」時說：「子路之於道已得其大端矣，而自任過勇，遂自信爲是，唯勉於行而略於知，故夫子特呼而告之曰，夫人不知而行，行而得非得也。而況行之而必不得者乎」（《四書訓義》卷六）？一個人如果「唯勉於行而略於知」，一味盲目地去幹，對自己所行的目的和方法、步驟，都沒有明確的認識，這種行當然不能說一無所得，但它所得的不是人們原先期望的那種得。所以，王船山把它稱之爲「非得」。他在《張子正蒙注》的《序論》中還說過：「蒙者，知之始也。孟子曰：『始條理者，智之事也』。其始不正，未有能成章而達者也。」小孩子在開始入學時，就要接受良好的教育。因爲「條理」的開始在於「智」。如果開始就「不正」，便不可能有成就，也就不能通達事理。

「夫人未有不喻之而能專意以爲之而不捨者也」（《四書訓義》卷八），人們如果對自己所從事的工作的性質和意義缺乏充分的瞭解，要專心專意、堅持不懈地做下去也是不可能的。

爲什麼知能夠指導行呢？王船山認爲，這是由於知可以「察事物所以然之理，察之精而盡其變，此在事變未起之先，見幾而決，故行焉而無不利」（《張子正蒙注·神化篇》）。人們要使自己的行爲達到預期的目的，就必須掌握事物發展的規律。而知的任務就是認識和掌握規律。當人們認識和掌握了規律之後，就可以因勢利導，根據客觀事物的發展趨勢，看準苗頭，「見幾而決」，採取行動，因而能取得最好的效果。可見，那種輕視理論指導作用的經驗主義傾向是十分錯誤的。

但是，要做到眞「知」，絕非易事，所以王船山認爲不僅行要用「力」，知同樣要用「力」。他說：「天理在若存若忘之介，非用力焉而不能審其幾」（《四書訓義》卷八），知之所以也要用「力」，是因爲「知者，本末具鑒也」（《讀四書大全說·中庸序》），末是比較具體的東西，耳目可以見聞的；本體則是不能見聞的，是抽象的，這就要用心力求。「既爲物之體，則經營闔闢，富有

日新，充塞見聞，特人欲以有窮之目力視之，有窮之耳力聽之，則不見不聞爾。人不自知其耳目之力有窮，而於見聞不及之地，狂妄卜度，斯異端之所自熾也」（《禮記章句・中庸衍》）。知也有知的難處，知之難就難在要認識抽象的「本體」、「天理」。在這個抽象的過程中，如果搞得不好，「狂妄卜度」，就可能流於「異端」。所以人們要獲得正確的認識，還必須努力學會正確的抽象。

綜上所述，可見王船山的知行觀既有對前人的繼承，而在對知行關係的分析、對行在認識過程地位及知對行反作用的論述等方面，又都大大超過了前人的理論水準，在中國哲學發展的歷史上作出了新的貢獻。

（此文爲《王船山認識論範疇研究》之第十二章）

王船山論天道與人道

　　天道與人道的關係，從認識論的角度看，實質上是一個客觀規律性與主觀能動性的關係問題。圍繞著這個問題，中國古代哲學家進行了長期的論爭。這些論爭的不同意見，歸納起來，大體上可分為四種。

　　（一）認為天有意志，人只能順天承命。這種觀點，在西周的一些文獻中表現得最為突出。當時的人們認為天是一種有人格、有意志的主宰者，可以發號施令，對人進行賞罰。服從「天命」，就可以得到天的保祐；違背「天命」，天就要實行懲罰。對這種觀點，孔子也沒有完全改變。例如孔子就說過：「獲罪於天，無所禱也」（《論語・八佾》）。西漢的董仲舒，把這種唯心主義天命論系統化為一種「天人相類」的神學觀點，他甚至認為連人體的結構都是與天相符合的。他說：「人有三百六十節，偶天之數也。形體骨肉，偶地之厚也。上有耳目聰明，日月之象也。體有空竅理脈，川谷之象也。心有哀樂喜怒，神氣之類也。觀人之體，一何高物之甚而類於天也」（《春秋繁露・人副天數》）。董仲舒的這種觀點的荒謬性是十分明顯的，但它在中國封建社會中影響深遠，因為它很符合統治者的需要。

　　（二）認為天雖有意志，但人在不違背天意的前提下，還是有所作為的。這種思想孔子表現得最為明顯。一方面，孔子叫人們「畏天命」（《論語・季氏》）；另一方面，他又強調人事，認為「未能事人，焉能事鬼」（同上，《先進》），「務民之義，敬鬼神而遠之」（同上，《雍也》）。可見，孔子是比較重視人的主觀能動性的。他提出的「知命」，帶有認識與掌握天命，以為人事服務的意義。墨子反對天命，但認為有「天志」，說明他一方面還沒有完全擺脫人格天的觀念；另一方面，他又企圖用「天志」表達「人志」，用「天意」來表

達「人意」，從而發揮人的主觀能動性。孟子和《中庸》的作者，提出「誠」的概念，把主觀的「誠」說成是天道和人道中共通的東西。孟子說：「故誠者，天之道也；思誠者，人之道也」（《孟子‧離婁上》）。孟子的這個「誠」，從世界觀上看，其主觀唯心主義的色彩是十分鮮明的。但從歷史發展的背景上看，他是企圖解決天道與人道的矛盾，以發揮人的主觀能動性。相對於客觀唯心主義把天命看成萬物的絕對主宰、人在天命前無能爲力來說，孟子強調天道（「誠」）就在人的心中，人完全可以通過「盡心」、「知性」的內心修養，達到「知天」（《盡心》）、「與天地參」（《中庸》）的境界，這說明孟子看到了人的主觀能動性的重要性。雖然他因主觀唯心主義立場的限制，沒有正確解決天道與人道的關係，但他看出了這個矛盾，並按照自己的觀點，指出了解決這個矛盾的途徑，這在認識發展的歷史上還是有貢獻的。孟子的主觀唯心主義的「天人合一」思想，對宋明時期的陸、王心學有著直接的影響。

（三）否認天有意志，但認爲人也沒有能動性。這種觀點在老莊哲學中表現最爲突出。老子認爲世界的本體是「道」，道高於天地，道「法自然」、「常無爲」。老子從宇宙觀上否認了天的最高主宰地位，這在中國哲學發展的歷史上是一個巨大的貢獻，對後代影響很深。但是老子從天道無爲的思想又走到另一個極端，認爲人道也是無爲，即認爲人沒有主觀能動性。他說：「人法地，地法天，天法道，道法自然」（《老子》第二十五章），人只能像「道」那樣「自然」、「無爲」。「我無爲而民自化，我好靜而民自正，我無事而民自富，我無欲而民自樸」（同上書，第五十七章）。這樣，便導致了一種消極的處世態度。這種消極主義到了莊子那裏得到進一步發展。老子雖然主張消極無爲，但還沒有完全抹煞人的地位。他甚至把人擺在與天、地、道同等重要的地位，說「道大，天大，地大，人亦大。域中有四大，而人居其一焉」（同上書，第二十五章）。可是莊子卻認爲人很藐小，他說：「吾在天地之間，猶小石小木之在大山也，方存乎見少，又奚以自多！計四海之在天地之間也，不似礨空之在大澤乎？計中國之在海內，不似稊米之在大倉乎？號物之數謂之萬，人處一焉；人卒九州，穀食之所生，舟車之所通，人處一焉；此其比萬物也，不似豪末之在馬體乎」（《莊子‧秋水》）？莊子甚至認爲人不過是天地的「委形」、「委蛻」（同上書，《知北遊》）。由於莊子極力貶低人的地位，所以儘管他也主張天道自然無爲，但馬上又轉到宿命論去了。他說「知其不可奈何而安之若命，德之至也」（《人間世》）；又說「死生存亡，窮達貧富，賢與不肖毀譽，

饑渴寒暑，是事之變，命之行也」（《德充符》）。老子主張天道「自然」，莊子
主張道「無爲無形」（《大宗師》），他們在反對有意志的人格天的理論方面是
有貢獻的，但由於他們不懂得天道與人道的辯證關係，過於誇大了天道的作
用，貶低了人道，結果就抹煞了人們的主觀能動性。

（四）既承認天道的客觀性，又企圖解決人道的能動性。春秋時期，鄭
國的子產在駁斥晉國的占星術者裨灶根據天象預言鄭國將發生大火時，曾經
說過：「天道遠，人道邇，非所及也，何以知之」（《左傳》昭公十八年）？這
說明子產已經看到了天道與人道之間的區別：天不能干涉人事，人有人之道，
人要發揮自己的能動性，努力盡人事。但子產還沒有正確認識天道與人道的
關係。這個問題在荀子那裏得到了初步解決。荀子繼承了老子天道自然無爲
的思想，他說：「天行有常，不爲堯存，不爲桀亡」（《天論》）；「天不爲人之
惡寒也輟冬，地不爲人之惡遼遠也輟廣」（同上）。在荀子那裏，「天道」、「天
命」已經成了客觀規律的代名詞。他認爲，人們可以在認識規律的基礎上利
用規律：「大天而思之，孰與物畜而制之；從天而頌之，孰與制天命而用之」
（《天論》）。「天有其時，地有其財，人有其治，夫是之謂能參」（同上）。荀
子的這種「戡天」思想，充分顯示了荀子對人類主觀能動性的重視。荀子把
先秦天人關係的理論發展到一個新階段，但是他並沒有徹底擺脫有意志的天
的思想，如說「皇天隆物，以示下民，或厚或薄，帝不齊均」（《賦》），甚至
認爲「神道設教」對愚弄老百姓還是有一定的作用。唐代劉禹錫進一步發展
了荀子的唯物主義的天人關係理論，提出了「天人交相勝」的學說。劉禹錫
認爲，天道和人道是有區別的：「天之道在生植，其用在強弱；人之道在法制，
其用在是非」（《天論上》）。「天，有形之大者也；人，動物之尤者也。天之能，
人固不能也；人之能，天亦有所不能也。故余曰：天與人交相勝耳」（同上）。
就是說，天和人、天道和人道各有不同特點和作用，天能做到的人不一定能
做到，人能做到的天不一定做得到。劉禹錫把天道和人道區別開來，並且明
確指出天與人「交相勝、還相用」，這是他超過前人的地方。但劉禹錫的天人
關係的唯物主義思想也還有不徹底之處，這就是他對佛教唯心主義採取了容
忍的態度。

綜上所述，可見在天人關係的爭論中，第四種觀點，即以荀子和劉禹錫
爲代表的唯物主義觀點是正確的。其他三種觀點，除了第一種以外，都具有
某些真理的顆粒，它們都對唯物主義的天人關係學說的發展，提供了思維經

驗教訓或思想資料。但須指出，在王船山以前，就是唯物主義者，對天道人道的具體內容和天道人道關係的論述，也還是比較籠統的。關於這些方面，王船山卻在前人的基礎上作了新的發展。

強調天人有別，反對天人感應

王船山認為天道與人道是兩個不同的東西。所謂「天」，就是氣的一種原始狀態，所謂「天道」就是氣的「升降飛揚」、「固然如此」的「條理」，所以他有時又把「天道」稱之為「天理」。他說：

> 太虛即氣，絪縕之本體。陰陽合於太和，雖其實氣也，而未可名之為氣：其升降飛揚，莫之為而為萬物之資始者，於此言之則謂之天。（《張子正蒙注‧太和篇》）

> 太極之動靜……以成其條理。條理成，則天下之理自此而出。

> 人以天之理為理，而天非以人之理為理者也。（《周易外傳‧序卦傳》）

可見，天道就是天之理；人之理則是對天之理的認識和把握。就其來源看，「天之理」是第一性的，「人之理」是第二性的。所以他說，「人以天之理為理，而天非以人之理為理者也。」這就是說，「人之理」是對「天之理」的反映，而「天之理」卻是不依「人之理」而獨立存在的。這顯然是一種唯物主義的觀點。

王船山還認為，人必須以「天之理」為理，這是人道與天道之間的一致性。但光看到這種一致性還不夠，必須看到它們的區別性。這種區別就在於，人既可以通過感性認識和理性認識去窮究「天之理」，還可以在認識了「理」以後，又以之為指導而「力行」。這種「研理」和力行的能力就叫人道。他說：

> 耳有聰，目有明，心思有睿知，入天下之聲色而研其理者，人之道也。（《讀四書大全說‧論語‧季氏》）

> 好學、力行、知恥，人道也。（《禮記章句‧中庸衍》）

> 故學之、復習之，雖格物之功，而心恒識乎理而不忘，則實存心之切務也。孔子之默識，伊尹之克念，顏子之服膺，皆此也。非此而言存心，釋氏所謂三喚主人者耳，君子之學，盡人道以異於禽獸者，此而已矣。（同上）

荀子雖曾講到能不能學是人禽之間的一個重要區別，但像王船山這樣明確地把認識和行動能力作為人道的具體特徵加以概括，還是第一次。王船山認為，這種認識和行動的能力是「人之所獨」，即人類特有的本性。他說：

> 蓋嘗論之，天之明於人為知，天之純於人為仁，天之健於人為勇，是其主宰之流行，化生人物，為所命之理，而凝乎性焉。然人之與物，雖有偏全大小明暗醇疵之不同，而皆有之矣。惟此好學、力行、知恥之心，則物之所絕無，而人之所獨也，抑天之所未有，而二氣五行之精者凝合為人而始有也。天地之生，人為貴，貴此而已。天有道，而人能弘之，弘此而已。（《禮記章句·中庸衍》）

在王船山看來，人與自然之間有著某種共同的特性，他把它歸之為明、純、健。但他又認為人與物有本質的區別，這就是人有「知」、「仁」、「勇」這樣的主觀能動性。這是「人之所獨」、而為「物之所絕無」的。至於這些東西為什麼是「人之所獨」，由於當時科學的發展水平的限制，他當然無法回答。

正由於王船山看到了天道與人道之間的一致性，又看到了它們之間的區別，所以他說：「人之道，天之道也；天之道，人不可以之為道也」（《續春秋左氏傳博議》卷下）。這就是說，就天道與人道的一致性，即人之道是從天之道來的而言，可以說：「人之道，天之道也」，但天道與人道之間又是有區別的，因為天道自然無為，而人道則有為，人是有特殊的能動性的，所以他說：「人道者，人之所以為人，有其性，有其情，有其才，而能擇能執者也」（《禮記章句·中庸衍》）。人道是人之所以為人而具有的特性、能力。所謂「能擇能執」是指通過認識而掌握事物的規律性，並按照這種規律辦事。

王船山還通過對中國古代哲學的一些傳統概念的分析，進一步說明天道與人道的區別。例如，他在解釋孟子說的「萬物皆備於我」以及「凡有四端於我者，知皆擴而充之矣」時說：

> 孟子言「皆備」，即是天道；言「擴充」，即是人道。（《讀四書大全說·孟子·離婁上》）

> 天命，天之命我者也，凝乎心而至善有恆，萬物皆備於我，於己取之而已，故格物致知，非逐物失己也。（《禮記章句·中庸衍》）

本來，孟子說的「萬物皆備於我」，是一個主觀唯心主義的命題，但王船山卻把它加以改造：認為「天道」是客觀的，它可以為人所認識和掌握，從而做到萬物「皆備」。他講的「『皆備』，天道也」，與前面所引的「人之道，天之

道也」意思是一致的，都是說明人的主觀對客觀天道的把握。至於「擴充」則包含有理性的推廣的意思在內。

王船山還用孔子講的「文質彬彬」來說明天道與人道的區別。他說：「質之誠，天道也，以天治人者也；文之誠，人道也，以人盡天者也」(《讀四書大全說・孟子・公孫丑下》)。王氏在這裏講的「質」是指人的氣質或本質，王氏認爲它是自然形成的，所以是天道，而「文」則是指文華、辭采之類，是後天學而致之的，所以是人道。王氏還繼承和發展了劉禹錫關於「天之能，人固不能也；人之能，天亦有所不能也」的思想，他說：「人者我之所能，天者我之所不能也。君子亦日夕於所知能，而兢兢焉有餘、不足之爲憂，安能役心之察察，強數之冥冥者哉！

此九三之德，以固執其中，盡人而俟天也」(《周易外傳・乾》)。就是說，人只能在其所知所能的領域內充分發揮其主觀能動性，這就是盡人道；至於那些暫時不可知、不可能的領域，則要等待一定的時機。張載曾說：「天能爲性；人謀爲能。大人盡性，不以天能爲能而以人謀爲能」。王船山則進一步指出：「天能者，健順五常之體；人謀者，察識擴充之用也。大人不失其赤子之心，而非孤守其惻隱、羞惡、恭敬、自然之覺，必擴而充之以盡其致，一如天之陰陽有實，而必於闔闢動止神運以成化，則道弘而性之量盡矣，蓋盡心爲盡性之實功也」(《張子正蒙注・誠明篇》)。在這裏，王氏既解釋天道就是天能，又認爲人道即人謀，它具有察識擴充的作用，人應當充分發揮這種認識作用。

由於王船山對天道和人道作了唯物的和辯證的理解，所以他極力反對唯心主義的天人感應論和命定論。他說：

天之化裁人，終古而不測其妙；人之裁成天，終古而不代其工。天降之衷，人修之道：在天有陰陽，在人有仁義；在天有五辰，在人有五官；形異質離，不可強而合焉。所謂肖子者，安能父步亦步，父趨亦趨哉？父與子異形離質，而所繼者惟志。天與人異形離質，而所繼者惟道也。天之「聰明」則無極矣，天之「明威」則無常矣。從其無極而步趨之，是誇父之逐日，徒勞而速斃也。從其無常而步趨之，是刻舷之求劍，惛不知其已移也。(《尚書引義・皋陶謨》)

前面我們說過，董仲舒是主張「天人相類」的，他不僅認爲人的一切活動都是天意的支配，而且認爲人的身體結構也是象天的，天與人猶如父與子的關

係。王船山說天與人「形異質離，不可強而合」，這就一針見血地揭露了董仲舒觀點的荒謬性。王氏指出，父與子是「異形離質」的，即使是「肖子」，也不可能「父步亦步，父趨亦趨」，行動絕對一樣。眞正的肖子，乃善於繼父之志；如果硬要以父子關係比擬天人關係，那末人也只能繼天之道，而善於繼天之道，則事半功倍；否則「徒勞而速敝」。

王船山在批判天命論時還指出：

> 俗諺有云：「一飲一啄，莫非前定」。舉凡瑣屑固然之事而皆言命，將一盂殘羹冷炙也看得哄天動地，直慚惶殺人！且以未死之生、未富貴之貧賤統付之命，則必盡廢人爲，而以人之可致者莫之致，不亦舛乎！故士之貧賤，天無所奪；人之不死，國之不亡，天無所予；乃當人致力之地，而不可以歸之於天。（《讀四書大全說・孟子・盡心上》）

王船山強調人事、人爲，認爲在人應當「致力」時，就應該充分發揮主觀能動性。這明確地否定了「死生有命，富貴在天」的宿命論，是十分可貴的。當然，有時王氏對「天命」的否定是不夠徹底的。他曾說過「富貴，命也」，「死，命也」（同上）。這裏，如果把「命」理解爲自然規律，從死亡的角度看還可以說得通，而從富貴的角度看則說不通。這種思想，反映了王氏地主階級立場的局限性。他說「貧賤，非命也」（同上），這又說明他不安於中小地主階級地位，企圖通過人爲改變自己的狀況。

「人可相天」，「天人相爲有功」

王船山雖然反對天人感應的神學目的論，認爲天人有別，但他並不認爲天人之間就沒有任何關係。他繼承和發展了劉禹錫關於天人交相勝的理論，認爲人可以相天，可以爲功於天。他在解釋張載的「氣與志，天與人，有交相勝之理」一語時指出：

> 氣者，天化之撰：志者，人心之主；勝者，相爲有功之謂。唯天生人，天爲功於人而人從天治也。人能存神盡性以保合太和，而使二氣之得其理，人爲功於天而氣因志治也。（《張子正蒙注・太和篇》）

這是說，氣是天地變化的依據，心則是人體的主宰。人的身體是氣化的產物，人的行動要受到自然規律的支配，從這一點來說，可以講「人從天治」。

但由於人能通過自己的意志去治理客觀的氣，所以人又可以「為功於天」。王船山說：「堯、舜在上而下民有昏墊之咨，其時氣偶不順，於是聖人憂勤以相天之不足，氣專於偏戾，而聖人之志在勝天，不容不動也」（同上）。自然界和社會的變化發展過程，是必然與偶然的統一。由於有必然規律在起作用，所以就其總的趨勢來說，是向上的、前進的、發展的；又由於必然性是通過偶然性而表現出來的，所以又會經常出現偏離發展總趨勢的「不順」或「偏戾」的現象。這是天之「不足」。人在認識和掌握了客觀規律以後，應當「相天之不足」，充分發揮人的主觀能動性，消弭這種「不順」或「偏戾」的現象，使客觀事物沿著健康的道路發展。這樣做，就可以「勝天」；做成功了，就是「勝天之功用成」。從這裏也可以看出，人對天的反作用是很大的，所以王船山說：「天欲靜，必人安之；天欲動，必人興之，吾於是而知人道。大哉人道乎！作對於天而有功矣」（《詩廣傳》卷四），「自然者天地，主持者人」（《周易外傳·復》）。人是天地萬物的主宰，這是王夫之對人的主觀能動性的充分肯定。

王船山對人的主觀能動性的充分肯定，還突出地表現在「延天祐人」和「以人造天」這兩個命題上。

所謂「延天祐人」，是指利用客觀規律為人類造福。王船山說：

夫時固不可僥也，器固不可擴也。僥時而時違，擴器而器敗。則抑何以祐之？器有小大，斟酌之以為載；時有往來，消息之以為受。載者行，不載者止；受者趨，不受者避。前使知之，安遇而知其無妄也；中使憂之，盡道而抵於無憂也；終使善之，凝道而消其不測也。此聖人之延天以祐人也。（《周易外傳·繫辭上》第二章）

事物都是不以人們的意志為轉移而客觀地存在著，並且隨著時間的推移而不斷發展的。人們雖然不能「擴器」，但卻可以對它有所「斟酌」、損益；雖然不能「違時」，但卻可以與時「消息」，從而做到知道、盡道、凝道。人們一旦認識和把握了道，就可以用以造福人類，這就是「延天祐人」。

所謂「以人造天」，是指在認識規律的基礎上，充分發揮人的能動性，使客觀事物為人所用。王氏說：「以天治人而知者不憂，以人造天而仁者能愛，而後為功於天地之事畢矣」（同上）。可見王氏提出的「以人造天」的觀點，是對他關於人可「為功於天地」的思想的高度概括。他把這種「造天」的思想運用於歷史觀，就是「造命」。他說：

> 君相可以造命，鄴侯之言大矣！進君相而與天爭權，異乎古之
> 言俟命者矣。乃唯能造命者，而後可以俟命，能受命者，而後可以
> 造命，推致其極，又豈徒君相爲然哉！天之命，有理而無心者也。……
> 生有生之理，死有死之理，治有治之理，亂有亂之理，存有存之理，
> 亡有亡之理。天者，理也；其命，理之流行者也。寒而病，暑而病，
> 饑而病，飽而病，違生之理，淺者以病，深者以死。……夫國家之
> 治亂存亡，亦如此而已矣。（《讀通鑑論》卷二十四）

在王船山以前，明代泰州學派的創始人王艮曾提出過「造命」的觀點。他說：
「孔子之不遇春秋之君，亦命也，而周流天下，明道以淑人，不謂命也。若
夫民，則聽命矣。故曰：『大人造命』」（《明儒王心齋先生遺集》卷一《語錄》）。
又說：「我命雖由天，造命卻由我」（同上卷二《再與徐子直》）。王艮是一個
唯心主義者，一方面他把「命」看作天意安排；可是另一方面，他又不滿意
於這種「命」，而企圖發揮人的能動性去「造命」。儘管王艮的這種「造命」
論是唯心主義的，但仍有其合理因素，即他看到了人類巨大的能動作用。王
船山吸取了這種「造命」的理論，並加以唯物主義的改造。他說的「天之命，
有理而無心者也」，主要是講規律的客觀性；「能受命，而後可以造命」，是指
只有承認規律的客觀性並對它進行認識，才談得上掌握和運用它；「能造命，
而後可以俟命」，是指只有善於掌握和運用規律的人，才懂得必然性轉化爲現
實還要有一定的條件；當條件沒有成熟的時候，他不會去蠻幹，而善於等待
和爭取時機。這樣，就不致導向消極的宿命論。可見，王船山的，「受命」、「俟
命」和「造命」的觀點，把樸素唯物論和樸素辯證法有機地結合起來，把尊
重客觀規律與發揮主觀能動性有機地統一起來。

　　既然人可以「延天祐人」、「以人造天」，那末人道就不是無爲而是有爲。
所以王船山說：

> 天地之道雖無爲而不息，然聖人以裁成輔相之，則陰陽可使和，
> 五行可使協，彝倫可使敘，贊之以大其用，知之以顯其教，凡此皆
> 人之能。（《讀四書大全說·論語·衛靈公》）

天道雖然是無爲的，人道卻是有爲的，只要充分發揮人的「裁成輔相」的主
觀能動作用，就可以對自然界和社會的某些變化進行控制，可以和陰陽、協
五行、敘彝倫。這就是人道有爲的具體表現。

正是從這種人道有爲的觀點出發，王船山反對「任天」無爲的消極態度，強調「人能弘道」。他說：

> 語相天之大業，則必舉而歸之於聖人，乃其弗能相天與，則任天而已矣。魚之泳游，禽之翔集，皆其任天者也。人弗敢以聖自尸，抑豈曰同禽魚之化哉？天之所生而生，天之所殺而殺，則是可無君也；天之所哲而哲，天之所愚而愚，則是可無師也；天之所有因而有之，天之所無因而無之，則是可無厚生利用之德也。（《續春秋左氏傳博議》卷下）

可見，所謂「任天」，就是放棄人的主觀努力，一切都聽憑自然的主宰。王船山指出，果眞如此，就會淪於不要君父、不要師長、不去充分利用自然資源以富裕民生的境地。這樣一來，人也就不成其爲人了。

王船山所說的「弘道」，包括認識和利用「道」（客觀規律）的意思。他在解釋張載說的「心能盡性，『人能弘道』也，性不知檢其心，『非道弘人』也」時，指出：

> 天理之自然，爲太和之氣所體物不遺者爲性；凝之於人而函於形中，因形發用以起知能者爲心。性者天道，心者人道，天道隱而人道顯，顯，故充惻隱之心而仁盡，推羞惡之心而義盡。弘道者，資心以效其能也。（《張子正蒙注・誠明篇》）

> 見道於外，則非己所固有而不安；存神以居德，則雖未即至而日與道合。作聖之功，其入德之門，審矣」。「不弘不大，區限於一己而不備天地萬物之實，則窮微察幽，且流於幻妄。（同上《中正篇》）

可見，「弘道」的意思是：一方面要運用人的認識能力（「心」）的擴充、推理作用，去把握「天理之自然」或「道」。另一方面是要利用「道」來爲人類服務。王船山說：

> 其（指五行——引者）爲人治之大者何？以厚生也，以利用也，以正德也。夫人一日而生於天地之間，則未能離五者（指「五行」）以爲養者也，具五者而後其生也可厚，亦未有能捨五者而能有爲者也，具五者而後其用也可利。此較然爲人之所必用，而抑爲人之所獨用矣。……故大禹之《謨》云「六府惟修，三事惟和」，而統括之曰「九功」。功者，人所有事於天之化，非徒任諸天也。今夫五者之

> 行於天下也：天子富有而弘用之，而匹夫亦與有焉；聖人宰制而善
> 成之，而愚不肖亦有事焉；四海之廣，周遍而咸給焉，而一室之中
> 亦不容缺也。(《尚書引義‧洪範二》)

王船山認爲人治的主要內容是利用自然界的金、木、水、火、土等物來維持和改善人的生活，進而正其「德」。這不管是在什麼地方，也無論是天子，還是「匹夫匹婦」，是「聖人」還是「愚不肖」，都不能例外。而要做到這一點，就必須充分發揮人的主觀能動性，「有事於天之化」，爲功於天地。這就是「弘道」。而由於認識和利用道，都離不開人們的「心」的作用，所以王氏說：「心者，人之能弘道者也」(《讀四書大全說‧論語‧衛靈公》)，心是人所以能夠弘道的東西。

王船山指出，耳、目、心思等認識器官雖然是天生的，但如果人不充分地運用，那還是沒有用的。反之，如果充分發揮這些認識器官的作用，也就是說，充分發揮人的認識的能動性，那麼，在實踐中就可以作出驚天動地的偉業。所以他說：

> 夫天與之目力，必竭而後明焉；天與之耳力，必竭而後聰焉；
> 天與之心思，必竭而後睿焉；天與之正氣，必竭而後強以貞焉。可
> 竭者天也，竭之者人也。人有可竭之成能，故天之所死，猶將生之；
> 天之所愚，猶將哲之；天之所無，猶將有之；天之所亂，猶將治之。……
> 任天而無能爲，無以爲人！(《續春秋左氏博議》卷下)

王氏強調發揮人的主觀能動性，鄙棄「任天無爲」，所以他反對朱熹所謂聖人「不假修爲」的觀點。朱熹認爲，堯舜等之所以能成爲「聖人」，是因爲他們有天生的美質和美德，所以不需要進行後天的學習和修養。王氏堅決反對這種錯誤的觀點，認爲聖人之所以能成爲聖人，不是「不假修爲」，恰恰相反，而是「不捨修爲」。他說：

> 天道自天也，人道自人也。人有其道，聖者盡之，則踐形盡性
> 而至於命矣。聖賢之教，下以別人於物，而上不欲人之躐等於天。
> 天則自然矣，物則自然矣。蜂蟻之義，相鼠之禮，不假脩爲矣，任
> 天故也。過持自然之說，欲以合天，恐名天而實物也，危矣哉！(《讀
> 四書大全說‧孟子‧盡心下》)

王氏認爲，過分強調「自然」、「不假修爲」，就會否定人的主觀能動性，把人等同於蜂蟻、相鼠。王氏對人道無爲觀點的批判，是十分深刻的。

「本天以治人，而不強天以從人」

王船山雖然重視發揮人的主觀能動性，但是他又指出，這種能動性的發揮是以對天道的認識為前提的，而不是不要根據客觀規律而盲目行動，是「本天以治人」，而不是「強天以從人」。

首先，王氏指出，人道的發揮過程是一個以心「合道」，即認識和掌握規律的過程。他說：

> 天下固有之理謂之道，吾心所以宰制乎天下者謂之義。道自在天地之間，人且合將去，義則正所以合者也。……故道者，所以正吾志者也。志於道而以道正其志，則志有所持也。（《讀四書大全說·孟子·公孫丑上》）

王船山這裏講的「義」，包含有主觀判斷和推理能力的意思，這從他稱讚朱熹說的「義則吾心之能斷制者」一語是「何等分明」（同上）可以看出。「志」則具有志向、目的、動機的意思。他認為人們認識了「道」，就可以正確地決定自己行為的動機與目的。只要「志於道」（即致力於研究客觀規律），並且「以道正其志」（即根據客觀規律來確定行為的動機與目的），這種動機與目的就有了牢固的客觀基礎。可見，王船山是強調人們的行動必須以客觀規律為根據的。

王船山有時也把這種以心「合道」的過程看成以心「順理」、「循理」的過程。他說：

> 君子之於物，雖不拘之，而當其應之也，必順其理，則事已靖，物已安，可以忘之而不為累。（《張子正蒙注·神化篇》）

> 依物之實，緣物之理，率由其固然，而不平白地畫一個葫蘆與他安上，則物之可以成質而有功者，皆足以驗吾所行於彼之不可爽。抑順其道而無陵駕倒逆之心，則方春而生，方秋而落，遇老而安，遇少而懷，在桃成桃，在李成李……徹始徹終，一如其素，而無參差二三之德矣。（《讀四書大全說·大學》）

人們的行動必須順理、循理，而不能閉門造車，平白地畫一葫蘆強加於客觀事物。懂得了「率由其固然」的道理，人們就能夠有功於物，其行動就可以達到預期的目的。

由於人道的發揮必須以對天道的認識為前提，所以王船山認為，人們認識的任務，首先要「知道」，即掌握客觀規律。他說：

萬物之所自生，萬事之所自立，耳目之有見聞，心思之能覺察，
皆與道爲體。知道而後外能盡物，內能成身；不然，則徇其末而忘
其本矣。視聽言動，無非道也，則耳目口體全爲道用，而道外無徇
物自恣之身，合天德而廣大肆應矣。(《張子正蒙注‧大心篇》)

聖人盡人道而合天德。合天德者，健以存生之理，盡人道者，
動以順生之幾。(《周易外傳‧無妄》)

這就是說，由於自然界與人之間都有同一性，「皆與道爲體」，所以人可以「知
道」，也必須「知道」。一個人如果不「知道」，那就是忘本，忘本就必然逐末。
而「知道」則「外能盡物，內能成身」，就能「合天德而廣大肆應」，即按客
觀規律辦事，無往而不利。

其次，王船山認爲，人必須「以人合天，而不強天以從人」。既然人們主
觀能動性的發揮有賴於對客觀規律的認識和把握，那末人就必須尊重客觀規
律，堅決按規律辦事，而不能任意妄爲。他說：

人以天之理爲理，而天非以人之理爲理者也。……《易》本天
以治人，而不強天以從人。(《周易外傳‧序卦傳》)

乃理自天出，在天者即爲理，非可執人之理以強使天從之也。
(《思問錄‧外篇》)

理是客觀存在的，人們認識中的理是客觀的理的反映，人們只能根據對客觀
的理的認識去治理人事，而不能把主觀臆想的某種「理」去強迫客觀事物接
受。所以說「君子以人合天，而不強天以從人」(《周易外傳‧繫辭下傳》)

客觀規律是無情的，是不以任何人的意志爲轉移的，即使是「聖人」「大
人」也不能違背，「大人不離物以自高，不絕物以自潔，廣愛以全仁，而不違
道以干譽，皆順天之理以行也」(《張子正蒙注‧至當篇》)。聖人、大人之所
以有睿知，在於他們能「合天人於一理」。王船山說：「蓋天顯於民，而民必
依天以立命，合天人於一理。……然而天之道廣矣，天之神萬化無私矣。故
凡有色者皆以發人之視，凡有聲者皆以入人之聽，凡有目者皆載可視之靈，
凡有耳者皆載可聽之靈，民特其秀者而固與爲緣也。聖人體其化裁，成其聲
色，以盡民之性，君子凝其神，審其聲色，以立民之則，而萬有不齊之民未
得與焉。於是不度之聲，不正之色，物變雜生，以搖動其耳目而移易其初秉
之靈；於是眈眈之視，憒憒之聽，物氣之薰蒸，漸漬其耳目而遺忘其固有之
精。則雖民也，而化於物矣」(《尚書引義‧泰誓中》)。王船山這段話，其輕

視庶民的階級局限性是很明顯的。但從認識論的角度看，它也說明了一個真理，就是人們不能被雜生之物變搖動其耳目，而應集中精力，體會和理解天的「化裁」，從中找出其規律性。王船山提出「依天以立命，合天人於一理」的觀點，說明他對思維與存在之間的同一性，有一定的理解，也說明他對認識和掌握客觀規律是重視的。

再次，王船山認爲，人的主觀能動性的發揮，不僅有賴於對天道的認識，而且要受「勢」、「數」等的制約。因爲理是要通過「勢」、「數」等表現出來的，所以人們光懂得「理」，即知道事物發展的必然性還不夠，而應當使必然的東西成爲現實的東西。要做到這一點，就必須善於「借勢」、「乘幾」，王氏以「聖王」之興爲例說：「勢無所借，幾無所乘，一念猝興，圖度天下，而期必於爲天子者，自古迄今，未之或有。」「聖王無取天下之心，而乘勢以御，因之而已」（《宋論》卷十）。王氏在這裏雖然講的是「聖王」之興，其實一切人事之興也是這個道理。如果人們只懂得「必然如此」，看到一些抽象的可能性，就急急忙忙地去行動，那是任何事也辦不成的。只有當客觀趨勢完全有了可能，人們又能見「幾」而作，才有成功的把握。

王船山認爲，從人能夠認識和運用規律這個角度來看，人是可以勝天的；但如果從必須尊重客觀規律，順必然之勢這個角度來看，人又不能與天爭。這兩種說法，從表面上看來似乎是矛盾的，但實質上是統一的。道理很清楚，人的主觀能動性的發揮，離不開對客觀規律的認識。人們認識了規律之後，要利用規律還必須有一定的條件。當條件不具備的時候，就不要盲目地與天爭勝，所以王船山說：「順必然之勢者，理也；理之自然者，天也。君子順乎理而善因乎天，人固不可與天爭，久矣。天未然而爭之，其害易見；天將然而猶與之爭，其害難知」（《宋論》卷七）。當條件還不具備的時候，硬要去做，這種危害性是顯而易見的；當條件已經具備，卻要去阻止事物的發展，其危害性就無法估計了。所以，人們不能只是一般地知道「理」，還必須懂得「勢」。「天者，理而已矣；理者，勢之順而已矣」（同上），只有善於察「勢」的人，他也才能真正懂得理。

王船山認爲，充分發揮人的主觀能動性不僅要善於「順勢」，而且還要注意掌握多種主客觀方面的因素。他說：

> 吉凶成敗皆有自然之數，而非可以人力安排。淡於利欲者，廓
> 其心於俯仰倚伏之間而幾矣。乃見僅及此，而以億天理之皆然，遂

以謂莫匪自然，而學問、思辨、篤行皆爲增益，而與天理不相應，
是以利之心而測義也，陋矣！……言自然者雖極觀物知化之能，亦
盡人心之用而已。（《思問錄‧內篇》）

　　道不可疑，義不可避，幾不可逆，時不可違，恒有所奉以勝之。
（《周易外傳‧繫辭下》）

王船山這裏講的道、義、幾、時，都是屬於人們發揮主觀能動性時所必須注
意把握的一些因素。

　　王船山把人的發揮能動性有賴於對天道的認識這一觀點，概括爲「擇善
固執」。所謂「擇善」，即窮究事物發展變化的規律，義近「明善」、「精義入
神」。他說：「橫渠之所云『精義入神』者，則明善是已」（《讀四書大全說‧
中庸》第二十章）。至於「固執」，則有牢固地掌握客觀規律的意思，他說：「『執』
云者，守也，執之以爲固有也。」（同上書，《論語‧子張》）。人只有先認識
規律，才談得上掌握規律，所以王船山說：「夫明善，則擇之乎未執之先也」
（同上書，《中庸》第二十章）；「天道誠，故人道誠之，而擇善固執之功起焉」
（同上《中庸》第一章）。天道是實有的，只有人去體認這種實有，才能產生
擇善固執的功效。這一段話，再一次說明，王船山的認識論，是以承認規律
的客觀性爲前提的。

　　王船山認爲，人們只有「擇善固執」，才能善動化物。因爲客觀事物雖變
動不居，但有規律可尋。這種規律就是動中之靜、變中之常。「君子格物而達
變，而後可以擇善而執中」（《周易外傳‧說卦》）。這是說，只有通過對運動
和變化的認識，才能發現規律。但人們在掌握規律以後，又可以「貞其常以
聽變。」他說：「時有常變，數有吉凶。因常而常，因變而變，……故聖人於
常治變，於變有常」（同上），「君子貞其常以聽變，非望之福不以寵，非望之
禍不以驚，優遊於變化之至」（同上《繫辭上》）。「君子常其所常，變其所變，
則位安矣。常以治變，變以貞常，則功起矣」（同上）。人們掌握了規律，就
可以對付瞬息萬變的客觀情況，做到處變不驚，應付自如。可見，認識規律
對於人們發揮主觀能動性是十分重要的。

（此文爲《王船山認識論範疇研究》之第十三章）

王船山論有窮與無窮

　　中國哲學史在認識論上講有窮與無窮關係，實質上是講相對眞理與絕對眞理的關係問題。在這個大問題中，又包含著兩個既有區別又有聯繫的小問題。一是人們的主觀能不能認識客觀？二是如果能夠認識的話，在主觀和客觀方面有沒有限制？

　　在先秦時期，人們就圍繞著這兩個問題進行過爭論。大多數哲學家，包括唯物主義和唯心主義哲學家，對於第一個問題，即世界的可知性，都作過明確的回答；對於第二個問題，也以不同的形式作過回答。例如荀子曾指出：「凡以知，人之性也，可以知，物之理也。以可以知人之性，求可以知物之理，而無所疑止之，則沒世窮年不能遍也」（《解蔽》）。人具有認識事物的能力，客觀事物的理也是可以認識的，如果用主觀認識能力去認識物之理，並且無止境地進行下去，那是一輩子也不能認識完畢的。荀子在這裏已講到認識的無限性。他認爲，雖然就人的認識能力和客觀世界的物之理來說，都是可以知的，但從每一個具體認識過程來說，它又要受主客觀條件的限制。他說：「凡觀物有疑，中心不定，則外物不清，吾慮不清，則未可定然否也」（同上）。「外物不清」，是指客觀條件的限制；「吾慮不清」，是指主觀方面的限制。正是這些主客觀方面的限制，決定了人們的認識能力又是有限的。他把這些限制，稱之爲「蔽」，說「欲爲蔽，惡爲蔽，始爲蔽，終爲蔽，遠爲蔽，近爲蔽，博爲蔽，淺爲蔽，古爲蔽，今爲蔽」（同上）。就是說，一切主客觀方面的「蔽」，都可能是影響人們認識能力、造成認識局限的因素。

　　孔子認爲人是可以認識「天命」的。他說：「吾十有五而志於學，……五十而知天命……七十而從心所欲，不逾矩」（《爲政》）。孔子自稱活到五十歲

就掌握了「天命」，七十歲就不論怎樣行動都不會違背「天命」及倫理道德的基本準則。可見孔子對人類的認識能力是肯定的。但他又說：「夏禮吾能言之，杞不足徵也；殷禮吾能言之，宋不足徵也。文獻不足故也，足則吾能征之矣」（《八佾》）。這說明他已覺察到人的知識是要受客觀方面的某些條件的限制的。孟子認爲人先天具有「良知」，只要「盡心」、「知性」，就可以「知天」（見《盡心下》）。在孟子看來，人的認識根本不存在客觀方面的限制，限制主要來自主觀方面的「欲」。所以他說「養心莫善於寡欲」（同上）。只要去掉了「欲」，就能「養心」進而「盡心」，做到「萬物皆備於我」，把握絕對真理。

在先秦哲學家中，老莊是趨向於否定人類有認識客觀真理的能力的。老子認爲「道」是一種「微妙玄通，深不可識」（《老子》第十五章）的東西，人們只能認識一些具體事物，而不可能認識「道」，所以他說：「爲學日益，爲道日損」（同上第四十八章）。但是，人們如果只有關於一般事物的知識，而不知「道」，那又會壞事：「民之難治，以其智多」（同上，第六十五章）。所以，最好的辦法是不要去認識，「絕聖棄智」、「絕學無憂」（同上第十九、二十章）。老子在中國哲學史上第一次提出了「道」這個概念，並且指出道與具體事物之間的區別，這是他的貢獻。但是，他過於誇大道與具體事物的區別，抹煞了它們之間的聯繫，因而得出「爲學日益，爲道日損」的錯誤結論，這就導致了不可知論。莊子發展了老子的不可知論，他指出：「吾生也有涯，而知也無涯。以有涯隨無涯，殆矣」（《養生主》）。整個客觀世界的發展是無限的，因而人類的認識過程也是無限的。但就個人的生命來說，又是有限的。以有限的生命去窮盡全部客觀真理，當然是不可能的。莊子看到了這個矛盾，說明他的理論思維比前人有進步，但他把這個矛盾絕對化，得出了認識是不可能的、沒有用的錯誤結論。他不懂得：第一，就單個人的生命來說，儘管它是有限的，但在這個有限的生命歷程中，仍然可以認識人們所能夠認識的那部分真理；第二，就整個人類來說，它是一個不斷延續的過程，老的個體消逝了，新的個體又會產生，新一代的人可以在老一代人認識的基礎上繼續前進。因此，就整個人類來說，其認識能力是無限的；以這種無限認識能力去追求那無限發展的客觀世界的事物，那就不是危殆，而是可能的。

西晉的哲學家郭象繼承和發展了莊子的不可知論，他說：「以有限之性，尋無極之知，安得而不困哉」（《養生主注》）！就是說，人們如果去追求他本性所規定的範圍之外的認識，沒有不陷入困境的。因此，他的結論是：「知出

於不知，故以不知爲宗」（《大宗師注》）。知是從不知而來的，不知就是知，這是典型的蒙昧主義。東晉佛教理論家僧肇也是這種以不知爲知的理論的鼓吹者。他認爲，人們的感性認識和理性認識能力都是有限的，它們只能認識一般的具體事物，而不能認識「眞如」佛性。所以他說：「夫有所知，則有所不知。以聖心無知，故無所不知。不知之知，乃曰一切知」（《般若無知論》）。所謂「有所知則有所不知」，是說人如果有了關於具體事物的知，就沒有關於「眞如」佛性的知。而「聖人」則由於心中不裝這些具體事物的知，所以他對「眞如」佛性就無所不知。佛教各派都主張認識眞如佛性不能靠感性、理性認識，而只能靠神秘主義的「覺悟」。但在對「悟」的不同說法中，也涉及認識的有窮與無窮的問題。例如，佛教的小乘教派和大乘教派中的法相宗就認爲，眞如佛性不是一下子可以「悟」到，也不是一輩子可以「悟」到，而是要待「靈魂」多次輪回、累世修行才能「悟」到。他們把這稱爲「漸悟」。南朝宋的佛教理論家竺道生創造了一種「頓悟成佛」的理論。他認爲，佛性是人人都有的，它是一個圓滿的精神全體，只能一次得到，而不能分期分批地獲得，所以他把這種一次得到佛性稱之爲「頓悟」。竺道生的這種「頓悟」論，後來爲禪宗的南宗大大發揮，並直接影響到宋明理學。程、朱講的「脫然貫通」，就帶有很濃厚的「頓悟」色彩。陸九淵「自存本心」的主張，也是受頓悟的影響。

恩格斯曾經說過：「人的思維是至上的嗎？在我們回答『是』或『不是』以前，我們必須先研究一下：什麼是人的思維。它是個人的思維嗎？不是。但是，它僅僅作爲無數億過去、現在和未來的人的個人思維而存在。如果我現在說，所有這些人（包括未來的人）的這種概括於我的觀念中的思維是至上的，是能夠認識現存世界的，只要人類足夠長久地延續下去，只要在認識器官和認識對象中沒有給這種認識規定出界限，那麼，我只是說了些相當陳腐的而又相當無聊的空話。因爲上述思想的最可貴的結論就在於它使得我們對我們現在的認識極不信任，因爲就一切可能來看，我們還差不多處在人類歷史的開端，而將來會糾正我們的錯誤的後代，大概比我們有可能經常以極爲輕視的態度糾正其認識錯誤的前代要多得多」（《馬克思恩格斯選集》第三卷）。根據恩格斯說的這一段話，我們對王船山以前人們圍繞著「思維至上」性問題進行長期討論的意義，就會有正確的認識。在這討論中，有的意見可能離眞理近一些，有的則可能離眞理很遠。但不管是正確的意見還是錯誤的

意見，他們對人類最終正確解決這個問題都是有參考價值的。王船山關於這個問題的論述，也是建立在對前人經驗教訓進行總結的基礎之上的。他比較自覺地認識到，認識是有窮與無窮的矛盾統一，人們對真理的認識是一個不斷豐富和發展的過程。這種有窮與無窮統一的辯證發展過程論，是王船山認識論的一個鮮明的特色。

道、物「無窮」，「知能有限」

首先，王船山從道的無限性論述了認識的有限性。他說：

> 道之在天下也，豈有窮哉。以一人之身蒬然孤處於天地萬物之中，雖聖人而不能知不能行者多矣。其在心也，嗜欲攻取雜進於耳目，以惟微之道心與之相感，勢不能必其貞勝，皆孤陽介立之象也。君子知此，念道之無窮而知能有限，故學而知不足，教而知困，歉然望道而未之見於天下也，則匹夫匹婦勝予是懼而不忍以驕亢傷之，故雖至於聖且不自聖，以求進德於無已而虛受萬物以廣其仁愛，斯則謙而有終矣。（《周易內傳》卷二上）

這就是說，客觀世界（「天下」）的道是無窮無盡的，而個人與天地萬物相比是很藐小的。因此，即使像「聖人」那樣知識豐富的人，也有很多事不能知不能行，因而也沒有驕傲自滿的理由。這裏，王船山揭示出客觀的道無限與個人認識能力有限之間的矛盾。這個矛盾，莊子也是看到了的。王船山比莊子不同和高明之處就在於：他不像莊子那樣，看到了矛盾就回避，甚至取消認識；而是採取積極的態度來對待矛盾。上面引的一段話，是王船山解釋《易經》的「謙」卦時說的。他認為那些有德的君子看到了無窮的道與有限認識能力之間的矛盾，才知道自己知識的不足，所以「學而知不足，教而知困」，即使達到了「聖人」的思想境界，也不以「聖人」自居，而能「進德於無已」，「虛受萬物以廣其仁愛」。這種謙虛謹慎，日求上進的態度，才是解決個人認識能力有限和知識無限之間矛盾的唯一正確途徑，它與莊子的「以有涯隨無涯，殆矣」的消極態度，形成了鮮明的對比。

王船山認為，道之所以難窮，在於道有無窮的發展階段，所以當某一階段還沒有到來的時候，人們便無法認識該階段的道。他說：

> 天命未至，人事未起，不當預計天下之何以治、何以教，而但守先德以俟。故武王之纘緒克商，周公之制禮作樂、憂勤以圖成者，

皆文王之所不爲，而非其不足以體道之廣，乃唯文王宜然耳。……
在夫子立言之旨，則以見時未至而事未起，則文王遵養以爲道；時
已至而事已集，則武、周憂勞以見功。……率性之道，自唐、虞以
前而未有異；修道之教，至成周而始隆。所爲道有顯微，不可掩而
抑不可盡，非一聖人之知能所得竟也。（《讀四書大全說·中庸》第
十八章）

道是不斷發展的，不同的階段有不同的道。當階段未至時，有關的道就不能
顯示出來；當階段已至時，有關的道就會自然顯示出來，那時候要想掩也掩
蓋不住。既然道是不斷發展的，不同的階段又有不同的道，所以任何一個聖
人都不可能窮盡天下之道。

其次，王船山從器和物的無限性，說明認識的無限性。他認爲，道在器
中，理在物中，道與理是一般的、普遍性的東西；而器物則是具體的、個別
的存在物。從數量上來，後者遠比前者多。因爲同一類事物可能只有一種道
和理，而包含有同一種道或理的同類事物之數，則可能是無限多的。當然，
從人類的認識過程來說，「盡」一個「器」，或解剖一個麻雀，就可以知道這
一類器或麻雀的道、理。但人們不可能窮盡同一類的所有的器，不可能去解
剖所有的麻雀。正是在這個意義上，王船山說：「天下之思而可得，學而可知
者，理也；思而不能得、學而不能知者，物也」（《宋論》卷十二）。就拿樹葉
來說吧，我們可以通過研究一片樹葉而知道一切同類樹葉之理。可是王船山
爲什麼又認爲「思而不能得、學而不能知」的是「物」呢？因爲他看到，同
類事物雖然具有共同的理，但是它們又各有各的特殊性。他說：「大木之葉，
其數億萬，求一相肖而無毫髮之差者無有也」。同時這種差別又在不斷地變
化，「變之餘又有變焉，流而覽之，一日夜之間，而不如其故」（同上）。因此，
人們決不能滿足於對一般規律（道、理）的認識，而必須在一般規律的指導
下，去認眞研究各個事物的差別性、特殊性，研究它的變化和發展。這種認
識，當然是一個無限的、沒有止境的過程。

再次，王船山還從時間的無限性，論述了認識的無限性。他說：

道藝本有序也，歲月本未有窮也，知亦易知而能亦簡能也，乃
正唯此易簡之理，愈求之而愈見其高遠之難至。若道藝之迫我以無
涯，而歲月之有窮者，誠若有所就而不及者，然以此心而求至焉，
學其有得而可以自據乎？乃業已知之而亂其聰明者又盡矣，既能行

之，而分其志氣者又起矣。如不及而庶幾及焉，一日之所得，不能守之終身，終身之所圖，或且喪之一旦，蓋如不及焉，而猶恐失也。（《四書訓義》卷十二）

時間是無限的，隨著時間的發展，新的知識領域（「道藝」）會不斷出現。當人們認識了一個領域以後，新的領域又呈現在眼前。因此，想「據」其所學之得不再前進，是不對的。所以王船山說：

時行物生，豈以今歲之成功自居，而息其將來之化哉！（《張子正蒙注·至當篇》）

天無究竟地位。今日之化，無缺無滯者，爲已得。明日之化，方來未兆者，爲其未得。觀天之必有未得，則聖人之必有未得，不足爲疑矣。大綱說來，夫子「十五志學」一章，以自顯其漸進之功。若密而求之，則夫子之益得其未得者，日日新而不已，豈一有成型，而終身不捨乎？（《讀四書大全說·論語·述而》）

時間是不斷地流逝的，客觀事物在日新月異地產生和發展著；即使是「聖人」也不能預知天下之事，所以「聖人之必有未得，不足爲疑也」。在王船山看來，聖人之所以能成爲聖人，在於他能「益得其未得，日日新而不已」，而決不是「一有成型，而終身不捨」。王船山這段話，不僅駁斥了聖人無所不知的謬論，而且爲人類認識不斷發展指明了方向。

認識「官骸」日新與「取多用宏」、「取精用粹」

王船山認爲，客觀世界是無窮的，而人的認識器官及其認識能力也是不斷發展、完善和提高的，所以就整個人類的認識能力來說，它也是無窮的。他說：

天地之德不易，而天地之化日新……是以知今日之日月非昨日之日月也……抑以知今日之官骸非昨日之官骸。視聽同喻，觸覺同知耳，皆以其德之不易者類聚而化相符也。其屈而消，即鬼也；伸而息，則神也。神則生，鬼則死。消之也速而息不給於相繼，則天而死。守其故物而不能日新，雖其未消，亦槁而死。不能待其消之已盡而已死，則未消者槁。故曰「日新之謂盛德」。（《思問錄外篇》）

認識的器官（「官骸」）不斷在變化，一天比一天不同，而這些器官的作用——視聽、觸覺，則始終保持如一；其所以能始終保持如一，正是由於認識器

官的日新。如果「守其故物而不能日新」，這些器官就會萎縮、死亡，其作用
也就會消退和喪失。

王船山思想的深刻之處，不僅在於他指出認識器官是日新發展的，還在
於他指出，認識能力本身也是在日新發展的。關於這一點，他在提出「習與
性成」的命題時，作了進一步的闡述。他說：

習與性成，一習成而性與成也。

生之初，人未有權也，不能自取而自用也。惟天所授，則皆其
純粹以精者矣。天用其化以與人，則固謂之命矣。已生以後，人既
有權也，能自取而自用也。自取自用，則因乎習之所貫，爲其情之
所歆，於是而純疵莫擇矣。……「天命之謂性」，命日受則性日生矣。
目日生視，耳日生聽，心日生思，形受以爲器，氣受以爲充，理受
以爲德。取之多，用之宏而壯；取之純，用之粹而善；取之駁，用
之雜而惡；不知其所自生而生。是以君子自強不息，日乾夕惕，而
擇之、守之，以養性也。(《尚書引義·太甲二》)

人是具有主觀能動性（「權」）的，在人們接受自然界的給予的過程中，其耳
目視聽和心思不斷受到鍛煉。人們能夠取多用宏、取純用粹，不僅是對「性」
的充實，而且有利於增強認識能力。可見，人們的認識能力不是不可改變的，
而是可變的。因此，王氏反對那種把認識能力看作固定不變的錯誤觀點。持
這種觀點的人認爲：「天惟以其靈授之有生之初而不再者也」。就是說，天將
知覺運動的靈明授給人以後，這種「靈明」就再也不發展了。對此，王氏加
以批駁：「是異端『迴脫根塵、靈光獨露』之說也，是抑異端『如影赴燈、奪
舍而棲』之說也，夫苟受之有生而不再矣，充之不廣，引之不長，澄之不清，
增之不富，人之於天，終無與焉已矣，是豈善言性者哉？古之善言性者，取
之有生之後，閱歷萬變之知能，而豈其然哉？故《詩》之言天，善言命也，
尤善言性也。『君子萬年，介爾昭明』，有萬年之生，則有萬年之昭明；有萬
年之昭明，則必有續相介爾於萬年者也，此之謂命日受、性日生也」(《詩廣
傳》卷四)。王船山講的「有萬年之生，則有萬年之昭明」，實際上是指人類
發展是無限的，人類認識能力也是無限的。而「有萬年之昭明，則必有續相
介爾於萬年者」，意思是既然認識能力是無限的，就必然會有輔助這種認識能
力不斷發展的客觀條件。可見，王船山對人類認識世界的無限能力和前景是
充滿信心的。

正是從生活實踐決定著人的認識能力發展這個觀點出發，王船山強調「繼善成性」。他說：

> 夫繁然有生，粹然而生人，秩焉紀焉，精焉至焉，而成乎人之性，惟其繼而已矣，……繼之則善矣，不繼則不善矣。天無所不繼，故善不窮。人有所不繼，則惡興焉。……學成於聚，新故相資而新其故；思得於永，微顯相次而顯察於微。(《周易外傳‧繫辭上》第五章)

王船山的這段話雖然主要是從人性論的角度來講的，但也涉及認識論問題。在《張子正蒙注》中，王船山曾經說過：「繼善者，因性之不容掩者察識而擴充之」。他在解釋張載說的「天能為性；人謀為能」時，又說：「天能者，健順五常之體；人謀者，察識擴充之用也」(《張子正蒙注‧誠明篇》)。因此，所謂「繼善成性」就是把人們具有的認識事物的能力，通過「察識擴充」的主觀能動作用，使之不斷發展。這樣，人們的學問才能日新月異，漸臻完善；人們的思考能力也才能越來越強，可以透過事物的現象看清其本質。

「由淺向深、由偏向全、由生向熟」

人類的認識既然是一個無限的過程，那麼這個過程有什麼特點呢？王船山認為，它是一個由淺入深、由偏向全、從低到高的過程，是不斷富有和日新的過程。他說：

> 君子之道，蓋譬如行遠必自邇，譬如登高必自卑矣！有能為行遠不自邇、登高不自卑之言者乎！有能作行遠不自邇、登高不自卑之想者乎！理之必然也，勢之必然也。蓋行無有不積，登無有不漸，邇積而遠矣，卑漸而高矣。故積小者漸大也，積微者漸著也。……其中無可間斷之處，其極無可淩越之節。有一念之得，即有一事之宜，有一事之功，即有一事之效。念念之積漸而善量以充，事事之積漸而德之成以盛，馴至其極而遂以至於高遠矣。(《四書訓義》卷三)

> (聖學)到底只奉此當然之理以為依，而但由淺向深、由偏向全、由生向熟，由有事之擇執向無事之精一上做去。(《讀四書大全說‧論語‧里仁》)

在中國哲學史上，荀子曾經強調人們的學習過程是一個積累知識的過程。他

說：「積土成山，風雨興焉；積水成淵，蛟龍生焉；積善成德，而神明自得，聖心備焉。故不積跬步，無以至千里；不積小流，無以成江海。騏驥一躍，不能十步；駑馬十駕，功在不捨。鍥而捨之，朽木不折；鍥而不捨，金石可鏤。」「學至乎沒而後止」（《勸學篇》）。荀子認識到學習是沒有止境的，學習的內容是不斷加深和豐富的，學習的態度應該是「鍥而不捨」，充分發揮人的主觀能動性。王船山論「君子之道」這段話，顯然是受了荀子的影響，但他卻從「為學」擴展到「為道」，即從一般的學習方法擴展到認識論，而且賦予它以更加豐富和深刻的內容。

（一）王船山指出，人的認識是一個日新富有的過程。荀子雖然講了那麼多的「積」，但那是為了形象地說明為學時「功在不捨」。王船山說的「積」則是從認識本身立論的，它說明認識過程不斷地有新的量的積累。他說：

> 禽獸終其身以用天而自無功，人則有人之道矣。禽獸終其身以用其初命，人則有日新之命矣。有人之道，不諶乎天；命之日新，不諶其初。俄頃之化不停也，祗受之牖不盈也。一食一飲，一作一止，一言一動，昨不為今〔功〕，而後人與天之相受，如呼吸之相應而不息。息之也，其惟死乎！然後君子無乎而不諶乎命也，始終富有而純乎一致也。（《詩廣傳》卷四）

這就是說，人和動物的區別在於，動物只能利用其先天的本能，而人則能不斷地認識和掌握自然規律。

王氏又說：

> 聖人之所以「文、思、恭、讓」而「安安」者，惟其「明」也。
> 「明」則知有，知有則不亂，不亂則日生，日生則應無窮。故曰「日
> 新之謂盛德，富有之謂大業」，此之謂也。（《尚書引義‧堯典一》）

人們只有運用「心依耳目之靈」而產生的「明」（同上），才能認識萬有；認識了萬有，就能掌握它的規律而不致迷亂，不迷亂就可以使「明」不斷發展，發展了「明」才能應付無窮的變故。

（二）王船山認為，認識日新的內容是要「通天地萬物之理」。他說：「富有，非積聞見之知也，通天地萬物之理而用其神化，則廣大不禦也。日新，非數變其道之謂，體神之誠，終始不閑，則極乎悠久無疆矣。釋《易繫辭》，而示學者勿侈博以為廣大，勿逐物以為日新」（《張子正蒙注‧天道篇》）。「日新」，並不是讓一些表面現象牽著鼻子跑，「富有」，也不是簡單地搜羅一大堆

材料以自矜，關鍵在於體察事物真實的神妙變化情況，瞭解萬事萬物內在的規律性，並掌握這些規律產生和發展的全過程。這樣，就能制馭各種各樣的變化和現象，也才能與時俱進，「極乎悠久無疆」。

由於認識的日新是對規律的認識，所以就要充分發揮理性認識的作用。王船山認為，不但禽獸不能日新，而且小孩因理性思維不發達也不能做到日新。他說：「天無一日而息其命，人無一日而不承命於天，故曰『凝命』，曰『受命』。若在有生之初，則亦知識未開，人事未起，誰為凝之，而又何大德之必受哉」（《讀四書大全說・論語・里仁》）？小孩因為理性思維不發達而不能做到日新，成年的人如果光停留在感性階段，也不能做到日新。他說：「日新盛德，乾之道，天之化也。人能體之，所知所能，皆以行乎不得不然而不居，則後日之德非倚前日之德，而德日盛矣。時已過而猶執者，必非自然之理，乃心知緣於耳目一曲之明爾，未嘗不為道所散見，而不足以盡道體之弘」（《張子正蒙注・至當篇》）。人們如果為感性認識的某些片斷所局限，就不能「盡道體之弘」。王氏又說：「不可見聞者，物物而有。直是把一株柳去理會，則儘量只在可見可聞上去討，急切聞如何能曉得者（這）裏面有那弗見弗聞底是怎麼生」（《讀四書大全說・中庸》第十六章）。所謂「弗見弗聞」，指的是事物的理。從事物表面的可見可聞去考察，當然不可能認識事物的理；要認識理，還必須發揮理性思維的抽象作用。王船山在解釋孟子說的「心之官則思」一語時，進一步發揮了這個道理。他說：「人之生也，唯心最靈，而耳目次之。耳目之靈自然之靈，而所審知者在事物之形聲；心之靈非聽其自然而靈，而所察者乃在事物之理。以其或任自然或不徒任自然而難易分，以其或能察理或不能察理而得失異」（《四書訓義》卷三十五）。這是說，耳目只能認識到事物的形色、聲音之類的表面現象；而心卻可以認識到事物內在的理；耳目認識事物的現象只是對它本來面貌作出如實的反映，這當然比較容易，心要窮理雖然也離不開見聞，但還要在見聞材料的基礎上進行分析、綜合、推理、判斷，這就比較難。然而不管多麼難，人們如果要認識事物的理，就非得充分發揮心的這種理性思維作用不可。

反對「知其不可奈何而安之若命」和「速成」

首先，王船山駁斥了老莊用無窮與有窮的矛盾，否認認識可能性的謬論。前面我們說過，莊子認為「吾生也有涯而知也無涯，以有涯隨無涯，殆矣」。

王船山則認為：「『生有涯』，則神有涯，所當者亦有涯也；其他皆存而不論，因而不治，撫而不誅者也」（《莊子通》）。就是說，生既有涯，由於神乃形之所載，所以神也是有涯的；而物又是形之所接，因此所接的這部分物也是有涯的。既然作為認識主體的「神」是有限的，作為認識客體的「物」也是有限的，就不存在「以有涯隨無涯」的問題，更不會產生像莊子所說的那種危殆的情況。因為根據人們認識和解決問題的經驗，首先總是去認識和解決那些有必要也有可能認識和解決的問題，至於那些一時還顧不及或考慮不清的其他問題，則暫時存而不論，或聽其自然，不馬上加以處理。王船山的這段話說明，在每一個具體認識過程中，都是以有涯隨有涯，因此作為認識的主體具有能知的能力，作為認識的具體對象具有可知的本性。這樣，王船山就在具體的認識過程中批判了莊子的不可知論。

不僅如此，王船山還進一步從整個人類認識能力的無限性，批判莊子的不可知論。他說：「天下之心知無涯而可以一二麾，終其身於憂患而不與憂患忤，無他，有經而已矣。經者督也，督者正也，正者無厚者也」（《莊子通》）。就是說，天下的事變無涯，人們的心知能力也無涯，由於是以無涯對無涯，所以整個人類的認識也是無限的。在這個無限的認識過程中，人們不免經常遇到「憂患」，但這些「憂患」並不能阻擋人們前進，因為人們有處理事物的基本原則（「經」）作指導，可以一個一個地克服前進道路上遇到的「憂患」。王船山對莊子批判的深刻性在於，他通過對有窮與無窮關係的分析，揭示了它們之間的內在聯繫，無窮不是離開有窮而孤立存在，而是由有窮組成的；客觀世界的無數有窮組成了無窮的世界；人可以通過對一個一個有窮的不斷認識，而逐步接近無窮。而莊子則與此相反，他認為無窮就是無窮，有窮就是有窮，有窮不能組成無窮，有窮也不能認識無窮。正是這種方法論上的絕對主義導致了他認識上的不可知論。

莊子在《達生》篇中，鼓吹「達命之情者，不務知之所無可奈何」的宿命論，就是說，那些安於命運支配的人，是不追求分外之知的。對此，王船山作了新的解釋。他說：「『知〔之〕所無可奈何』，非不可知也，耳目心思之數量，止於此也。夫既止於此，猶且欲弗止於此者而奈之何也，得乎」（《莊子通》）？所謂「無可奈何」，只是由於主觀認識水準有限，並不是說認識對象不可知。在一定的階段上，由於主客觀條件的限制，人們的認識水平的確是有其「無可奈何」之處的，你想超出這個水平，在主觀和客觀方面都還存

在種種困難。王船山接著指出：「雖然，知亦無涯矣。守其所知，以量其量、數其數，止於此而可以窮年。此奈何者未易奈何也，而人且無奈之何，顧欲奈其所無如何，是離人而即謀於鬼。人鬼不相及，而離此以即彼，其於生與命，亦危矣哉」（同上））！這是說，就整個人類的認識能力來說，當然是無限的。但是，如果過於誇大這種無限性，以為一個人馬上就可以做到這一點，那就會導致荒謬，「離人而即謀於鬼」。這種荒謬，對於人生只能造成危害。王船山在《老子衍》中說：「以一己受天下之無涯，不給矣。憂其不給，將奔心馳氣，內爭而外渝」，其意思與上面講的道理是一致的。

其次，王船山批駁了那些否認認識是一個無限豐富發展的過程，企圖把相對真理的認識絕對化的錯誤觀點。他認為朱熹的「一旦豁然貫通」的觀點，就是企圖在一個早上達到對絕對真理的認識，這顯然是不可能的。他認為真正的聖人之學，都是「步步是實，盈科而進」（《讀四書大全說·論語·憲問》），也就是說，「聖人」的認識是與自然界的無限發展相一致，它每前進一步，都有其客觀基礎，是循序漸進的，前一步認識沒有完成，後一步認識就不可能開始。

認識既然是「盈科而進」，就不能走「捷徑」。而陸九淵、楊簡的主觀唯心主義認識學說，鼓吹的恰恰是這種走捷徑的理論。王船山理所當然地要對他們進行批判。他說：「欲速成之病，始於識量之小。識量小，則謂天下之理、聖賢之學可以捷徑疾取而計日有得。陸象山、楊慈湖以此誘天下，其說高遠，其實卑陋苟簡而已。識量小者恒驕，夜郎王問漢孰與我大，亦何不可驕之有！苟簡速成，可以快意，高深在望，且生媢忌之心，終身陷溺而不知愧矣。……故學者以去驕去惰為本，識自此而充。如登高山，登一峰始見彼峰之矗立於上，遠望則最上之峰早如在目，果在目也云乎哉」（《俟解》）！認識的最大敵人就是自己滿足。夜郎王自大就是因為他只有一孔之見。認識如登山，爬上了一個高峰，又有新的高峰在前面。新的高峰是層出不窮的，認識是永無止境的。王船山另一段話也說明了這個道理。他說：「知學，知擇執以至於中也；不息，則成性而自能化矣。不知學者，俗儒以人為為事功，異端以窮大失居為神化；故或事求可，功求成，而遂生其驕吝，或謂知有是事便休，皆放其心而不能勉；雖小有得，以間斷而失之」（《張子正蒙注·中正篇》）。認識如果像佛教所說「知有是事便休」，那就會停頓起來不求進步，即使小有所得，但由於驕傲自滿還是會喪失的。

認識既不能速成、走捷徑，那就要注意隨時接受新理論而拋棄舊觀點，而不能固執一孔之見。王船山說：「天下之物理無窮，已精而又有其精者，隨時以變而皆不失其正，但信諸己而即執之，如何得當？況其所爲信諸己者，又或因習氣，或守一先生之言，漸漬而據爲己心乎」（俟解》）！理是隨時而變的，如果死死地抱住自己的老觀點、老習慣或死守某一前人的言論，那怎麼能適應變化了的情況呢？人們只有使自己的認識適應變化了的新情況，才能在實踐中取得成功。

（此文爲《王船山認識論範疇研究》之第十四章）

研究王船山生平思想資料的一個重要
新發現——評王敔《薑齋公行述》手抄本

1982 年 10 月 5 日，湖南省衡陽縣曲蘭中學教師、王船山十二代孫王鵬同志，致函湖南省船山學社，函稱：「近讀衡陽市博物館去年翻印之《船山公年譜》中敔公所作『行述』，與家藏高祖蘭公（夫之八世裔）手抄本對照，按字、詞、句、段，包括小字補注，與曾刻本之異同在內，還大有出入，對較（校）抄本原文，刪節二千餘字」，「兩者出入處，不勝枚舉」，「特奉告以資參考研究」。十月十五日，我們代表船山學社前往曲蘭，見到王鵬同志，承他熱情支持，將抄本借給了我們。我們將抄本與現在傳世的《薑齋公行述》的兩個版本——曾國藩、曾國荃兄弟在南京刻印的《船山遺書》中收的「行述」（即王信中所說的「曾刻本」），和王之春編纂的《船山公年譜》中收集的王氏家譜中保存的「行述」（以下簡稱「年譜」）對勘，發現不僅在字數上大有出入，就是在內容上也有重大差別。抄本提供了許多過去不為世人所知的有關船山生平、思想的細節，對於進一步瞭解和研究船山政治立場、哲學思想、文學思想、治學態度、道德品行，均極有參考價值。現在，我們將抄本的情況及其主要內容評介如下：

一

抄本係用毛邊紙所寫，共六十頁，封面破舊，無題簽。抄本的前半部分為文錄，後半部分則為《船山房譜草冊齒錄》。文錄部分共三十一頁，每面八行，每行二十字，其中包括七篇文章。第一篇為《南嶽續夢庵遺址記》，兩頁，

未署作者名，文末有「左憑僅存之山自」七字。第二篇爲《明行人公廬墓祀田記》，兩頁，未署作者名。第三篇是民國八年衡陽縣爲判決湘西草堂前水利糾紛一事的判決書，兩頁，無標題。第四篇爲《譜裁》，兩頁，爲王德蘭所作，時在民國二十九年（1940 年）。第五篇爲《觀生列傳》，五頁，乃王達衛於民國十九年（1930 年）爲王德蘭所作的傳。第六篇爲《朱孺人傳略》，三頁，乃王德蘭於民國二十七年（1938 年）爲其妻朱氏所作之傳。第七篇則爲王敔所撰的《大行府君行述》（即《薑齋公行述》），十五頁，文末並附有王德蘭寫的關於「行述」發現過程的後記。抄本後半部分，在《船山房譜草冊齒錄》的題名之下，有「敔公開生遠房世系」八字，二十九頁，說明這部分「齒錄」所載，乃王船山之長子王敔一系所出。考之《譜裁》一文，將先輩家訓、傳略等載之譜前乃王氏族譜之傳統，「此豈與斯世徒譜姓氏所可同日而語也哉」。可見，抄本的前半部分文錄完全是從屬於族譜的，因此我們可以把整個抄本定名爲《船山房譜草冊》（以下簡稱「草冊」）。

據《觀生列傳》和「齒錄」所記，王德蘭生於清同治三年（1864 年，卒年未詳），爲王船山八代孫。他原名桂馥，號者香，因居住在觀生居之側，所以又自號觀生。少年時代家境清苦，後就讀衡陽船山書院，因病輟學，病癒又因「家況日形蕭索，乃教授鄉里，獲修脯資以供俯仰」。因「不得志於有司」，於是「輟意科名，安於恬退」。此人頗推崇張載，晚年取「船山紹橫渠《正蒙》養正之義」，自號「養正老人」，築「養正堂」，又曰「紹張書屋」。他一生比較重視船山故跡、文物和著作的收集整理。「先人著述、手澤，歷世散佚，間於破壁敗篋拾得塵封墨蹟、片紙隻字，秘於珍寶，必修理愼藏，以守先業。」「觀生居爲船山公終隱金蘭，築爲避亂隱居之所，廢爲邱墟，幾商房人修復」。現存五修《郉江王氏族譜》就是他主持修纂的。王達衛在傳記中也記述了他修譜和發現「原譜」中「行述」的過程：「宗譜歷久未修，先生纂輯愼密，日前續修。冒昧於船山公述其父武夷公行狀廢置不錄，罪戾忘祖；於母譚太孺人錄而妄改，原文刪節，銜恤之。哭於虎止公述其父船山府君行狀（應爲「行述」——引者），截去孤忠事實，割裂文氣；嗣後沿襲不審，致沒先祖盛德者。先生見文不適符，徧蒐原牒，糾正補闕。」

王德蘭在他抄的「行述」之後寫的一段「附記」中，開頭是這樣說的：「上係原譜敔公所作行狀，照抄無訛，蘭於民國丁巳（1917 年）纂輯五修族譜既竣，嗣於竹花園（即敗葉廬——引者）古篋內覓得老譜敔公所刊原牒，爲乞

潘師作傳，述事最詳，閱之與道、同後續譜中校對，刪節去其大半，妄易改刪，概難枚舉。」在「附記」的後半部，他又說：「前已作污改割裂，文以申其罪，又恐原譜日久腐敗，遺事莫詳，故此抄寫，永存以貽，後此續修，仍照刊入。」這兩段話說明以下幾個問題：

1. 王敔在王船山逝世十四年之後所寫的「行述」，在他以後主持纂修的族譜中，是原文照錄了的（或說基本上是原文照錄的），當時並未作重大刪節。王之春在他編纂的《船山公年譜》中收入的「行述」一文後的按語中說：「船山公行述，原虎止公為宜興潘公撰傳而作，今家譜所載潘傳與曾刻本（本世全西元刻，今元刻本無，故稱曾刻本）同，而行述較曾刻本反略，即曾刻本行述亦較潘傳為略。蓋虎止公原作所述情事，必與潘公相仿，初未嘗觸犯忌諱，當修譜時，虎止諸公必有恐陷深文，甚且為公著述累者，遂將其中偶涉國朝與乎明藩以及吳逆諸語，概從刪節。」王之春的這段話，顯然係一種猜測，並不符合事實，所以他自己也不得不加一「蓋」字。

2. 王德蘭說，他用以與「原譜」校對的是「道、同後續譜」，這就說明「原譜」中「行述」被刪節的時間最遲不會晚於道光年間（即1821年至1851年）。至於是否會更早一些，目前因材料缺乏，尚難斷定。劉志盛在《王船山著作版本源流考（一）》中說：「由於清代文網嚴密，故從清雍正以後至道光二十年以前約一百二十餘年中，很少有人刊刻船山遺書，近年來為籌備編輯船山著作書目，我們普查了一部分公、私家書目，也未見著錄。」依此類推，可以假定在這一百二十餘年間，王氏族譜也一直未修，或修而未錄「行述」，直到道光年間再修時才作刪節，並又錄入族譜。不過——這個假設有難成立之處，因為在封建社會，族譜不可能一百多年不修，「行述」畢竟不是船山著作本身，刪節一下還是可以收入族譜的。既然王德蘭在1917年主持修纂的族譜是五修，他所說的「道、同後續譜」，可能就是三修和四修。如果把「原譜」當一修（其時在王敔1705年寫「行述」之後），那麼在它們之間一定還有一個二修族譜。據史載，清代呂留良文選獄（1727年）曾波及船山著作，時距「原譜」修纂時間約二十年，在這期間不可能再修一次族譜。因此，二修族譜只能在呂留良獄之後，而在這時對「行述」作重大刪節也是可以理解的。道光以後，文網漸疏，再作刪節，於理難通。

3. 王德蘭說，抄本「與道、同後續譜中校對，刪節去其大半」。查抄本正文共四千一百八十三字。道、同後之續譜，現已無從查找。但王之春作《船

山公年譜》在 1892 年（清光緒十八年），其中所載「行述」說明係「據家譜本」，此「家譜」應即王德蘭所說的「道、同後續譜」。這個行述全文一千六百二十三字，與抄本相較，的確「刪節去其大半」。「王譜」中的「行述」，與曾刻本中的「行述」相較，少六百六十一字（曾刻本《薑齋公行述》二千二百八十四字，較抄本少一千八百九十九字）。可見，曾刻本在收集《薑齋公行述》時所據之底本，不是道同後續譜。同時，似乎也不是「原譜」，因爲曾刻本比「王譜」中多出的那六百多字，主要內容都是涉及王船山在明亡之際和南明政權中的一些政治活動，既然這樣的一些內容都能收，如果曾刻本的編者看到了「原譜」中的「行述」，其他一些內容，特別是「原譜」中所記王船山對吳三桂叛亂的態度及與鄭端關係一類材料，是不會刪節的。因此，我們可以斷定，曾刻本的編者未見到「原譜」，他們在編《船山遺書》時，在收集「行述」時所據的是另一種版本或抄本，還有可能就是據潘宗洛寫的《船山先生傳》的有關部分補輯、改寫。當然，這不過是一種分析，事實是否眞如此，尚待以後新發現的材料證明。

二

現在，我們需要進一步研究的問題是：《草冊》對於我們研究王船山的生平思想到底有什麼價值？我們認爲，它的最大價值就在於給我們提供了不少研究王船山政治態度的新材料。這些新材料，主要包括以下幾個方面：

（一）對待農民起義軍的態度，主要是對待高必正和李定國的態度

船山在永曆政權任職期間，曾經與李自成的部將高必正有過一段關係，這是人們所熟悉的。《年譜》上說：船山因三次上疏彈劾內閣王化澄，險遭不測，「有降帥高必正者救之，得不死，亦不往謝也」，理由是「以其人國仇也，不以私恩釋憤」。讀《年譜》至此，使人總感到船山有些過於不近情理，爲什麼人家救了你的性命，連感謝一聲也不願意呢？然而，看看《草冊》提供的新材料，事情就比較容易理解一些。

> 高必正者，原名一功，闖營（曾刻本作「賊」）所稱制將軍者也，
> 時傍論遂有假必正兵力奉嚴君以清君側者，亡考亟止之，且以其人
> 國仇也，不以私恩釋憤，終不往見。

原來，船山不往謝高必正，是因爲有人鼓動把嚴起恒抬出來，借助高必正的兵力去清君側，這對於船山的忠君觀念來說，是完全不能接受的。因爲在王

船山看來，導致明王朝覆滅的禍根是李自成、高必正等率領的農民起義軍，他把他們視爲「國仇」；現在要他贊成依靠「國仇」的力量去發動一場有可能導致南明政權崩潰的內戰，這當然是極大的不忠，是「以私恩釋憤」，因此，他「亟止之」，並且爲著表示自己的「忠義」氣節，甚至寧願失禮也不去感謝高必正了。

《草冊》還提供了一大段關於船山與李定國的關係的新材料，它從另一個側面更深入地說明船山對農民軍的態度。

> 數載後（指船山從南明政權被排擠回湖南後），可望遣李定國入粤，遂入衡，中舍管公將託之以身殉故主，約亡考偕行。亡考筮之，兩得睽之歸妹，因念定國之睽孤終凶，而可望之虛筐無攸利也，作《章靈賦》以見志，其亂曰：「天昧冥遷美無耽兮，方煥爲虐已日霝兮；鑿秕孔勞矧懷蕘兮，督非我經雌不堪兮，專伏以需師翰音兮，幽兆千里翼余忱兮，倉悗寫貞疾煩心兮，賢仁無貪怨何尋兮」。遂深避於嶽之蓮花峰。

這段史實，《年譜》曾有記載，只是比較簡略，而《草冊》則提供了一些具體情節，這主要是：（1）是管嗣裘邀約王船山參加孫可望、李定國的隊伍，共圖反清復明。（2）對船山所筮睽之歸妹卦作了具體解釋，船山認爲睽卦象徵李定國勢力孤單，不能成功事業；而歸妹卦則象徵孫可望違仁違義，「君見挾，相受害」，沒有道義根基，終必自取滅亡，因而「專伏以需師翰音兮」，決計暫時隱居，「俟曙而鳴」。這些情節都是重要的。它可使我們進一步瞭解船山在《章靈賦》中所反映的內心矛盾：一方面，他受好友管嗣裘的邀約，確有出山之意，希望借農民軍之力幹一番反清復明的事業。另方面，他極端不滿孫可望挾君害相的罪惡行徑，深刻洞察他的野心，認定與此人合作，不僅不會有什麼積極結果，且會使自己陷入不忠不義的境地；李定國雖然較爲可靠，但畢竟勢單力薄，難成大事。這樣，船山進退縈回的心情便更加明白可見了。聯繫前面講的對高必正的態度，對比這裏對待李定國、孫可望的態度，我們可以看到船山具有這樣一個基本的政治原則，這就是始終把民族矛盾放在階級矛盾之上，而其最終目的則又是要挽救、復興朱明王朝。這就是他探求「君臣之大義」與「古今之通義」的關係的實質，只有把握了這一點，才能夠理解船山在對待農民起義軍的態度上的各種變化和各種矛盾，才能夠從種種看來是矛盾著的現象後面看到其始終一貫的思想。

（二）對待吳三桂的態度

三藩作亂，吳三桂進兵衡陽，僭號稱帝，請船山寫《勸進表》，遭到他的拒絕，並作《袯襫賦》以明志。這段歷史，《年譜》及其它有關資料也均有記載。有的學者根據船山當時頻繁外出，多有活動，便斷言他曾一度對吳三桂「寄予厚望」（許冠三先生語），只是後來看到形勢變化，吳三桂前途不妙，才拒絕與之合作。關於這一點，《草冊》提供的新材料，對於我們進一步弄清船山當時的思想狀況，也很有幫助。

> 吳三桂之抗命也，一時偽將招延，亡考堅避不出，或泛舟漾湘間，訪故人以避之。及三桂僭號衡州，偽僚有屬亡考作勸進表者，亡考直答曰：「我安能作此天不蓋、地不載語耶！」其人大愕。亡考徐曰：「某先朝遺臣，誓不出仕，素不畏死，今何用不祥之人，發不祥之語耶？」其人讋縮而退。僭號在戊午春盡也。其日亡考長嘯山中，作《袯襫賦》……。

這段情節寫得生動、具體。它說明，在吳三桂稱帝之前，其某部將曾招延船山，遭到拒絕，他「堅避不出，或泛舟漾湘間，訪故人以避之」。以後，吳三桂稱帝，又派人請船山寫《勸進表》。這次他就不是一般的回避和拒絕了，而是進行無情的諷刺和呵責，言語之中充分表現了他對吳三桂之流背叛明王朝，賣國求榮的深惡痛絕的感情。如果說，王船山從力圖恢復朱明王朝的基本立場出發，曾經設想利用吳三桂作亂的時機，進行某種反清復明的秘密政治活動，這個問題是可以研究的，儘管還需要有更充分的證據；但按照《草冊》提供的新材料以及其它有關的材料來看，說船山曾經對吳三桂「寄予厚望」的論點則是難以成立的。因為這不符合船山的基本政治立場，更不符合他一貫的道德觀念。關於這一點，《草冊》中有王敔的一段概括，頗得要領：

> 時（指吳三桂進兵湖南之時）與諫議蒙公正發酬答頗多，而二作（指《袯襫賦》及《山樓雨枕詩》）明言其情，要之，白不受點，抗獻忠，遠必正，遁定國，避三桂，異事同情，初終一致也。

把抗獻忠、遠必正、遁定國、避三桂這幾件事聯繫起來，看作是「異事同情」「初終一致」，歸根到底是為了「白不受點」，這樣的歸納，應該說是相當深刻而又真實地反映了船山的內心世界的。

（三）對清政府的態度

近來不少學者在研究船山的民族思想和愛國主義思想中，提出他在康熙

當政以後，對清政府的態度有較顯著的變化，即由極端仇視、不共戴天的態度轉變爲同情甚至是支持、頌揚的態度。其主要根據是船山贈清安遠靖寇大將軍貝勒尚善的《雙鶴瑞舞賦》和贈其部將劉都護的詩。關於贈詩、作賦一事是否眞實，目前學術界尚有爭議，有待進一步考證。這裏，只引《草冊》提供的幾段新材料，並略作分析，以饗讀者。

一段是講康熙元年（（1663）永曆政權徹底覆滅之後，王船山接到一封友人的信的情況：

> 孫李互乖，扈主諸臣卒盡罹咒水之難，管公不知所終，亡考嘗南望而悲憶之。迄壬寅，緬甸變聞，或貽亡考札云：「送舊已畢，初服宜變，可以出遊」。亡考答曰：「某雖冗散微臣，無足重輕，業已出身事主，不得更忘所事。茹茶飲蘗，吾自安之，不安者不忍出也」。

這時船山才四十四歲，年富力壯，大有可爲，友人勸他變服事清，他斷然以「業已出身事主，不得更忘所事」、「茹茶飲蘗，吾自安之」予以拒絕，當然談不上什麼思想轉變。

一段是講辭帛受粟之事的：

> 大中丞鄭公諱端撫湖南時，遣饋米幣，屬明府崔公諱鳴鷟囑以漁艇野服，相晤於嶽麓，並索所著述刊行之。亡考病不能往，且不欲違其素心，受米返幣，投南嶽遺民函謝焉。

這裏有三點情節是值得注意的：一是鄭端指示崔鳴鷟在嶽麓山下與船山進行一次「漁艇野服」式的秘密會見，遣饋米幣的目的之一是要「索所著述刊行之」。二是船山根本沒有去嶽麓山，主要原因是「不欲違其素心」。三是船山在辭幣受米之後曾致函稱謝，但落款是稱「南嶽遺民」。這三點情節都是《年譜》及其它有關資料所沒有述及的。問題是爲什麼鄭端要指示崔鳴鷟與船山進行一次秘密的會見？我們考慮，主要原因之一，可能一是照顧船山的性格。船山素以氣節見稱，公開會見，將會招致物議。而船山果然不願違背他的「素心」，所以才採取辭幣受米的方法，表示自己既不願作清朝之仕，也不要求清朝刊行自己的著述，而寧願作一個默默無聞的明朝的「遺民」。

一段是講船山七十三歲時寫的一首絕筆詩和自題銘旌。

> 年七十三，冬盡於壚間成律詩二首。其一曰：「荒郊三徑絕，亡國一臣孤；霜雪留雙鬢，飄零憶五湖。差是酬清夜，人間一字無。」此亡考絕筆也。

遺命禁用僧道，自題銘旌曰：「亡國孤臣船山王氏之柩」。

左一個「亡國孤臣」，右一個「亡國孤臣」，寧願在人間不留一字，也不願與清朝合作。可見，船山把忠於明王朝，反對清政權作爲自己堅持民族大義的基本原則，這是一貫的。有的學者說船山的民族思想早年和晚年對比，發生了根本的轉變，似乎難以令人信服。

三

《草冊》提供的其他方面的一些新材料，對於我們研究船山的自然哲學和人生哲學，也很有參考價值。

（一）關於自然哲學。船山的自然哲學思想的主要特點之一，便是「闢佛老而正人心」，這是人們所公認的。然而，《草冊》提供的新材料卻恰恰談到船山與佛道的關係，其中有些問題，頗值得人們進一步思考。

> 亡考慨明統之墜也，自正嘉以降，世教早衰，因以發明正學爲己事，效設難作折，尤其於二氏之書，入其藏而探之，所著有《老子衍》、《相宗論贊》，以爲如彼之說，而彼之非自見也。山中時著道冠，歌愚鼓。又時籍浮屠往來，以與澹歸大師（前金黃門堡）、補山堂行者（前司馬郭公督賢）、藥地極丸老人（前大學士方公以智）、茹蘗和尚（壬午雲南同榜俗姓張）相爲唱和……。

> 亡考……於卜筮星葬之說俱通，而惜京房、郭璞之流於技也。於居嶽時，求曆法，取劉歆、洛下閎至郭守敬之書，旦夕布算，兩載得其要領。已而曰：「山中無曆日，安用此？」遂不復。研醫理，精討岐黃所說，而病必求醫。常曰：「儒者不可談醫，亦不可談兵，識不足而膽張，適以殺人，吾嘗出入戎馬間，頗通禽遁，而絕口不言兵，亦猶是也。」

以上引文中，第一段是談船山思想與佛老的關係，第二段實際上是講船山的實踐哲學。從前者來看，船山對老子談玄虛，佛家談寂滅，仍然持否定態度，「如彼之說，而彼之非自見也」，這是顯而易見的。但對道家思想，船山似乎並不一概否定，不然的話，怎麼會在「山中時著道冠，歌愚鼓」呢？有的學者可能認爲這是爲了隱蔽自己的身份，這也有可能，但又不盡然。因爲查查船山的《楚辭通釋》和《漁鼓詞》，就會發現船山對道家理論，主要是對道家的煉丹之功確實有所肯定。比如船山認爲道家養生之學，金丹之術，溯其淵源，係出《騷

經》、《遠遊》。他認爲，在這些東西中，有些內容是合理的。他說：「王喬，或曰周靈王太子晉，未詳是否，要古之學仙者也。仙術不一，其最近理者，爲煉性保命，王喬之術出於此。」還說：「蓋自彭、聃之術興，習爲倘悅之寓言，大率類此。要在求之神意精氣之微，而非服食燒煉禱祀及素女淫穢之邪說可亂」。船山認爲，道家煉性保命之說是「最近理者」。之所以「近理」，是因爲通過「煉己」，可以求得「神意精氣之微」。船山的《楚辭通釋·遠遊》注曰：「精氣，先天之氣，胎息之本也。粗穢，後天之氣，妄念狂爲之所自生，凝精以除穢，所謂鑄劍也」。可見，道家所謂「煉性保命」之說，乃是以修煉先天精氣，排除後天粗穢之氣爲本，以保持健康長壽。這個觀點，與船山的氣一元論之說是不矛盾的。事實上，船山在其它著述中也表現出具有類似道家煉性保命的思想，比如他曾說過：「天命之謂性，命日受則性日生矣。目日生視，耳日生聽，心日生思，形受以爲器，氣受以爲充，理受以爲德。取之多，用之宏而壯；取之純，用之粹而善；取之駁，用之雜而惡；不知其所自生而生。是以君子自強不息，日乾夕惕，而擇之、守之，以養性也」。這裏講的取多用宏，取純用粹，以及「擇之」、「守之」等的具體內容就是指自然界賦於人的精氣，他認爲，只要不斷地吸收、保存、運用這種自然之精氣，便能夠獲得使人們身心健康、認識能力發達的效果。這難道不是與道家的煉性保命之說，有某種類似之處嗎？這或許也是他在山中時「著道冠，歌漁鼓」的原故吧！從後一段引文來看，船山是特別重視實踐哲學的。雖然他的書本知識十分淵博，無論是卜筮星葬之說，京房郭璞之技，天文曆算之術，乃至醫學、兵法，都無不鑽研，然而他卻認爲一個沒有專門實踐經驗的人，如果輕率地處理問題，就會把事情辦壞，所謂「識不足而膽張，適以殺人」，他所講的識，主要是指的專門的實踐經驗。這個觀點與他知行觀是完全一致的。

（二）關於人生哲學。船山的人生哲學貫穿他所有著作之中，而這次《草冊》提供的新材料，則更加生動地說明他的人生哲學的特點，乃是努力修養自己以忠愛爲本的剛直純正、不傲不鄙的品德。

> 亡考忠義激烈，而接人溫恭，恂恂如不欲語，及與人言，爲善
> 導引，譬喻終日不倦。責人至無可容身，而事過時移，坦如也。行
> 與世違，言駭眾聽，莫不敬而信之。饑寒不名一錢，而嫁娶伏臘必
> 行家禮。詩歌盈帙，不以形諸怨詞。嘗謂杜子美之殘冷悲辛，鄙也；
> 陶靖節之冥報相貽，傲也。鄙與傲非雅人之音也。

修養忠愛之性是船山人生哲學的大本。為了培養這種忠愛之性，需要發揚敢於「行與世違，言駭眾聽」，威武不屈，貧賤不移的精神；需要保持襟懷坦白，諄諄善誘，不記前衍的風度。在船山看來，一個有高尚節操的人，一言一行都應出於對祖國和人民的「公」心，而不應計較個人得失利害。杜甫在《奉贈韋左丞丈二十二韻詩》中有：「朝扣富兒門，暮隨肥馬塵，殘杯與冷炙，到處潛悲辛」。船山認為杜甫這種為個人生活所迫，甘願忍受屈辱，仰求於人的態度是卑鄙的。陶淵明在《乞食》詩中寫道；「饑來驅我去，不知何所之，行行至斯里，叩門拙言辭。主人解余意，遺贈豈虛來，談諧終日夕，觴至則傾懷。情欣新知歡，言詠遂賦詩。感子漂母惠，愧我非韓才。銜戢知何謝，冥報以相貽」。船山認為陶淵明不為五斗米折腰，寧願乞食，這種性格過於孤傲。以上兩者，前者缺乏剛正的氣節，後者不以忠愛為先，都是不足取的。所以，他十分讚賞屈原那種對祖國和人民耿耿忠心，「蔽屈子以一言曰忠」，批評劉向、王逸把屈原說成只是「以不用見逐為怨」，認為那是對屈原的侮辱。他憤慨地寫道：屈子「忠謀章著，而頃襄不察，誓以必死，非悻悻抱憤，乃以己之用捨，繫國之存亡，不忍見宗邦淪沒，故必死而無疑焉」，「劉向、王逸之流，惟不知此故，但以不用見逐為怨。使其然，則原亦患失之小丈夫而已，惡足與日月爭光哉？」

在人生哲學問題上，《草冊》提供的另一新材料便是船山對於生死的態度，說明船山在生死危難關頭，堅守氣節，臨危不懼。

> 亡考天性盹摯，見機明決，時有不測之險，則致命而處之怡然，偶近於名，則亟避之，常曰：「釋氏以死生為大事，死生天事也，於人何預？行藏者，吾之生死也」，仿陳白沙、羅一峰、莊定山詩，做《柳岸吟》成帙，多自道其行藏焉。

上述船山對待生死的態度，是符合他的一貫思想的。船山從他的氣化論出發，把生死視為自然現象（「天事」），認為人無需干預；人所應當做的是「盡人道」，即加強主觀修養，堅守氣節；為著堅持以「忠愛」為本的氣節，既可以「煉性保命」，也可以從容不迫地獻出自己的性命。所以他在《楚辭通釋·離騷》中說：「遠遊之旨，固貞士所嘗問津，而既達死生之理，則是不昧其忠孝之心，是知養性保命之旨，非秦皇、漢武所得有事；而君子從容就義，固非慷慨輕生、奮不顧身之氣矜決裂者所得與也。」他還在《遠遊釋》中說：「君子之進退生死，因時以決，若其要終自靖，則非一朝一夕之樹立，惟報於死以為志，故可任性孤行無所疑懼也」。

　　以上這些，就是我們在初讀《草冊》後，所得到的初步印象和感想，當然很不成熟，錯誤之處，尚望識者指正。另外，《草冊》中還有一些提法與《年譜》及有關資料不盡相同，比如《龍舟會》，過去說是「雜劇」，《草冊》說是「詩劇」；又如，通常的材料都說是船山「對劉復愚有評」，《草冊》則說是「對劉復愚集有評」等，這些對於我們進一步搞好校刊工作，弄清船山活動和思想的真實面貌，都是有助益的。

　　（此文係與陳遠寧合寫，載《王船山學術思想討論集》，湖南人民出版社1985 年版）

王夫之的好友陳天臺

關於王夫之的好友陳天臺的事蹟，過去各種船山年譜及羅正鈞的《船山師友記》，均無記載。前不久，我們訪得《太平陳氏五修族譜》，現根據其中有關資料簡介如下。

陳天臺，名堯相，庠名之英，字冀唐。生於明天啓六年（1626），卒於清康熙三十三年（1694）。湖南省衡陽縣太平橋人。該地今屬禮子鄉，距湘西草堂約十五華里。

陳氏本來世居湖南茶陵。至陳天臺之曾祖父陳世祥，才遷居於衡陽。陳世祥（1516～1605），字聖正，人稱峋嶁先生。王夫之的學生唐克恕在其所撰《峋嶁陳先生傳》（載《太平陳氏五修族譜》卷二十六）中說他：「幼穎敏力學，雅擅詩文之長。性耽山水，遨遊衡湘間，抵南嶽，遍祝融、方廣之勝。歎曰：『大禹之遺跡，不可不訪也。』策杖過峋嶁峰，適與李氏諸子遇，談論詩、古，深相契合，倡和彌月。諸子見先生學問淹博，矩範端嚴，乃留以為子弟師。」據說，李氏乃唐代處士李寬之苗裔，為衡陽之望族。陳世祥在李家執教數年，後來便定居衡陽北鄉之政義一都七區，築館於虎形山麓，顏其廬曰：「學堂」，學者奉為師宗。所以王夫之在《明隱逸峋嶁翁世祥公像贊》中，說他：「出衣冠之族，入詩文之府。少長蒲江，晚抵嶽嶼。講學獲英才，卜居得樂土。此誠聖世之逸民，為太平陳氏之初祖。」

陳天臺之父陳秉道（1582～1636），字宏宇，乃陳世祥之孫。王夫之說他「蓄學能文，具用世之略」（見《宏宇祖傳》），但能安身畎畝，遊心翰墨，寄情泉石。其家頗富資財，但不吝嗇，鄉里有急，他就慷慨濟助，甚至「傾囊而不復顧。」因之，在明末清初兵亂之際，「前之故家舊族，固守自封者，散

亡罔有餘存，而翁獨保全無缺，其子孫亦振振然繼家聲於喪亂之餘。」對此，有人認爲這是由於陳秉道做好事積了德，因而受到老天爺的保佑。王夫之不同意這種說法。他認爲陳秉道不僅有德，而且才識過人，善於立身處世，故能保其躬而子孫亦昌。他說：「夫人有心存長厚，而才識不足，則馳鶩者顛躓而不知止，株守者衛生之無其術。翁惟有其德，而識以先之，才以濟之，故斟酌於身世之間，游刃於常變之交，內以樂其生，外以庇乎物，遠以遺澤於後人。」由此進而得出一個一般性的結論：「福者德所致，求之者才也，而其所以不回者，則識也。」（以上引文均見王夫之《宏宇祖傳》）

陳天臺是陳秉道的次子。他有一個同父異母哥哥，名叫陳王相，唐克恕稱讚他「素優者文，身早列於國庠；自厚者德，教常及於家庭。噫若公者，其衡邑之矯矯，而陳族之彬彬。」（唐克恕：《大清俊士王相公像贊》），載《太平陳氏五修族譜》卷一下）陳天臺還有一個妹妹，係其庶母劉氏所生，嫁給王夫之的好友李國相。在明末大亂之後，李國相「苦節山中」，劉氏「勤儉所餘，饋遺不絕。勖其女有梁孟之風。」（王敔：《節孝劉氏志略》）

陳天臺的父親陳秉道死得較早，其時天臺只有十一歲。陳天臺就是在其母王氏和汪氏的撫養下成長的。王氏是一個頗有遠見的婦女。其夫死後，鄉里豪強覬覦她家的厚產，屢相侵漁，她都置之不問。家有贏餘，輒施貧乏。對此，年幼的陳天臺不能理解，便質問其母：「您爲何不替我留一點家產呢？」王氏答曰：「亂世而哀產業，孀居而擁資財，未可以終保。非以市惠，不如速貧之爲愈也。」陳天臺有個堂兄名叫陳良相，當過副都督，管嗣裘稱讚他是「文武全才，瑚璉重器，一時之良，千夫之帥。」陳天臺曾想跟著他去博取武功，母親便勸他：「世事鼎沸，成敗不能預料，曷積學以待時乎？」於是陳天臺便專心讀書，十七歲補諸生。這時他又想恢復祖宗的產業，他母親便對他說：「秀才屏跡力學，爲克家子，小忿非所爭也。」意思是要他不必去與那些過去侵漁他們家產的豪強計較。王氏在教育子孫時，強調「有恥」。她說：「人之所以尊於萬物者，以其有恥心耳。禽獸尚知自愛，人可甘處其下乎？」她的這些言行，不僅對子孫有深刻的教育意義，而且受到社會上的尊敬。所以，當她謝世時，王夫之流涕說：「『是閨閫之儀範也！』作文以吊之。」（以上引文均見唐克恕：《雙節傳》，載《太平陳氏五修族譜》卷二十六）這篇吊方便是《宏宇祖亞配王氏祭文》，文中，王夫之這樣對她加以讚揚：「高風綢直，涉範和柔」，「耇不殫勤，豐不替素。」

　　陳天臺從小在嚴格的家教下，學習極為刻苦。年十七，學文出眾，成諸生。「昂昂然以豪傑自期，具倜儻之志。識不侔於卑暗，才弗安乎拘謹。輕財仗義，好善樂施，於里甲之疲敗者，重金招撫，捐田安集，一時被德之眾，俯首誦慕；即跳樑之徒，亦望而斂跡。然天至孝，雅量，喜與醇儒交。其囓指於慈幃之側，談心於雅士之旁，則若怯若愚，恂恂如也。」明清鼎革之際，「蒸湘間多隱君子，文學弓伯管先生諱嗣箕、孝廉桃塢李先生諱國相、行人船山王先生諱夫之，俱與翁交好，翁事之如師。凡饗殮婚嫁，有求必應；及其逝也，殯葬之事，翁皆親執其勞，旦夕不倦。至王先生葬高節里，以耄年而痎作，猶雞鳴而起，襄事不輟。以是湘衡祁邵之士，凡識面聞名者，莫不推之為善交。」陳天臺到了晚年，「以老僕瘠馬，隨所至為居。且更營別墅，蕭然與方外之士談異書以沒齒焉。」（《陳天臺傳》，載《太平陳氏五修族譜》）

　　王夫之與陳天臺的交情是很深的。他在為陳天臺母親作的《宏宇祖亞配王氏祭文》中說：「況與賢郎，交情締故。」在為陳天臺所作的像贊中，王夫之又稱道他：「德足以表正乎鄉里，才足以震服乎奸雄。雅行秘潔，藻思春融。家乘倡始，國士高風。」（《大清俊士堯相公像贊》）。

　　陳天臺、李國相、管嗣箕等人與王夫之，不僅在思想上以道義相交，生活上互相扶持，而且在學問上互相切磋，並都奉王夫之為師，其子弟也有不少從王夫之受業的。陳天臺之長子陳美士（1644～1704），「弱冠受業於王船山先生之門。」

　　此人「早負大志，慎交遊，爭進取」；「為文則魚魚雅雅，作詩則熊熊傑傑。群相推重，為吾族大器。乃樹幟童軍，屢列前矛。而泮水芹香，蟾宮桂馥，終有志未逮。」（《太平陳氏五修族譜・美士翁傳》）至於陳天臺孫輩的一些年輕人，則又受業於王夫之之子王敔。如陳天臺的曾孫陳全吉兄弟，均「負笈蕉畦王先生之門。值本里王氏、易氏群修家乘，咸就正於先生。」（《太平陳氏五修族譜，全吉翁傳》）王敔在陳氏族譜的序中也說：「余與陳氏昆仲世交，其子弟又多從予遊，遂屬於弁言以傳後。」（《太平陳氏五修族譜》卷一上）據唐克恕的後裔唐才豐在陳氏族譜的序中說，陳譜最初是由陳天臺醞釀、籌備的，至其子孫才寫成刊刻，其間均得到了王夫之父子的支持和指導：「明嘉靖時，有曰峋嶁者，隱居樂道，由茶陵來衡講學，遂為遷衡始祖。其聚而成族，纂而為譜者，自峋嶁四傳至天臺，始網羅時聞；五傳至美士，繕而成帙；六傳至吉葬，遂刊而成書。時則有東初、雨田、效靈襄之，是當前清雍

正時。而雨田、效靈自序，均稱纂輯是編，曾與王蕉畦、唐芥園兩先生商榷。蕉畦者，船山之子，芥園則船山先生高第弟子，才豐十一世叔祖也。」唐才豐最後說：「陳氏先世與吾之先爲師友道義交，皆沾被船山風教。」可見王夫之的道德學問，對當時的唐、陳等巨族的影響是很大的。

（此文與王鵬合寫，刊於《船山學報》1985 年第 3 期）

王夫之著作目錄考略

　　我國明清之際的偉大唯物主義思想家和愛國主義者王夫之，一生為學無所不窺，著作宏富，涉及面十分廣泛，在哲學、政治、歷史、文學、經濟、教育、倫理、宗教、文字、訓詁等方面，均有專門著述。但由於清代文禁森嚴，夫之自身經濟條件又十分困難，所以其著作除《薑濤園初集》之外，在他生前均未刊行。加之年代久遠，保存惟艱，史料記載既少又不統一，因此對於王夫之一生究竟寫了多少書，言者分歧，莫衷一是。近年來，隨著船山研究的深入，人們對這個問題越來越關心。本文擬在前人和今人已有研究成果的基礎上，再作一些探索。

　　關於船山著作的著錄，最早當推王敔於康熙四十四年（1705）寫的《大行府君行述》（見《中國哲學史研究》1983 年第 3 期），其中記載船山著作五十一種。但由於該文主要是敘述船山生平，對其著作則是結合其行跡擇其要者而提及，故不可能完備。從現存資料來看，最早系統整理船山著作目錄的是鄒漢勳。周調陽在《王船山著述考略》一文中說：「關於船山著述目錄，鄒漢勳（字叔績）曾撰有專書，名叫《衡陽二王著述目錄》（鄒漢勳《教藝齋文存》八，《致左景喬舍人書》）。這裏所謂二王，是指船山與其兄介之。書凡三卷，是『仿朱竹佗《經義考》及《直齋書錄題解》之例，存其敘跋，附以提要』編寫的。可惜這書未曾刊行，現已失傳。鄒顯鶴也編了一個《著述目錄》，在王刻本、曾刻本、太平洋書店本各種《船山遺書》中均經刊入。鄒氏的根據，他自己沒有注明；但據鄒漢勳寄給他的信，曾說及匯江書室所刻的《四書稗疏》，卷首有船山著述總目多至七、八十種，該書那時正存鄒處，要鄒將書寄給他，以便勘閱細校（同上書《致鄒湘皋學博書》）。根據這一線索，鄒

氏編寫《著述目錄》時，可能就是依據這個總目。」（見《王船山學術討論集》下冊，1965 年中華書局出版）鄧顯鶴編撰《船山著述目錄》（以下簡稱「鄧目」），是在道光十九年（1839），他主持王世全的「湘潭王氏守遺經書屋」刻《船山遺書》（以下簡稱「王刻本」）的過程中，於道光二十二年（1842）完成的。

據鄧顯鶴統計，當時已知的王氏著述有五十二種，其中已見三十八種，共三百二十三卷，未見十四種，無卷數。不過，鄧目中的這個「種」，包括一些大種，其中的一些子目在當代的一些關於王夫之著作統計中，已經作為「種」了。例如《薑齋詩集》中的十種，《薑齋詩餘》中的三種，《薑齋詩話》中的三種，《薑齋外集》中的四種，就是如此。所以如果按現在的統計方法，鄧目中實際上收集了王夫之著述近七十種。鄧氏這個目錄為後人研究提供了一個良好的基礎。香港學者許冠三說它「為船山逝世以來最具規模之著述總目。」（見《中國哲學》第五輯）

自從鄧目刊行之後，人們在統計船山著作時，一般都是以它作為基礎而加以補充的。例如，劉毓崧在《王船山叢書校勘記自序》中說的「其目錄可考者七十五種」；王之春在《船山公年譜序》中說，船山著作除王刻本、曾刻本已刊之外，「合之未刻、未見已著錄者僅八十八種，其佚名者尚數十種也」，其情況大抵就是如此。馮友蘭在《中國哲學史史料學初稿》中說，王夫之「寫書一百多種，現在著錄的有八十八種」，其數目與王之春的統計相同。周調陽在《王船山著述考略》中統計，現在著錄的有九十五種，除其中十五種不知卷數未計外，尚有三百八十卷。張舜徽在《學習王船山治學的求實精神和博大氣象》（《王船山學術思想討論集》，湖南人民出版社 1985 版）一文中，對王夫之著作的統計，就是採取周說。周調陽一生重視對王夫之著作的研究，其考證是比較精審的，但也難免有個別疏忽之處。例如，他根據文獻記載，將鄧目中作為集部的《薑齋文集》卷十《家世節錄》單獨提出，作為史部之一種。但在統計卷數時，卻未將《薑齋文集》的卷數減少，這樣，總卷數的統計就重複了一卷。同時，由於周調陽的文章寫於六十年代初，對近年發現的一些新資料未曾見及，所以他的統計數字不可能完全符合實際。

一九八三年，劉建國出版了《中國哲學史史料學概要》（吉林人民出版社出版）一書，其中第十一章第二節的《王夫之的思想史料》中談到，王夫之「實際著錄一百零二種」。劉以《清史稿·藝文志》中著錄的王夫之著作四十六種為基礎，加上清代禁毀書目中著錄的六種（原為九種，其中三種其他書

目有著錄，故未統計），加上太平洋書店排印本《船山遺書》（以下簡稱「太平洋本」）中較上述二種著作中多出的二十二種（應為二十三種，劉遺漏了《薑齋文集補遺》一種），再加上散見於《湖南通志）等文獻中有著錄而未收入《船山遺書》的二十八種，故合計為一百零二種。這是我們目前見到的關於王夫之著作著錄最多的統計數字。

劉建國的統計基本上是正確的，但也有若干不足之處。

第一，容易將某些名異而實同的著作並列，或把總目與子目混合在一起，因而造成重複計數。例如，《清史稿·藝文志》中所著錄的「《薑齋詩集》十八卷」就是如此。如前所述，此書在鄧目中有著錄，不過不是十八卷而是十卷。（其子目為：卷一《五十自定稿》，卷二《六十自定稿》，卷三《七十自定稿》，卷四《柳岸吟》，卷五《落花詩》，一卷六《遣興詩》，卷七《和梅花百詠詩》，卷八《洞庭秋》，卷九《雁字詩》，卷十《仿體》。）我們分析，《清史稿·藝文志》中所謂《薑齋詩集》十八卷，可能就是以鄧目的上述分類為基礎，再加上王夫之其他詩集合為十八卷的。這個分析是有根據的。因為清同治四年（1865）金陵《船山遺書》刻本（以下簡稱「金陵本」）中的《薑齋詩集》十二卷，就是以鄧目中的十卷為基礎，加上《嶽餘集》一卷和《薑齋詩剩稿》一卷而合成的。而一九六二年中華書局出版的《王船山詩文集》則又是在金陵本十二卷的基礎上，再加上衡陽船山書院《船山遺書》增補刻本中的三種，即《薑齋詩分體稿》四種、《薑齋詩編年稿》一卷、《憶得》一卷。這樣，合計起來剛好十八卷，與《清史稿·藝文志》的說法不謀而合。鑒於此，我們認為在統計王夫之現存著錄的細目時，不應該將《薑齋詩集》與上述子目中那幾種書並列統計。

這種情況，清代禁毀書目中也有。該書目著錄之王夫之的《夕堂戲墨》也不應該單獨列於船山著錄總目中。因為它不過是王夫之八種詩集的總名稱（其中包括：卷一《落花詩》，卷二《遣興詩》，卷三《和梅花百詠詩》，卷四《洞庭秋詩》，卷五《雁字詩》，卷六《仿體詩》，卷七《瀟湘怨詞》，卷八《愚鼓詞》）〔注〕。上述著作均已收入太平洋本，如果再將《夕堂戲墨》也算一種，就重複了。順便指出，劉審吾在《衡陽劉氏珍藏王船山先生遺稿記》一文中，說他家藏有王夫之《九戲墨》一種。周調陽在《王船山著述考略》中指出，此書即《夕堂戲墨》的另一種名稱。考以《夕堂戲墨》卷首曾列有《柳岸吟》之目，再加上上述八種著作，合為九種，因而稱《九戲墨》是有道理的。根

據同樣的理由，我們認爲清代禁毀書目中的《五言近體》、《七言近體》，大約也是就王夫之詩作中按體裁分類而臨時所加的名稱。例如，在王夫之的《五十自定稿》、《六十自定稿》和《七十自定稿》中，就都有「五言近體」和「七言近體」的子目，因此不應該將它們單獨列出，與其他著作並列統計。否則，就會造成數字的重複。

第二，劉建國的統計中遺漏的有一種，即《夕堂永日宋詩選評》。此書當劉人熙刻船山古近體詩評選時曾多方搜求未得。（見周調陽《王船山著述考略》）。

第三，後來發現應當補入的有一種，即《船山日記》。此日記從王敔的《行述》至後來的公私書目均未著錄。1937 年衡陽姚尊在《王船山先生〈禮記章句・檀弓〉殘稿題跋》中說：「乙亥秋，余因王君康侯之介，嘗偕曾君靜濤得晤劉氏之裔曰靖國號安世者，微聞其家藏船山先生稿本，中楷書日記手稿二十八冊，內失二冊，求借一觀而不可得。」（見陳墨西《船山先生題跋五則》，1954 年油印本，參見《船山學報》1985 年第一期）。此書迄未找到，然其內容重要，應當補入。

通過以上分析，我們認爲劉建國的統計中，有四種書（即《薑齋詩集》、《夕堂戲墨》、《五言近體》、《七言近體》）係重複統計，應當刪去；有兩種（即《夕堂永日宋詩選評》、《船山日記》）應當補入。因此，船山著作總數，實爲一百種，三百九十八卷（其他未知卷數者及已發現之佚文但不成卷數者未計在內）。

下面，我們根據所接觸到的一些資料，將王夫之著作目錄用表列出。表一爲傳世著作目錄；表二爲待訪著作目錄；表三爲上述兩種目錄之外陸續發現的一些單篇佚文、佚詩目錄。前兩表均按經、史、子、集分類編排。表一中的傳世著作，凡已收入太平洋本者不再注明出處。

注：這裏所列《夕堂戲墨》八卷之目錄，係據中華書局 1962 年出版《王船山詩文集》一書，而湖南省圖書館所藏清康熙年間王敔湘西草堂曾榮向、曾榮旺校刊之《夕堂戲墨七種》，其中鑴有「夕堂戲墨」字樣者實只六種，與上述目錄相較，未收《遣興詩》、《瀟湘怨詞》，卻收入了《南窗漫記》，卷首並未鑴有「夕堂戲墨」字樣。《夕堂戲墨》之書名，蓋收藏者所加，當時合訂此七種而未加詳察，遂冠以「夕堂戲墨」之總名。

表一：王夫之傳世著作目錄

書　　　名	卷數	備　　　　注
甲、經部二十三種，一百六十六卷：		
周易內傳	6	王刻本作十二卷。
周易內傳發例	1	王刻本附於《內傳》後。
周易大象解	1	
周易稗疏	4	王刻本作二卷，鄧目謂舊本作三卷，王之春《船山公年譜》（以下簡稱「王譜」）作一卷。
周易考異	1	王刻本附於《稗疏》後。
周易外傳	7	
書經稗疏	4	
尚書引義	6	王譜作一卷。
詩經稗疏	4	王刻本作五卷，鄧目謂舊本作二卷，王譜作一卷。
詩經考異	1	王刻本附於《稗疏》後。
詩經叶韻辨	1	王刻本附於《考異》後。
詩廣傳	5	
禮記章句	49	
春秋稗疏	2	
春秋家說	3	王刻本作七卷，鄧目同。
春秋世論	5	
續春秋左氏傳博議	2	
四書訓義	38	鄧目說「又稱《授諸生講義》。」
四書稗疏	1	鄧目作二卷。
四書考異	1	
讀四書大全說	10	
四書箋解	11	有 1894 年湖北藩署刻本。又，《船山學報》1915～1917 年 1～8 期所載《四書授義》與此書內容同。
說文廣義	3	王敔《大行府君行述》（以下簡稱「行述」）作四卷。

書　　名	卷數	備　　注
乙、史部六種七十九卷：		
讀通鑑論	31	包括敘論一卷。
宋論	15	
永曆實錄	26	缺一卷。同治《衡陽縣志》在此書後注明：「夫之自題爲《大行錄》」。
籜史	1	原十篇，缺一篇，載《船山學報》1915～1917 年第 1～8 期。又見 1882 年嶽麓書社出版《永曆實錄》附錄一。
家世節錄	1	王敔在《行述》中將其列入雜著，金陵本、太平洋本均收入《薑齋文集》作爲卷十，但乾隆《清泉縣志》、嘉慶、同治《衡陽縣志》及周調陽、張舜徽均將此篇單獨提出，今從之。
蓮峰志	5	
丙、子部十四種五十四卷：		
張子正蒙注	9	
思問錄內篇	1	
思問錄外篇	1	
俟解	1	
噩夢	1	
黃書	1	
識小錄	1	
搔首問	1	
龍源夜話	1	王譜注：「續刊本不全」。
老子衍	1	
莊子解	33	金陵本王敔《行述》作《莊子注》，《行述》作《莊子衍》。
莊子通	1	
愚鼓詞	1	金陵本作《夕堂戲墨》卷八。
相宗絡索	1	王敔《行述》作《相宗論贊》，王譜作八卷。

書　　　名	卷數	備　　　注
丁、集部三十一種共七十四卷：		
楚辭通釋	15	包括附一卷。
薑齋文集	9	各種目錄均作十卷，今因將《家世節錄》移入史部，故改爲九卷。
惜余鬢賦	1	有邵陽曾氏榮香山館刻本。
薑齋文集補遺	2	有光緒十三年（1887）船山書院補刻本。
船山經義	1	鄧目作爲《薑齋外集》卷二。
五十自定稿	1	鄧目作爲《薑齋詩集》卷一。
六十自定稿	1	鄧目作爲《薑齋詩集》卷二。
七十自定稿	1	鄧目作爲《薑齋詩集》卷三。
薑齋詩分體稿	4	
薑齋詩編年稿	1	
薑齋詩剩稿	1	
柳岸吟	1	鄧目作爲《薑齋詩集》卷四。
落花詩	1	鄧目作爲《薑齋詩集》卷五，金陵本《夕堂戲墨》作爲卷一。
遣興詩	1	鄧目作爲《薑齋詩集》卷六，金陵本《夕堂戲墨》作爲卷二。
和梅花百詠詩	1	鄧目作爲《薑齋詩集》卷七，金陵本《夕堂戲墨》作爲卷三。
洞庭秋	1	鄧目作爲《薑齋詩集》卷八，金陵本《夕堂戲墨》作爲卷四。
雁字詩	1	鄧目作爲《薑齋詩集》卷九，金陵本《夕堂戲墨》作爲卷五。
仿體詩	1	鄧目作爲《薑齋詩集》卷十，金陵本《夕堂戲墨》作爲卷六。
嶽餘集	1	
憶得	1	
船山鼓棹初集	1	鄧目作爲《薑齋詩餘》卷一。
船山鼓棹二集	1	鄧目作爲《薑齋詩餘》卷二。

書　　　名	卷數	備　　　　　注
瀟湘怨詞	1	鄧目作爲《薑齋詩餘》卷三，金陵本作《夕堂戲墨》卷七。
詩譯	1	《清史稿・藝文志》誤作《詩鐸》，鄧目、金陵本作爲《薑齋詩話》卷一。
夕堂永日緒論內篇	1	鄧目、金陵本作爲《薑齋詩話》卷二。
夕堂永日緒論外篇	1	鄧目作爲《薑齋外集》卷三，金陵本外篇與內篇一起作《薑齋詩話》卷二。
南窗漫記	1	鄧目、金陵本作爲《薑齋詩話》卷三。
龍舟會雜劇	1	王敔《行述》作《龍舟會詩劇》，鄧目作爲《薑齋外集》卷四，王譜作二卷。
夕堂永日八代詩選評	6	周調陽認爲此即太平洋本之《古詩評選》。
夕堂永日唐詩選評	7	太平洋本作《唐詩評選》四卷。
夕堂永日明詩選評	7	太平洋本作《明詩評選》八卷。

　　上係王夫之傳世著作目錄，計七十四種，三百七十三卷，與太平洋本相較，多四種，即：《四書箋解》、《籜史》、《家世節錄》、《惜余鬵賦》；(《家世節錄》太平洋本雖收，但列入《薑齋文集》未算一種)；卷數多一十五卷。

表二：王夫之待訪著作目錄

書　　　名	卷數	備　　　　　注
甲、經部四種：		
尚書考異	1	鄧目說「有目未見書」，王譜說「未印」。
禮記稗疏		見嘉慶《湖南通志》。
四書集成批解		見王之春《船山公年譜》。
四書詳解		見同治《衡陽縣志》、光緒《湖南通志》、王譜。
乙、史部一種：		
王船山日記		楷書二十八冊（中缺二冊），見陳墨西《船山先先生題跋五則》（1954年油印本）。
丙、子部六種：		
呂覽釋		見王敔《行述》、鄧目及同治《衡陽縣志》。

書　　　名	卷數	備　　　注
淮南子注		一作《淮南子釋》，王敔《行述》稱：「《淮南子》有旁注」，鄧目說「未見」，王譜說「未刻，無卷數。」
近思錄釋		見王敔《行述》、鄧目及同治《衡陽縣志》。
蓮花山人餘論		見乾隆《清泉縣志》、嘉慶《湖南通志》。
三藏法師八識規矩論贊		見鄧目，同治《衡陽縣志》，光緒《湖南通志》。
船山語錄	2	見《清史稿·藝文志》。
丁、集部一十五種：		
瀟濤園集		鄧目稱《瀟濤園初集》。
買薇稿		見鄧目、同治《衡陽縣志》、光緒《湖南通志》。
悲憤詩	1	見王敔《行述》。
續悲憤詩		見王敔《行述》。
夕堂永日八代文選評	19	見鄧目、嘉慶《衡陽縣志》作十五卷。
夕堂永日宋詩選評		周調陽稱：劉人熙刻船山古近體詩選時，曾多方搜求此書未得
李詩評		見王敔《行述》，王譜說「未刻，無卷數」。
杜詩評		同上。
劉復愚集評		同上，一作《劉復愚文評》。
詞選		見同治《衡陽縣志》，五譜說「詞選一卷，未刻」。
南窗外記	1	見同治《衡陽縣志》、光緒《湖南通志》、王譜。
船山制義		鄧目將此書作為《薑齋外集》卷一，王譜說：「佚，無卷數」。
觀生居制藝		見劉審吾《衡陽劉氏珍藏王船山先生遺稿記》。
觀生居文稿		同上
桃花詩	1	王夫之在《和梅花百詠詩·自敘》稱「戲作桃花絕句數十首」，劉毓崧《王而農先生年譜》中說：「今佚」。

以上為王夫之待訪著作目錄，共二十六種，除二十種不知卷數外，已知卷數有二十五卷。將前述傳世著作目錄和卷數與之相加，則目前已掌握的王夫之著作共一百種，三百九十八卷。

　　此外，近幾十年來，在上述目錄之外，又陸續發現了王夫之未入集的零星著作數十篇，其內容包括制義、序、銘、傳、詩、賦、堂聯等。其中凡屬於表一中有目的一些著作的佚文（如《讀通鑑論》）五篇，《詩廣傳》五篇，《禮記章句序》一篇，等等）不再列入表三。

表三：王夫之佚文、佚詩目錄

篇　　　名	出處或發表處
堪破窗紙者爰書	載《湖南歷史資料》1959 年第三期並收入中華書局《王船山詩文集》。
刈草辭	載《湖南歷史資料》1958 年第三期並收入中華書局《王船山詩文集》。
齋中守犬銘	同上
明紀野獲序	原載《清泉縣志》、《湖南文徵》，並收入中華書局《王船山詩文集》。
衡山廖氏族譜序	原載《廖氏族譜》、《湖南文獻彙編》，並收入中華書局《王船山詩文集》。
丙辰贈千壽寺惟印大師	見王先謙《虛受堂文集》卷十五。
三湘從事錄序	見 1951 年神州國光社出版的《三湘從事錄》。
明文林郎戶科又給事兼掌兵科	
都給事蒙公墓誌銘	
胡烈母李氏傳（部分）	見清同治八年（1869）《湖南文徵》。
曾太母申孺人壽序（部分）	見羅正鈞《船山師友記》第十二卷《曾處士致文》。
曾氏族譜序	同上；又見 1982 年嶽麓書社出版《永曆實錄》附錄二。
阮淡明墓誌	見《常寧縣志》。
雙鶴瑞舞賦	見《文物》雜誌 1982 年第六期。
曠氏南卿公墓誌銘	見《曠氏通譜》（九修）卷三十九，載《船山學報》1984 年第一期。
翔雲先生傳	見《馬橋唐氏五修族譜》，載《船山學報》1984 年第一期。

篇　　名	出處或發表處
漱玉琴銘	同上
小詞寄調惜餘春慢爲欽老	見《馬橋唐氏五修族譜》，載《船山學報》1984 年第一期。
世社兄壽	
蘇太君壽詩	見《馬橋唐氏五修族譜》，載《船山學報》1984 年第一期。
楊太君壽詩	同上
化卿翁德配楊太君像贊	同上
欽文公德配蘇太君像贊	同上
餘春歌曲爲欽文世翁壽	見《馬橋唐氏五修族譜》，載《船山學報》1984 年第二期。
書躬園哀子文後	同上
此日不易得贈須竹	同上
牧雲常住記	見衡陽縣第五中學陳兆寅同志家抄件，載《船山學報》1984 年第二期。
藿園公（周孝廉士儀）墓誌銘	見衡陽縣第五中學陳兆寅同志家抄本，載《船山學報》1985 年第二期。
歐陽孺人墓誌銘	同上
絕筆詩一首	見王敔《大行府君行述》，載《中國哲學史研究》1983 年第二期。
船山佚聯一付	見《澹園隨筆》（箴言印書局民國三十二年版），載《船山學報》1984 年第二期。
王船山楷書	見 1915 年 9 月《船山學報》第三期。
行書條幅	見 1917 年 8 月《船山學報》第八期。
行書對聯一付	見 1915 年《船山學報》第二期。
別峰庵對聯一付	見 1982 年嶽麓書社出版之《王船山手跡》。
五言古詩一首、後記一則	同上
宏宇祖傳	見《太平陳氏五修族譜》卷二十六，載《船山學報》1985 年第一期（下同）。
明隱逸岣嶁翁世祥公像贊	同上，卷一下。

篇　　　名	出處或發表處
大清俊士羲相公像贊	同上。
宏宇祖亞配王氏祭文	同上,卷二十五。
寶寧寺志敘	載《攸縣志》卷四十九「藝文」。

（此文與徐孫銘合著,載《船山學報》1985 年第 2 期）

王夫之實學思想及其理論基礎

第一節　為民族復興提供理論依據的一生

王夫之，字而農，號薑齋，湖南衡陽人。生於明萬曆四十七年（1619 年），卒於清康熙三十一年（1692 年），終年七十四歲。晚年因隱居於衡陽金蘭鄉（今衡陽縣曲蘭鄉）石船山下，被稱為船山先生。他出身於書香門第，父王朝聘是一個知識淵博的讀書人，尤深於「春秋學」。王夫之十四歲（1632 年）時，父王朝聘向他傳授經義，《春秋》是其中最重要的一個內容。二十四歲時（1642年），他和長兄王介之同赴武昌應鄉試，中式第五名《春秋》經魁，長兄中式第四十名舉人。可見王夫之受家學影響是很深的。

正當王夫之兄弟在科舉的道路上春風得意、並準備赴京參加會試的時候，以李自成、張獻忠為首的明末農民大起義正席捲中原大地。農民起義不僅阻斷了他們通向北京赴考的道路，並且張獻忠率領的農民軍於崇禎十六年（1643 年）九月攻入衡陽。張獻忠企圖網羅王夫之兄弟，以資輔佐，但王夫之兄弟卻設計逃脫了。次年（1644 年）三月李自成攻入北京，崇禎帝於煤山自縊，明王朝被推翻，王夫之聞訊十分悲痛，作《悲憤詩》一百韻。他認為當時的形勢是：「五行汩災，橫流滔天。禍嬰君上，普天無勤王之師者。草野哀痛，悲長夜之不復旦也。」（《章靈賦·自注》）可見他這時的情緒與農民軍是完全對立的。但是，隨著後來全國形勢的變化，王夫之的這種對立情緒也是有所變化的。這種形勢的變化，就是清兵入主中原，社會的主要矛盾由地主階級與農民階級的矛盾轉化為漢民族廣大人民與滿族貴族之間的矛盾。

　　由於吳三桂與滿洲統治者勾結，引清兵入關，迫使李自成農民軍在佔據北京之後只有四十二天便撤離了。不久，清統治者福臨登皇帝位，建立大清，紀元順治。清統治者在確立其在全國的統治地位的過程中，推行民族高壓政策，不僅激起了漢族一般群眾的憤怒，而且嚴重侵犯了漢族中小地主階級的利益。因此，在清軍南下過程中便不能不遇到節節抵抗，而具有強烈民族思想的王夫之，更是這個抵抗運動中的積極一員。

　　順治三年（1646年），南明永曆政權之抗清主力齊集湖南：有以郝搖旗等人為首率領的十餘萬農民軍部隊與湖廣總督何騰蛟聯合，有以李錦等為首率領的三十多萬農民軍歸湖廣南撫堵胤錫節制，還有原左良玉的部將馬進忠等人。「諸軍蝟集，號百萬」（《永曆實錄》卷七《何堵章列傳》），抗清形勢本來是很有利的。可是，何騰蛟與堵胤錫二人卻意氣用事，互相摩擦。加之，大軍雲集湖南，兵餉難籌，人民負擔沉重，兵心、民心浮動。這些，便嚴重影響了抗清力量的團結和隊伍的鞏固。此情此景，使王夫之心急如焚，他突破布衣不能向封疆大吏提建議的慣例，於這年夏天親赴湘陰，找他當年參加鄉試的分考官、時正擔任湖北巡撫兼理糧餉總督的章曠，「指畫兵食，請調和南北〔督師〕，以防潰變」（潘宗洛：《船山先生傳》）。可是，對於王夫之這種滿懷愛國激情提出的合理建議，章曠未加重視，卻說：「本無異同，不必過慮。」（同上）王夫之見自己的意見不被採納，只好退隱南嶽後山的蓮花峰下，在父親的指導下，編寫《春秋家說》等著作。而這時清軍卻已長驅直入佔領湖南，南明抗清部隊則正如王夫之所預見的那樣，由於「湖南北不相協應，而瓦解之形勢成矣」（《永曆實錄》卷七《何堵章列傳》）。在戰亂中，王夫之的二哥王參之，叔父王廷聘、父親王朝聘先後去世。王朝聘臨終前叮囑王夫之兄弟，他死後，要把他葬在「幽迥遠人間」的南嶽蓮花峰麓，「勿載遺形過城市，與腥臊相涉」（《顯考武夷府君行狀》）。王朝聘這種與清朝統治勢不兩立的態度，對王夫之兄弟終身保持民族氣節，有著深遠的影響。

　　順治五年（1648年），南明抗清形勢又有所好轉：金聲桓、王得仁及李成棟先後在江西、廣東等地叛清歸明，何騰蛟也從廣西發動大規模反攻，幾乎收復湖南全境。在這年十月，王夫之曾與其好友管嗣裘、夏汝弼及僧性翰等，在南嶽策劃武裝起義，企圖配合南明部隊抵抗清軍。但是起義的戰鬥還沒有打響，卻被清軍的幫兇湘潭人尹長民襲擊，管嗣裘的家屬「盡室被害」，參加起義的群眾被「株殺數十人」（《籜史·孝廉夏公》），致使王夫之等人的這次起義計畫流產。

衡山起兵失敗之後，王夫之為了避敵搜捕，於同年冬前往肇慶永曆帝行闕，堵胤錫便上疏推薦他做翰林院吉士，王夫之以父親死後服期未滿為由，謝絕了。順治七年（1650 年）二月，王夫之守制期滿。這時，他雖眼見南明政權腐敗，內部矛盾重重，但又覺得「此非嚴光魏野時也，違母遠出，以君為命，死生以之爾」（《王敔：《大行府君行狀》，《中國哲學史研究》1983 年第 3 期，下同），於是就任永曆朝廷的行人司行人介子之職。當時朝廷有「吳黨」與「楚黨」之爭。「吳黨」以朱天麟、王化澄等人為首，勾結內豎夏國祥、悍帥陳邦傅，把持朝政，排斥異己，造成「紀綱大壞，驕帥外訌，宦倖內恣，視江閩之覆轍而更甚」（同上）的局面。「楚黨」以金堡、袁彭年、丁時魁、劉湘客、蒙正發等為代表。其中特別是金堡，敢於直言，多次參劾陳邦傅、馬吉翔等。這就引起了吳黨的疾恨。結果以「把掌國政，罔上行私，朋黨誤國」（參見蒙正發：《三湘從事錄》）的罪名，將袁彭年以外的上述楚黨中的四人全部下獄，並企圖將們殺害。面對這種情況，王夫之激於正義，便與管嗣裘一道去找大學士嚴起恒，要他替金堡等求情。王夫之對嚴慷慨陳詞：「諸君棄墳墓，捐妻子，從王於刀劍之下，而黨人假不測之威而殺之，則君臣義絕而三綱斁，雖欲〔效〕南宋之亡，明白慷慨，誰與共之？」（王敔：《大行府君行狀》）在嚴起恒等人的援救下，金堡等雖得以出獄，但王夫之卻因抗疏指責王化澄等「結奸誤國」（同上）而被吳黨攻擊。他們企圖製造文字獄，將王夫之害死。王夫之有冤難伸，「憤激咯血」（同上），幸虧高必正營救，才得免於難，並被迫於翌年初，離開永曆政權回湘。

王夫之回到清朝統治的湖南以後，誓不薙髮，為了逃避清朝當局的追究，他只好輾轉流徙，四處隱居。先是避居邵陽、祁陽、衡陽交界之地的耶薑山側，住於羅從義家，教其子讀書；後又徙居零陵北洞、釣竹園、雲臺山等處。順治十一年（1654 年），徙居常寧小祇園側西莊園，變姓名，易衣著，自稱傜人。在這裏，王夫之授徒講學，講的主要是《春秋》，通過對「夷夏之辨」的闡述，向青年學子灌輸反清思想。與此同時，他開始深入研究《周易》和《老子》，企圖通過對我國古代這兩部具有豐富樸素辯證法思想論著的研究，探討在「天崩地解」的大動亂之中，如何才能做到「貞常處變」、「出入於險阻」。

順治十七年（1660 年），由於清朝當局迫於漢族人民廣泛的對抗，稍微緩和了一下民族高壓政策（順治十四年，曾宣佈「大赦天下」），王夫之便結束了他的流亡生活，開始定居在衡陽縣金蘭鄉高節里。這時，他的生活雖然基

本安定了，但內心並不平靜。特別是康熙元年（1662年），當他聽說南明政權徹底瓦解，永曆帝被吳三桂絞死之時，亡國之痛更是不可遏止。這時，有人寫信勸王夫之：「送舊已畢，初服宜變，可以出遊。」可是，王夫之卻堅定地回答說：「某雖冗散微臣，無足重輕，〔然〕業已出身事主，不得更忘所事，茹茶飲蘗，吾自安之，不安者不忍出也。」（王敔：《大行府君行狀》）鮮明地表示了他不與清朝合作的態度。直到去世，一直過著隱居的生活。

王夫之在隱居生活中，一方面進行教學，以維持其艱苦的生活，一方面進行深入的學術研究，著述不輟。企圖通過對歷代統治者、特別是明代統治者的成敗得失的探究和傳統學術思想的鑽研，「哀其所敗，原其所劇」（《黃書後序》），「述往以爲來者師」（《讀通鑒論》卷六），從而爲民族復興提供理論依據。因此，他以「六經責我開生面」的宏偉氣魄，對中國傳統學術進行了全面、系統而深刻的反思，同時出入佛老，「入其壘，襲其輜，暴其恃，而見其瑕」（《老子衍・自序》）。對於各種學派的觀點他都不盲從，而是結合自己的親身實踐和經驗，加以折衷，「因而通之」（《莊子通・敘》），因此寫下了大量富有創造性見解的著作，其內容涉及政治、經濟、哲學、歷史、文學、宗教、文字、訓詁、天文等等許多方面。據考證，目前尚流傳在世或有目可考者有一百種，三百九十八卷（參見《王夫之著作目錄考略》，《船山學報》1985年第 2 期）。其主要著作，在哲學方面有：《張子正蒙注》、《尚書引義》、《周易外傳》、《思問錄》內外篇、《老子衍》、《莊子通》、《讀四書大全說》、《四書訓義》、《相宗絡索》、《愚鼓詞》等；在史學方面，有《讀通鑒論》、《宋論》、《永曆實錄》等；在文學方面，有《楚辭通釋》、《薑齋詩話》、《唐詩選評》、《明詩選評》等；在政治方面，有《黃書》、《噩夢》等。

第二節 「因時之極敝而補之」

王夫之在探討滿洲貴族爲什麼能夠入主中原，明王朝的統治何以一朝傾覆的歷史教訓時，認識到明代、特別是其後期政治腐敗是導致這場悲劇的深刻原因。基於這種認識，他提出了自己的政治改良思想。

首先，他說：

> 國祚之不長，爲一姓言也，非公義也。秦之所以獲罪於萬世者，私己而已矣。斥秦之私，而欲私其子孫以長存，又豈天之大公哉！
>
> （《讀通鑒論》卷一）

以天下論者，必循天下之公，天下非夷狄盜逆之所可尸，而抑
非一姓之私也。（同上書，卷末）

一姓之興亡，私也；而生民之生死，公也。（同上書，卷一七）

王夫之這裏講的「公」，指的是「天下」之通義，即民族的共同之利益和「生民之生死」。他認爲，與這種天下之通義相比，「一姓之興亡」、「國祚之長短」，不過是次要的東西，是一家一姓之「私」。而絕對君權論則與此相反，它把一家一姓的私利看得高於一切，爲了保護這種私利，甚至不惜犧牲「天下」之公利，在異民族面前屈膝投降、俯首稱臣。對此，王夫之是堅決反對和極端蔑視的。他反覆強調的「公」、「私」之辨，認爲「不以一人疑天下，不以天下私一人」（《黃書‧宰制》），便清楚地說明了這一點。

王夫之的這種相對君權論，還表現在對待君臣關係上。我們知道，絕對君權論者把君臣關係視同主奴關係，所謂「君要臣死，不得不死」就說明了這一點。而王夫之則與此相反，認爲君臣關係也是相對的。他從以下幾方面論述了這種相對性：

（一）他認爲君臣在人格上是平等的。他說：「古之天子雖極尊也，而與公侯卿大夫士受秩於天者均。故車服禮秩有所增加，而無所殊異，……昭其爲一體也。故貴士大夫以自貴，尊士大夫以自尊，統士大夫而上有同於天子，重天之秩，而國紀以昭。」（《讀通鑑論》卷八）這裏，王夫之雖然用了「天秩」之類的神秘概念，但他強調君臣自然權利是平等的卻是十分明顯的。從這種觀點出發，他反對愚忠，更反對那種「無益於救」的身殉，認爲這種無益之身殉「謂之至愚也奚辭？」（《讀通鑑論》卷八）

（二）他反對君主擅權，主張適當的分權。他說：「天下之治，統於天子者也，以天子下統乎天下，則天下亂。」所謂「統」是「以緒相因而理之謂也」，也就是說國家事務要按級進行管理，天子要「分其統於州」，州牧刺史要「分其統於郡」，郡守要「分其統於縣」。如果不是這樣做，而是由天子集大權於一身，「越數累而遙繫之」，那麼就必然導致「天下亂」的局面。所以王夫之的結論是：「上統之則亂，分統之則治。」（《讀通鑑魂》卷一六）

（三）他認爲對於那些無法「保其類」和「衛其群」的君主「可禪、可繼、可革」（《黃書‧原極》）。例如，王夫之肯定桓溫之北伐：「即令桓溫功成而篡，猶賢於戴異類以爲中國主」（《讀通鑑論》卷一三）。這就是說只要能保衛民族利益，篡位也是允許的。他在談到岳飛時也說過：「秦檜之稱臣納賂而

忘仇也，畏岳飛之勝而奪宋也……飛而滅金，因以伐宋，其視囚父俘兄之怨奚若？而視皋亭潮落、碙門颶發、塊肉無依者，又奚若也？」（同上書，卷一四）這些都表明，王夫之決不是絕對君權論者。

其次，主張嚴以治吏，寬以養民。王夫之對明末社會人民生活的疾苦有較深刻的瞭解，他認為造成這種狀況與統治者「密布畢網，巧為射弋」是分不開的。他說：

> 今夫農夫濘耕，紅女寒織，漁淩曾波，獵犯鷙獸，行旅履霜，酸悲鄉土，淘金、採珠、羅翠羽、探珊象，生死出入，童年皓髮以獲贏餘者，豈不顧父母，拊妻子，慰終天之思，邀須史之樂哉！而刷玄鬢，長指爪，宴安諧笑於其上者，密布畢網，巧為射弋，其或鞭楚斬殺以繼其後。乃使懸罄在堂，肌膚剭削，含聲隕涕，鬱悶宛轉於老母弱子之側，此亦可寒心而栗體矣。（《黃書·大正》）

如何改善這種使人「寒心而栗體」的狀況呢？王夫之認為，必須實行「嚴以治吏，寬以養民」的方針。他認為「嚴者，治吏之經也；寬者，養民之緯也。並行不悖，而非以時為進退者也。……嚴以治吏，寬以養民，無擇於時而並行焉，庶得之矣。」（《讀通鑒論》卷八）

所謂「嚴以治吏」，就是要對那些「越輻敗軌，沈沒淫濫，螟蛉細民，愁痛孤寡」的貪官污吏予以嚴懲。王夫之引用《左傳》中的話：「國家之敗，由官邪也；官之失德，寵賂彰也」，說明官吏的作風對於國家命運的極端重要性。為了矯正不良的吏風，他稱讚宋太祖「刑法嚴厲，夷風以革」，而批評宋太宗對貪官污吏的姑息縱容態度，造成了後來「法愈減，貪墨跋扈，運罄尺水者，恣無所恤」的流弊。王夫之還特別強調：在吏風十分腐敗時更要嚴刑峻法：「承貪亂之餘，不以刑辟整絕之，未有能齊壹天步，柔輯悍獨者也。」（《黃書·大正》）這些論述，反映了王夫之對改良吏治的迫切心情。

所謂「寬以養民」，就是要從政治上減輕對人民的壓迫，從經濟上減輕對人民的剝削。要減輕對人民的壓迫，就要在執法時貫徹「寬」、「簡」、「不忍人」、「哀矜而勿喜」的精神。王夫之認為，「絕人之腰領，死者不可復生矣；輕人之竄逐，棄者不可復收矣；壞人之名節，辱者不可復榮矣」，如果執法時沒有「寬」和「簡」的精神，而「徒為繁密之深文」，就不僅不能「懲奸」，而且必然「辱朝廷羞當世之士」。王夫之指出：「夫曰寬，曰不忍，曰哀矜，皆帝王用法之精意，然疑於縱弛藏奸而不可專用。以要言之，唯簡其至矣乎！」從這種

觀點出發，他十分讚賞唐玄宗時晉陵尉楊相如的上言：「法貴簡而能禁，刑貴輕而必行。小過不察，則無煩苛；大罪不漏，則止奸慝。」認為「斯言也，不倚於老氏，抑不流於申韓，詢知治道之言乎！」（《讀通鑑論》卷二二）

要減輕對人民的剝削，從積極方面來說，就是要厚制民產，使「有其力者治其地」。他說：

> 天下受治於王者，故王者臣天下之人而效職焉。若土，則非王者所得私也。天地之間，有土而人生其上，因資以養焉。有其力者治其地，故改姓受命而民自有其恒疇，不待王者之授之。（《噩夢》）

王夫之提出「土非王者所得私」，強調「有其力者治其地」，有其歷史的針對性，即明代許多皇帝肆意擴大皇莊，也有其現實的針對性，即清初皇室的大規模「圈田」活動。同時，它還反映了王夫之的民本思想：「國以民為本，有民而後國可為；民以農為生，有農事而後民可用。」（《四書訓義》卷二九）

要減輕對人民的剝削，從消極方面來說，就要「寬其役，薄其賦」。他說：

> 夫王者之愛養天下，如天而可以止矣。寬其役，薄其賦，不幸而罹乎水旱，則蠲征以蘇之，開糴以濟之。……賦輕役簡，務農重穀，而猶有流離道殣者，此其人自絕於天，天亦無如之何，而何事損勤苦之民，使不軌之徒懸望以增其敎慢哉？（《讀通鑑論》卷一九）

第三，主張刑法教化相輔相成。在中國歷史上，長期存在著「人治」與「法治」、「任教」與「任法」之爭。儒家主張人治，重德教；法家則主張法治，行嚴刑峻法。王夫之作為儒家傳統的繼承者，有重德教的一方面，但由於他重視總結歷代統治者的經驗教訓，所以對法的必要性和重要性還是有著深刻的認識的，因此能夠在一定程度上把人治與法治、任教與任法統一起來。

王夫之這種任法與任教相統一的思想，首先表現在主張刑法教化，二者不可偏廢。他在談到法的局限性時指出：「夫法之立也有限，而人之犯也無方。以有限之法，盡無方之慝，是誠有所不能該矣。」（《讀通鑑論》卷四）為了解決這個矛盾，歷代統治者往往都是採取「律外有例，例外有奏准之令」的方法，「求以盡無方之慝，而勝天下之殘」。對於這種專任刑法的作法，王夫之表示反對。他說：「抑先王之將納民於軌物而弭其無方之奸頑者，尤自有教化以先之，愛養以成之，而不專恃乎此。」他認為，只要先之以教化，再輔之必要的刑法，就可以做到「律簡則刑清，刑清則罪允，罪允則民知畏忌，如是焉足矣。」（同上）

王夫之任法與任教相統一的思想，還表現在他既反對嚴刑峻法，又反對弄虛作假的「德化」。這一點，集中地反映在他對漢宣帝幾個大臣的評價上。他認為「以虔矯任刑殺」的趙廣漢、張敞和「多偽飾、寬嚴異」的黃霸，其「求名太急之情一也」。韓延壽「以禮讓養民，庶幾於君子之道，而為之已甚者亦飾也。」尹翁歸「雖察，而執法不煩；襲逐雖細，而治亂以緩；較數子之間，其愈矣乎！要此數子者，唯廣漢專乎俗吏之為，而得流俗之譽為最；其餘皆緣飾以先王之禮教，而世儒以為漢治近古，職此由也。」（《讀通鑑論》四）這就表明，王夫之不只是反對專「任刑殺」的法治，同時也反對那種「偽飾」的德教，關於後面這一點，他在揭露隋代辛公義、劉曠標榜德教的虛偽性時說得更加清楚：

> 自漢龔、黃、卓、魯之見襃於當代，於是有偽人者，假德教以與民相市，民之偽者應之，遂以自標而物榜之，曰此德化之效也。……至隋而蘇威剽竊《六經》之膚說以干文帝，帝利其說以詫治定功成之盛，始獎天下以偽，而辛公義、劉曠詭激飾詐之為，龁然表見以徼榮利。……當是時也，君臣相戕，父子相夷，兄弟相殘，將相相傾；……其所云德化者，一廉恥蕩然之為也。（《讀通鑑論》卷一九）

王夫之的這些分析表明，不僅那些殘酷的刑法可以成為暴君們統治的工具，而且那種虛偽的德化同樣可以成為他們的工具。他認為要使政治清明，就既要有必要的刑法，也要有真正的德化，「繼於其亂，先以刑禁；繼於其治，終以德化。」（《黃書·大正》）刑法和德化各有其用，二者是不能互相取代的。

第三節 「盡廢古今虛妙之說而返之實」

「以明心盡性之空言，代修己治人之實學」（顧炎武：《日知錄》卷七），這是明末清初的進步思想家在總結明王朝覆亡的原因時，所得出的一個共同結論。這個結論固然有以偏概全之嫌，但如果只從思想上找原因，還是有一定道理的。對此，王夫之也是有同感的。圍繞這個問題，他有不少論述：

> 故朱子以格物窮理為始教，而檃括學者於顯道之中；乃其一再傳而後，流為雙峰，勿軒諸儒，逐跡躡影，沈溺於訓詁。故白沙起

而厭棄之，然而遂啓姚江王氏陽儒陰釋、誣聖之邪說；其究也，爲
刑戮之民，爲闖賊之黨，皆爭附焉，而以充其無善無惡、圓融理事
之狂妄，流害以相激而相成，則中道不立、矯枉過正有以啓之也。(《張
子正蒙注·序論》)

這裏，王夫之既說明了王學產生的必然性，又指出了它的危害性。

王氏之徒……廢實學，崇空疏，蔑規模，恣狂蕩，以無善無惡
盡心意知之用，而趨入於無忌憚之域。(《禮記章句》卷四二)

這裏，指出了王學之要害就是「廢實學，崇空疏」。

正是有鑑於此，所以王夫之一生治學，突出地強調一個「實」字。其子
王敔對此曾有過概括的論述：

亡考慨明統之墜也，自正嘉以降，世教早衰，因以發明正學爲
己事，效設難作折，尤其於二氏之書，入其藏而探之……至於守正
道以屏邪說，則參伍於濂、洛、關、閩，以闢象山、陽明之謬，斥
錢、王、羅、李之妄，作《思問錄》內外篇，明人道以爲實學，欲
盡廢古今虛妙之說而返之實。(《大行府君行狀》)

正是從這種廢虛返實的精神出發，王夫之系統地批判了中國思想史上各種言
「空」言「無」的哲學流派，建立了以「太虛一實」爲基礎的哲學思想體系，
從而爲明清之際的一代實學思潮奠定了牢固的哲學基礎。

王夫之曾經指出，自魏晉唐宋以來，儒者之中存在的一個相當普遍的現
象就是溺於佛老：

陷於佛者，如李翺、張九成之沫，而富鄭公、趙清獻雖賢而不
免；若陸子靜及近世王伯安，則屈聖人之言以附會之，說愈淫矣。

陷於老者，如王弼注《易》及何晏、夏侯湛輩皆其流也；若王安石、
呂惠卿及近世王畿、李贄之屬，則又合佛、老以混聖道，尤其淫而
無紀者也。(《張子正蒙注·太和篇》)

爲什麼會出現這種「合佛老以混聖道」的情況呢？王夫之認爲他們是被佛老
的手法所迷惑。所以，爲了建立自己的「太虛一實」思想體系，就要徹底揭
露他們失誤的認識論原因，從而使人從「異端」的迷惑之中解脫出來。在這
方面，王夫之是直接繼承和發展了張載的思想的。張載在批判老子的「有生
於無」的觀點時曾指出，老氏之錯誤就在於割裂了有與無、虛與實的辯證統
一關係：「若謂虛能生氣，則虛無窮，氣有限，體用殊絕，入老氏有生於無自

然之論，不識所謂有無混一之常」（《張子正蒙注・太和篇》）。對張氏此論，王夫之是完全贊同的，他說：

> 老氏以天地如橐籥，動而生風，是虛能於無生有，變幻無窮；而氣不鼓動則無，是有限矣，然則孰鼓其橐籥令生氣乎？有無混一者，可見謂之有，不可見遂謂之無。其實動靜有時，而陰陽常在，有無無異也。……非動而後有陽，靜而後有陰，本無二氣，由動靜而生，如老氏之說也。（《張子正蒙注・太和篇》）

張載又指出，佛家的錯誤就在於把宇宙的現象和宇宙的本體割裂和對立起來：「若謂萬象為太虛中所見之物，則物與虛不相資，形自形，性自性，形性、天人不相待而有，陷於浮屠以山河大地為見病之說」（《張子正蒙注・太和篇》）。對此，王夫之發揮說：

> 浮屠謂真空常寂之圓成實性，止一光明藏，而地水火風根塵等皆由妄現，知見妄立，執為實相。若謂太極本無陰陽，乃動靜所顯之影像，則性本清空，稟於太極，形有消長，生於變化，性中增形，形外有性，人不資氣而生而於氣外求理，則形為妄而性為真，陷於其邪說矣。（《張子正蒙注・太和篇》）

可見，王夫之在分析佛老錯誤的認識論根源時，已經清楚地看出，它們共同的錯誤，就是把本體和現象、物質與運動割裂開來和對立起來。因此，他在創立自己的實學思想體系時，就特別注意把這兩個方面的問題結合起來，即既強調「太虛一實」，它是本體與現象的統一體；又強調「太虛本動」，它是物質與運動的統一體，從而把樸素的實有論與樸素的辯證法有機地結合了起來，使其哲學學說達到了中國哲學史上一個嶄新的高度。

王夫之在談到「太虛」（即宇宙本體）是什麼時，指出「太虛，一實者也。」（《思問錄・內篇》）那麼這個「實」又是什麼呢？他認為是「氣」：

> 陰陽二氣充滿太虛，此外更無他物，亦無間隙，天之象，地之形，皆其所範圍也。散入無形而適得氣之體，聚為有形而不失氣之常，通乎死生猶晝夜也。（《張子正蒙注・太和篇》）

這就是說，天地間萬物的變化都不過是「氣」的聚散的結果罷了。當事物產生的時候，它並不是無中生有，而是「氣」的一種聚集狀態；當事物解體時，它也不是從有到無，而不過是「氣」「散而歸於太虛，復其絪縕之本體，非消滅也」（同上）。這種情況，就像「車薪之火，一烈已盡，而為焰、為煙、為

爐，木者仍歸木，水者仍歸水，土者仍歸土，特希微而人不見爾。」（同上）
「氣」雖然是希微不見，但卻是實際存在的。所以王夫之特別用「誠」這個
範疇，來表述「氣」的這種客觀存在的實際性：

> 太虛，一實也。故曰「誠者，天之道」。（《思問錄・內篇》）

> 「誠」也者，實也。實有之，固有之也。無有弗然，而非他有
> 耀也。（同上）

> 夫「誠」者，實有者也，前有所始，後有所終也。實有者，天
> 下之公有也，有目所共見，有耳所共聞也。（《尚書引義》卷三）

儘管王夫之這種關於「氣」的「實有論」還沒有達到規代哲學關於物質一般
的理論高度，但他能從這種「實有論」出發，認識到客觀世界的變化只是實
際存在的「氣」的一種有形與無形之間的轉化，這在當時條件下，已經是難
能可貴的了，它為批判佛老的「從無到有」或以有為幻提供了堅實的理論基
礎。

王夫之不僅認識到「太虛一實」，而且認識到「太虛本動」。他說，「太
虛者，本動者也。」（《周易外傳》卷六）歷史的經驗證明，如果只在本體論
上堅持實有論，而不能在方法論上正確回答物質如何運動的問題，要徹底堅
持實有論的立場是不可能的；而一切唯心者的錯誤，除了在本體論上的失誤
之外，與它們在方法論上不能正確處理物質與運動以及運動與靜止的關係，
也是分不開的。例如周敦頤的《太極圖說》認為：

> 太極動而生陽，動極而靜，靜而生陰。靜極復動。一動一靜，
> 互為其根；分陰分陽，兩儀立焉。

就顯然是把運動與靜止割裂開來的。王夫之對古人的這種失誤的經驗教訓是
深有認識的，所以，他在建立自己的實有論思想體系時，特別注意解決這個
問題。他的「太極本動」的思想，就是對這個問題的回答。王夫之在《張子
正蒙注・太和篇》中曾說：

> 誤解《太極圖》者，謂太極本未有陰陽，因動而始生陽，靜而
> 始生陰。不知動靜所生之陰陽，為寒暑、潤燥、男女之情質，乃固
> 有之蘊，其絪縕充滿在動靜之先。動靜者即此陰陽之動靜，動則陰
> 變於陽，靜則陽凝於陰，一震、巽、坎、離、艮、兌之生於乾、坤
> 也；非動而後有陽，靜而後有陰，本無二氣，由動靜而生，如老氏
> 之說也。

王夫之這段話，爲先賢諱過的目的是很明顯的。因爲歷史事實證明，並不是人們誤解了周敦頤，而是周氏「如老氏之說」，把動靜、有無形而上學地對立起來了。王夫之的高明之處，就在於他糾正了周氏的錯誤，看到動靜乃陰陽「固有之蘊」，而「陰陽一太極之實體」，「蓋陰陽者氣之二體，動靜者氣之二幾，體同而用異則相感而動，動而成象則靜，動靜之幾，聚散、出入、形不形之從來也。」（《張子正蒙注・太和篇》）

王夫之這種建立在實有論基礎之上的樸素辯證法思想，具有兩個鮮明的特點：

一是突出地強調了矛盾的普遍性。王夫之認爲，作爲物質世界本原的太虛之氣，並不是一種無差別境界，相反，而是自始至終充滿著矛盾的。他說：

> 陰陽一太極之實體，唯其富有充滿於虛空，故變化日新，而六
> 十四卦之吉凶大業生焉。陰陽之消長隱見不可測，而天地人物屈伸
> 往來之故盡於此。（《張子正蒙注・太和篇》）

這就是說，在「太極」之中，陰陽（即矛盾）是無處不在的，它是一切事物發展變化的原因（「故」）。王夫之不僅認爲矛盾無處不在，而且認爲它們無時不在。他說的「動靜有時而陰陽常在，有無無異」（同上），就是講的這個道理。這就告訴我們，陰陽雙方總是同時存在，互相依賴的，而無先後之分。他的「乾坤並建」的命題，一就說明了這一點：

> 乾坤並建於上，時無先後，權無主輔，猶呼吸也，猶雷電也，
> 猶兩目視、兩耳聽，見聞同覺也。故無有天而無地，無有天地而無
> 人，而曰「天開於子，地闢於丑，人生於寅」，其說拙矣。無有道而
> 無天地，而曰「一生三，道生天地」，其說拙矣。（《周易外傳》卷五）

王夫之認爲，乾坤雖然是並建的，但矛盾的雙方又非「截然分析而必相對待之物」（同上書，卷七）。相反，而是既對立又統一的：「相反而固會其通」（同上書，卷七），「合二以一者，既分一爲二之所固有矣」（同上書，卷五）。正是由於王夫之正確解決了矛盾著的雙方對立與統一的關係，所以才能正確回答物質的自己運動問題。

二是突出地強調了運動的絕對性。這一點，又是與王夫之的矛盾觀分不開的。既然矛盾是無時不在、無處不在的，那麼運動也就是無處不在、無時不在的。關於這一點，王夫之有許多精闢的論述。首先，他肯定了運動是物質的固有屬性，發展了張載「動非自外」的觀點：「陰陽者氣之二體，動靜者氣之二幾」（《張子正蒙注・太和篇》）；「太虛者，本動者也。動以入動，不息

不滯。」（《周易外傳》卷六）既然運動是陰陽固有之幾，因此「欲禁天下之動，則亦惡從而禁之？」（同上）人們不僅不應禁止事物的運動，而且要充分認識運動在事物發展中的巨大作用：「動者，道之樞，德之牖也」（同上）。其次，王夫之比較深刻地分析了運動與靜止的關係。他認為這二者是互相依賴、互相包涵的：「動靜互涵，以為萬變之宗」（《周易外傳》卷四）。動靜雖然是互涵的，但又不是說它們的地位是相等的，因為從本質上來說，靜止不過是運動的一種特殊形態。王夫之雖然還沒有明確地認識到這一點，但在他的一些論述中，卻天才地猜測到了這一點：

> 太極動而生陽，動之動也；靜而生陰，動之靜也。廢然無動而
> 靜，陰惡從生哉！一動一靜，闔闢之謂也。由闔而闢，由闢而闔，
> 皆動也。廢然之靜，則是息矣。（《思問錄·內篇》）

> 靜者靜動，非不動也。（同上）

這樣，王夫之就駁斥了一切主靜論者的理論根據。最後，王夫之雖然強調運動的絕對性，但並不否認相對靜止的重要性。他認為這種靜止是事物存在的必要條件：「動而成象則靜」（《張子正蒙注·太和篇》）。「二氣之動，交感而生，凝滯而成物我之萬象」（同上）；「靜而有動，動留而生物；物生於俄頃之間，而其先皆有故也，一留而形成矣。」（《莊子通》）

由於王夫之把物質與運動有機地結合了起來，所以他就能夠比較順當和科學地解決長期以來人們爭論不休的理氣和道器關係的問題。在王夫之以前，有很多哲學家是把「理」或「道」看成在「氣」和「器」之前或之外而存在的東西，因此，他們不僅在本體論上犯了唯心的錯誤，而且在方法論上犯了割裂一般與個別的形而上學錯誤。對於這種割裂，王夫之是看得很清楚的，所以他在解決理氣和道器關係時，就特別注意從其統一上下功夫。王夫之在解釋張載「知虛空即氣，有無隱顯，神化性命，通一無二」一語時指出：

> 虛空者，氣之量；氣彌淪無涯而希微不形，則人見虛空而不見
> 氣。凡虛空皆氣也，聚則顯，顯人謂之有；散則隱，隱則人謂之無。
> 神化者，氣之聚散不測之妙，然而有跡可見；性命者，氣之健順有
> 常之理，主持神化而寓於神化之中，無跡可見。若其實，則理在氣
> 中，氣無非理，氣在空中，空無非氣，通一而無二者也。（《張子正
> 蒙注·太和篇》）

王夫之在這裏告訴人們，所謂「理」並不是離「氣」而獨存的神秘之物，而

不過是「主持神化而寓於神化之中」的「無跡可見」的東西。

有些人為了宣揚「道」是超乎客觀事物（「器」）而獨立存在的觀點，往往引用《易傳》中「形而上者謂之道，形而下者謂之器」這句話作為其論據。對於這種歪曲，王夫之明白地予以駁斥。他說：

> 「謂之」者，從其謂而立之名也。「上下」者，初無定界，從乎所擬議而施之謂也。然則上下無殊畛，而道器無易體，明矣。天下惟器而已矣。道者器之道，器者不可謂之道之器也。……形而上者，非無形之謂。既有形矣，有形而後有形而上。無形之上，亙古今，通萬變，窮天窮地，窮人窮物，皆所未有者也。故曰：「惟聖人然後可以踐形。」踐其下，非踐其上也。……老氏瞀於此，而曰道在虛，虛亦器之虛也。釋氏瞀於此，而曰道在寂，寂亦器之寂也。淫詞炙輠，而不能離乎器，然且標離器之名以自神，將誰欺乎？（《周易外傳》卷五）

王夫之對釋老批判之所以深刻、擊中要害，就是因為他始終抓住了「道」與「器」關係是虛與實、無形與有形、運動與物質的辯證統一。正因為王夫之深刻地掌握了理氣和道器關係的這種辯證統一，所以他堅決反對那種「天不變道亦不變」的形而上學思想。他認為「器」既然是不斷運動變化的，「道」也就勢必隨之而變。他說：

> 無其器則無其道，人鮮能言之，而固其誠然者也。洪荒無揖讓之道，唐、虞無弔伐之道，漢、唐無今日之道，則今日無他年之道者多矣。未有弓矢而無射道，未有車馬而無御道，未有牢醴璧幣、鐘磬管弦而無禮樂之道。則未有子而無父道，未有弟而無兄道，道之可有而且無者多矣。故無其器則無其道，誠然之言也，而人特未之察耳。（《周易外傳》卷五）

通過以上分析，我們看到，王夫之的確為明清之際的實學思潮奠定了比較紮實的哲學理論基礎。

第四節 「言必徵實」一和「行之為貴」

由於王夫之始終堅持「太虛一實」的立場，所以在他的治學態度上，便鮮明地形成了一種務實的學風。這種務實學風，突出地表現在以下幾個方面。

首先，為學力主經世致用。王夫之在剖析宋明理學的經驗教訓時，提出

兩條不同的治學路徑，即「順而言之」與「逆而推之」。他在《張子正蒙注·太和篇》中指出：

> 人之有性，函之於心而感物以通，象著而數陳，名立而義起，習其故而心喻之，形也，神也，物也，三相遇而知覺乃發。故由性生知，以知知性，交涵於聚而有間之中，統於一心，由此言之則謂之心。順而言之，則惟天有道，以道成性，性發知道；逆而推之，則以心盡性，以性合道，以道事天。惟其理本一原，故人心即天；而盡心知性，則存順沒寧，死而全歸於太虛之本體，不以客感雜滯遺造化以疵類，聖學所以天人合一，而非異端之所可溷也。

這段話表明，所謂「逆而推之」，即由末探本，從現象界出發，進而達到對心性這些道德本體的認識；所謂「順而言之」，即由本貫末，通過對心性這些本性的探討，從而把握「道」，以指導自己的行動。本來，這兩條路徑是相輔相成的。但歷史的事實表明，許多理學家往往只注意「逆而推之」，即只注重對心性這些道德本體的體認，而忽略或漠視了對「末」即現象界的研究。有鑑於此，所以王夫之的治學大體上是採取「順而言之」這一路徑的。他認為，道德本體的存在已確然無疑，學問的重點不在探求這個本體，而在從此主體向外發散，以成就具體的道德事業。所以，他特別重視經世致用之學。他認為，不論做什麼學問，都必須立足現實，以求「經世之大略」。這一點，尤為突出地體現在他的史論中。他說：

> 所貴乎史者，述往以為來者師也。為史者，記載徒繁，而經世之大略不著，後人欲得其得失之樞機，以效法之，無由也，而惡用史為？（《讀通鑑論》卷六）

> 蓋嘗論之：史之為書也，見諸行事之徵也。則必推之而可行，戰而克，守而固，行法而民以為便，進諫而君聽一以從，無取於似仁似義之浮談，只以致悔吝而無成者也。則智有所尚，謀有所詳，人情有所必近，時勢有所必因，以成與得為期，而敗與失為戒，所固然矣。（《讀通鑑論·敘論三》）

王夫之強調經世之用，但又反對將古代的某些典章制度或事例生搬硬套地用於現實。他說：

> 以古之制，治古之天下，而未可概之今日者，君子不以立事；

> 以今之宜，治今之天下，而非可必之後日者，君子不以垂法。故封
> 建、井田、朝會、征伐、建官、頒祿之制，《尚書》不言，孔子不言。
> 豈德不如舜、禹、孔子者，而敢以記誦所得者斷萬世之大經乎？（同
> 上書，《敘論四》）

王夫之認爲，治史的根本目的，是要掌握歷史事件的「得失之樞機」，吸收那
些「推之而可行」的經驗教訓。一句話，就是要通過對歷史事件的分析，把
握其中蘊涵的道，從而以爲立身行事之準則。這一點，他在《讀通鑑論》敘
論四中，說得十分明白：

> 其曰：「通」者，何也？君道在焉，國是在焉，民情在焉，邊防
> 在焉，臣誼在焉，臣節在焉，士之行己以無辱者在焉，學之守正而
> 不陂者在焉。雖扼窮獨處，而可自淑，可以誨人，可以知道而樂，
> 故曰「通」也。……道無方，以位物於有方；道無體，以成事之有
> 體。鑒之者明，通之也廣，資之也深，人自取之，而治身治世、肆
> 應而不窮。（《讀通鑑論・敘論四》）

其次，強調「言必有徵」，就是說任何學說、理論的建立，都必須從實際出發，
建立在確實可靠的事實基礎上。他說的「言天者徵於人，言心者徵於事，言
古者征於今」（《張子正蒙注・有德篇》），就是對這種「言必有徵」的全面詮
釋。如果沒有「可聞之實」作爲證據，任何理論不管它說得多麼動聽，王夫
之也是不相信的。正是基於這種精神，所以他批判了邵雍的「先天」說：

> 謂「天開於子，子之前無天；地闢於丑，丑之前無地；人生於
> 寅，寅之前無人」；吾無此邃古之傳聞，不能徵其然否也。謂「酉而
> 無人，戌而無地，亥而無天」，吾無無窮之耳目，不能徵其虛實也。
> 吾無以徵之，不知爲此說者之何以徵之如是其確也。考古者，以可
> 聞之實而已。知來者，以先見之幾而已。（《思問錄・外篇》）

正是由於王夫之立論時注意「徵其虛實」，所以他一生十分重視調查研究。

> 亡考自少喜從人間問四方事，至於江山險要，士馬食貨，典制
> 沿革，皆極意研究。讀史讀注疏，於書志年表，考駁同異，人之所
> 忽，必詳慎搜閱之，而更以見聞證之。（《大行府君行狀》）

王夫之「極意研究」「江山險要、士馬食貨，典制沿革」，正是經世致用思想
的具體表現。他「詳慎搜閱」人之所忽，「更以見聞證之」，則是他在學術上
能夠超出前人的思想基礎。王夫之重調查研究，以及通過調查研究而取得的

新認識，在他的著作中隨處可見，而尤集中體現在他所撰寫的一些諸經稗疏之中。對此，前人評價頗高。《清史稿・王夫之傳》曾指出：

> 其言《易》，不信陳搏之學，亦不信京房之術，於先天諸圖及緯書雜說，排之甚力。而亦不空談玄妙，附會老莊之旨。故言必徵實，義必切理。其說《尚書》，注釋經文，多出新義，然詞有根據，不同遊談。其說《詩》，辨正名物、訓詁，以補傳箋諸說之遺，皆確有依據，不爲臆斷。

王夫之治學，反對空談玄妙，不作遊談，不爲臆斷，強調「言必證實」，但又不是像某些狹隘的經驗主義者那樣，只局限於一己的見聞。相反，王夫之既重視感性認識，又重視理性認識，並且力圖使二者統一起來。王夫之清楚地看到，感性認識是有局限性的：

> 見聞之知，止於已見已聞，而窮於所以然之理。（《張子正蒙注・參兩篇》）

> 人之目力窮於微。

> 耳目之力窮於小。（同上書，《太和篇》）

爲此，王夫之強調「德性之知」的作用。這種「德性之知」雖然不等於我們現在所說的理性認識，但卻具有一種規律性認識的意味：

> 德性之知，循理而及其原，廓然於天地萬物大始之理，乃吾所得於天而即所得以自喻者也。（同上書，《大心篇》）

王夫之的這種「德性之知」與宋儒之論雖然還沒有完全劃清界限，但有一個特點，就是不是與「見聞之知」完全對立的，相反，他力圖使二者聯繫和統一起來。例如，他認爲「盡心存神之功」，「超乎聞見，而聞見皆資以備道也。」（同上書，《乾稱篇》）又說：「內心合外物以啓覺，心乃生焉，而於未有者知其有也；故人於所未見未聞者不能生其心」（同上）。正是由於王夫之能在一定程度上把感性認識與理性認識結合起來，所以他的實學思想的理論基礎就不像歐洲近代唯物論者那樣偏於經驗論，而是散發著一種理性主義的光輝。

第三，重「質測之學」，熱心探求西方近代科學技術。王夫之談到方以智時曾說過：

> 密翁（指方以智──引者）與其公子爲質測之學，誠學思兼致之實功。蓋格物者，即物以窮理，唯質測爲得之。若邵康節、蔡西

山，則立一理以窮物，非格物也。(《搔首問》)

方以智在言「質測」時指出：「物有其故，實考究之，大而元會，小而草木螽蠕，類其性情，徵其好惡，推其常變，是曰『質測』」(《物理小識・自序》)。這就是說，所謂質測之學是分門別類地研究客觀事物的特徵、特性和運動規律的學問，相當於今天所說的實證科學或自然科學。王夫之推崇「質測之學」，表明他對實證科學是持贊同態度的。王夫之的一些著作，特別是《思問錄・外篇》、《張子正蒙注》等表明，他對當時傳入的西方某些自然科學知識，也是持肯定和歡迎態度的。例如，他對「遠鏡質測之法」的肯定就是一例。

近代實驗科學的最顯著的特點，就是廢冥想與臆測，而重實驗與觀察。這一點，與王夫之的重調查研究的思想是基本一致的。正是由於王夫之重觀測、實驗，所以他的許多研究方法和論斷便頗具近代科學精神。例如，他說的「中國之天下，軒轅以前，其猶夷狄乎！太昊以上，其猶禽獸乎！禽獸不能全其質，夷狄不能備其文。文之不備，漸至於無文，則前無與識，後無與傳，是非無恒，取捨無據，所謂饑則呴呴，飽則棄餘者，亦植立之獸而已矣」(《思問錄・外篇》)，就很有進化論的意味。又如他說「車薪之火，一烈已盡，而為焰，為煙，為燼，木者仍歸木，水者仍歸水，土者仍歸土，特希微而人不見爾。一甑之炊，濕熱之氣，蓬蓬勃勃，必有所歸，若盫蓋嚴密，則鬱而不散。汞見火則飛，不知何往，而究歸於地」(《張子正蒙注・太和篇》)，這種關於物質不滅的見解，如果沒有深入的觀測和實驗，是無法提出來的。

第四，重實踐的知行統一觀。宋明理學家有所謂「知先行後」(程、朱)和「知行合一」(王陽明)，因而形成一種重知不重行、以知代行，空談心性的流弊。要矯正這種流弊，樹立一種新的務實學風，就不僅要從本體論上正確地解決世界的本原問題，還必須在認識論上正確解決知行關係問題。因為道理很清楚，如果不解決好知行關係，不僅正確的認識無法達到，而且也無法驗證認識的真理性，回答認識的目的。王夫之對明清之際實學思想的偉大貢獻，就在於他不僅從本體論方面為這個思潮奠定了思想基礎，而且正確地回答了知行關係問題，從而為這個思潮奠定了正確的認識論基礎。

王夫之認為知行既有別，又是「並進而有功」的。他說：

> 蓋云知行者，致知、力行之謂也。唯其為致知、力行，故功可得而分。功可得而分，則可立先後之序。可立先後之序，而先後又互相為成，則由知而知所行，由行而行則知之，亦可云並進而有功。

（《讀四書大全説・論語・爲政》）

這就是説，知和行是兩個內涵和外延都不相同的概念，但又是一對密不可分的範疇。王夫之在分析知行關係的時候，同樣充分運用了他的樸素辯證法思想，把知行關係作爲一個矛盾的統一體來研究。他説：

> 知行相資以爲用，惟其各有致功，而亦各有其效，故相資以互用，則於其相互，益知其必分矣。同者不相爲用，資於異者，乃和同而起功，此定理也。（《禮記章句・中庸衍》）

在中國哲學史上，自覺地把知行關係作爲對立統一的「定理」來研究的，王夫之恐怕還是第一人。正因爲他能夠辯證地探討知行關係，所以能夠避免前人在這個問題上的種種失誤。

例如，他強調行可兼知，知不可兼行，這就駁倒了那些知先行後，離行以爲知的錯誤觀點。他指出：

> 離行以爲知，其卑者，則訓詁之末流，無異於詞章之玩物而加陋焉；其高者，瞑目據梧，消心而絕物，得者或得，而失者遂叛道以流於恍惚之中。異學之賊道也，正在於此。而不但異學爲然也，浮屠之「參悟」者亦此耳。抑不但浮屠爲然也，黃冠之煉己沐浴，求透簾幕之光者亦此耳。皆先知後行，劃然離行以爲知者也，而爲之辭曰「知行合一」，吾滋懼矣！懼夫沉溺於行墨之徒爲異學哂也，尤懼夫浮游倘怳者之借異學以迷也。（《尚書引義・説命中二》）

王夫之的這一段話，可以説是向一切「異學」、「異端」宣戰的總宣言書，它從根本上揭露了他們認識論上的錯誤就在於鼓吹知先行後。它告誡人們，既不要沉緬於詞章訓詁，也不要「瞑目據梧，消心而絕物」，相反，要「知之盡，則實踐之而已」（《張子正蒙注・至當篇》）；「知而後行之，行之爲貴，而非但知也」（《周易外傳》卷一）。「行爲貴」，是王夫之認識論中最珍貴之點，也是明清之際實學思潮最根本的特點之一。

第五，名從實起，依實定名的名實統一觀。名實問題，是介乎理論與實踐、知和行之間的一個重要哲學問題。因爲名既然是由實而產生的，那麼人們如果不通過對宇宙根本規律的認識和研究，形成一套明確的概念（「名」）、判斷和推理組成的理論體系，就不可能正確指導自己的行動。所以王夫之在強調「行爲貴」的同時，十分重視把名實關係也奠定在實有論的基礎上。

王夫之所以重視名實關係，除了上述理論上的原因之外，還有其現實的

原因，這就是當時社會上普遍存在的「惜名廢實」、重名不重實、徒爭虛名等現象。例如，他在評論司馬光不接受畢仲遊關於加強理財的建議時就曾說過：

> 天子不言有無，大臣不問錢穀，名之甚美者也。大臣自惜其清名，而又爲天子惜，於是諱言會計，而一委之有司。……自矜高潔之名，而忘立國之本，此之謂惜名而廢實。（《宋論》卷七）

這種「正其誼而不謀其利，明其道而不計其功」（董仲舒語）的「自矜高潔之名」的傾向，是導致宋明不少儒者忘記「國本」，不關心「民瘼」，空談心性的重要思想原因之一。王夫之從名實關係的高度，對這種錯誤傾向加以撥正，正是爲了把人們的注意力引向現實，關心經世致用之學。

在談到名實關係的具體內容時，王夫之不僅深刻地論證了「名非天造，必從其實」「（《思問錄·外篇》）、「言必擬實」（《尚書引義·召誥無逸》）等原則，批評了「知實而不知名」的經驗論和「知名而不知實」的唯心論（參見《薑齋文集》卷一《知性論》），而且深刻地發揮了實異名必異、實變名必變的辯證法思想。例如他講「洪荒無揖讓之道，唐、虞無弔伐之道，漢、唐無今日之道，則今日無他年之道者多矣」（《周易外傳》卷五），就是說道的內容（實）是隨時代而不斷變化的，因而人們不僅要善於隨其變化而制其名，而且要使自己的思想適應這種變化，懂得因時變革的必要性。所以，王夫之的這種實變名必變的理論，又爲他政治上的改革思想提供了思想基礎。

第五節 「自然者天地，主持者人」

「自然者天地，主持者人。」（《周易外傳》卷二）這句話，反映了王夫之對人和自然的關係及人在自然和社會中地位的總的看法。它說明王夫之對人的地位及其主觀能動性的高度重視。這種重視固然仍帶有儒家傳統思想的色彩，但在一定程度上以也反映了十七世紀中國社會某些啓蒙思想的特徵。這種特徵也是也是爲明清之際的實學思潮所固有的。關於王夫之重人事的思想，表現在以下幾個方面：

首先，強調天人有別，反對天人感應。在古代，由於自然科學不發達，人們在嚴酷的自然力量面前感到無能爲力，因而相信「天」是有意志的，似乎人只能聽憑天意的擺佈。這種思想，到了階級社會，就形成了一種天命論

的世界觀，給「天人感應」和「命定論」，披上了神秘的理論外衣。

對於這種天命論，王夫之從理論上進行了系統的批駁。他指出：

> 太虛即氣，絪縕之本體，陰陽合於太和，雖其實氣也，而未可
> 名之爲氣；其升降飛揚，莫之爲而爲萬物之資始者，於此言之可謂
> 之天。（《張子正蒙注・太和篇》）

這就是說，「天」並不是什麼神秘之物，它不過是太虛之氣的運動變化過程罷
了。這種運動變化當然有其條理，這就是「天之理」，或稱「天道」。王夫之
認爲，人固然要以天之理爲理，但人類也有其獨有的特性，即「人道」。他說：

> 蓋嘗論之，天之明於人爲知，天之純於人爲仁，天之健於人爲
> 勇，是其主宰之流行，化生人物，爲所命之理，而凝乎性焉。然人
> 之與物，雖有偏全大小明暗醇疵之不同，而皆有之矣。惟此好學、
> 力行、知恥之心，則物之所絕無，而人之所獨也；抑天之所未有，
> 而二氣五行之精者凝合爲人而始有也。天地之生，人爲貴，貴此而
> 已；天有道，而人能弘之，弘此而已。（《禮記章句・中庸衍》）

正因爲人具有「天之所未有」、「物之所絕無」的獨特的特性，所以在人類的
社會活動中，必須「依人而建極」。他說：

> 道行於乾坤之全，而其用必以人爲依。不依乎人者，人不得而
> 用之，則耳目所窮，功效亦廢，其道可知而不必知。聖人所以依人
> 而建極也。（《周易外傳》卷一》）

這樣，王夫之就把人提到社會主宰的地位，給予高度的重視。

既然如此，所以他極力反對天命論：

> 俗俗諺有云：「一飲一啄，莫非前定。」舉凡瑣屑固然之事而皆
> 言命，將一盂殘羹冷炙也看得哄天動地，直慚惶殺人！且以未死之
> 生、未富貴之貧賤統付之命，則必盡廢人爲，而以人之可致者莫之
> 致，不亦舛乎！故士之貧賤，天無所奪；人之不死，國之不亡，天
> 無所予；乃當人致力之地，而不可歸之於天。（《讀四書大全說・孟
> 子・盡心上》）

其次，強調「人可相天」，「夫人相爲有功。」王夫之既然把人的地位提到空
前的高度，所以他認爲人在自然（「天」）和社會的客觀存在面前，並不是無
能爲力的。相反，而是可以「相天」、可以「造命」的：

> 堯、舜在上而下民有昏墊之咨，其時氣偶不順，於是聖人憂勤

以相天之不足，氣專於偏戾，而聖人之志在勝天，不容不動也。（《張子正蒙注・太和篇》）

> 君相可以造命，鄴侯之言大矣！進君相而與天爭權，異乎古之言俟命者矣。乃唯能造命者，而後可以俟命，能受命者，而後可以造命，推致其極，又豈徒君相爲然哉！……修身以俟命，慎動以永命，一介之士，莫不有造。（《讀通鑑論》卷二四）

當然，「相天」與「造命」並不是離開客觀規律而主觀任意妄爲，相反，而是在認識和掌握客觀規律的前提之下進行的。因此，王夫之認爲要眞正做到「相天」、「造命」，就必須認識客觀規律，特別是在社會生活中，要注意把握「理」和「勢」的關係，做到因「時」而動，見「幾」而作。王夫之認爲，「理」是寓於氣之中的不可見之物，它是通過氣之「條緒節文」而表現的，氣中由於具有理，所以就自然地表現爲一個發展過程和必然趨勢，這種客觀的發展過程和必然趨勢，就是「勢」。所以王夫之說：

> 言理勢者，猶言理之勢也，猶凡言理氣者，謂理之氣也。理本非一成可執之物，不可得而見，氣之條緒節文，乃理之可見者也。故其始之有理，即於氣上見理；迨已得理，則自然成勢，又只在勢之必然處見理。（《讀四書大全說・孟子・離婁上》）

在王夫之看來，「理」和「勢」之間是辯證統一的，天地之間沒有固定不變之理，也沒有一成不變的「勢」，一切都以時地爲轉移，「勢因乎時，理因乎勢」（《讀通鑑論》卷一二），「時異而勢異，勢異而理亦異」（《宋論》卷一二）。因此，人要發揮自己的主觀能動性，就必須「運以心，警以目，度以勢，乘以時」（《讀通鑑論》卷二四），也就是說要在認識規律的基礎上，根據客觀條件的變化，因勢利導把握時機，去爭取成功。相反，如果把本來是可以認識的客觀存在的理看成神秘不可知的東西，那就不僅談不到「造命」，而且只能束手待斃。

> 生有生之理，死有死之理，治有治之理，亂有亂之理，存有存之理，亡有亡之理。天者，理也；其命，理之流行者也。寒而病，暑而病，饑而病，飽而病，違生之理，淺者以病，深者以死，人不自知，而自取之，而自昧之，見爲不可知，信爲莫之致，而束手以待之，曰天之命也，是誠天命之也。理不可違，與天之殺相當，與天之生相背，自然其不可移矣，天何心哉？（《讀通鑑論》卷二四）

這裏，王夫之深刻地揭示了「天命」的實質：天並不是真正有什麼意志，而是由於人們不認識客觀規律、違背了客觀規律，並受到規律的報復。所以他說：「天固無喜怒，惟循理以畏天，則命在己矣。」（同上）王夫之強調人在把握客觀規律的前提下，具有「相天」、「造命」的可能性，這是對人類主體能動性的高度肯定。

第三，「即民以見天」。社會歷史生活是由人的活動所構成的，社會發展的客觀規律往往也是通過人心的向背而體現出來的。對此，王夫之似乎也已經察覺到了。他在談到「天」時，曾把它分為四類：「民之天」、「己之天」、「物之天」、「天之天」。他說：

> 聖人所用之天，民之天也；不專於己之天，以統同也，不濫於
>
> 物之天，以別嫌也；不僭於天之天，以安土也。（《尚書引義》卷一）

為什麼聖賢必須以「民之天」為天呢？王夫之認為作為自然的天，即「天之天」，與人「形異質離」，是「不可強而合」的；但是天的運動變化規律又是通過人類的活動反映出來的。例如，他指出「春溫夏暑，秋涼冬寒，晝作夜息，賞榮刑辱，父親君尊」就是賢智愚不肖所「眾著而共由」的「人之天」。它們是「教以之興，政以之立」的客觀基礎。（參見《尚書引義‧皋陶謨》）從王夫之對「人之天」的這種分析，表明他看到了人類社會生活與其他動物和自然界有著本質的不同。接著，王夫之又指出，儘管有這種不同，但是他們之間所遵循的規律又是一致的，他認為通過對民心的觀察，往往可以發現這種規律（「理」）：

> 蓋天顯於民，而民必依天以立命，合天人於一理。天者，理而
>
> 已矣。有目而能視，有耳而能聽，熟使之能然？天之理也。有視聽
>
> 而有聰明，有聰明而有好惡，有好惡而德怨，情所必逮、事所必興
>
> 矣，莫不有理存焉。故民之德怨，理所察也，謹所惡以宣聰明所必
>
> 察也。（《尚書引義‧泰誓中》）

既然民之德怨可以反映「天理」，那麼統治者要維持自己的地位就必須重民，對民的這種尊重實際上就是對天的尊重：

> 夫重民以天，而昭其視聽為天之所察，曰「匹夫匹婦之德怨，
>
> 天之賞罰也」，俾為人上者之知所畏也，古之人已虩虩乎其言之矣。
>
> 若夫用民而必慎之者，何也？民之重，重以天也。匹夫匹婦之德怨
>
> 為奉天以行好惡之準，而敢易言之乎？（《尚書引義‧泰誓中》）

王夫之的這種重民思想，固然有繼承和發揮古代儒家的民本主義思想的一方面，但也是基於對歷代社會階級矛盾、特別是明末農民起義教訓進行深刻分析的結果。例如他在談到唐末農民起義時的情況時曾指出：

> 裘甫之聚眾，旬日而得三萬，皆當年晝耕夜織、供縣官之箕斂者也。貨積於上而怨流於下，民之瓦解，非一日矣。王仙芝、黃巢一呼，而天下鼎沸，有司之敗人國家，不已酷乎！（《讀通鑑論》卷二六）

這就清楚地表明，人心的向背對政權的鞏固和穩定是至關重要的。所以，他反復告誡統治者：「扶危定傾，以得人心爲本務。」（《讀通鑑論》卷十三）

第四，「人欲之各得，即天理之大同」。自從孔子提出「君子喻於義，小人喻於利」（《論語‧里仁》）以來，歷代儒者都十分強調義利之辨；到了宋明理學，更是把天理與人欲截然對立起來，公然鼓吹「存天理，滅人欲」。而歷代統治者利用這個理論，一方面貪得無厭地搜刮民財，不給老百姓以起碼的生活條件，另一方面，自己則過著窮極奢靡的縱欲生活，因而激起了一次又一次的農民起義。王夫之既然強調統治者要注意「得民心」，就必然要從理論上矯正歷來理欲論中重理輕欲、重義輕利的偏頗，所以他提出了「理欲合一」的命題。他指出：

> 禮雖純爲天理之節文，而必寓於人欲以見，雖居靜而爲感通之則，然因乎變合以章其用。唯然，故終不離人而別有天，終不離欲而別有理也。離欲而別爲理，其唯釋氏爲然。蓋厭棄物則，而廢人之大倫矣。……隨處見人欲，即隨處見天理。（《讀四書大全說‧孟子‧梁惠王下》）

> 聖人有欲，其欲即天之理。天無欲，其理即人之欲。學者有理有欲，理盡則合人之欲，欲推即合天之理。於此可見：人欲之各得，即天理之大同；天理之大同，無人欲之或異。治民有道，此道也；獲上有道，此道也；信友有道，此道也；順親有道，此道也；誠身有道，此道也。故曰：「吾道一以貫之」也。（同上《論語‧里仁篇》）

對於王夫之「理欲合一」這個命題，現在人們更多地是從倫理學的角度去探討其意義，其實，與其說是一個倫理學命題，無寧說它是一個政治命題，即他自己說的「一以貫之」的「治民之道」。如果從這個角度去分析，我們就可以理解，爲什麼王夫之在談到理欲關係時，反復強調「公欲」、「私欲」之辨。

他的目的是希望社會的各個不同階級都能從社會的總體利益出發，去協調他們之間的關係。這種想法，在階級社會裏當然是行不通的。但是在客觀上，它卻在一定程度上具有抑制統治者的過分的欲望，滿足勞動人民合理欲望的作用。在王夫之的著作中，這方面的議論是根多的。例如，他說：

> 惟行者念民之足而不忍其不足，則生之爲有道而不徒聚之於上，則民心得焉，國勢昌焉，而自受無疆之福。（《四書訓義》卷一）

> 聚之之法，掊克之僉人日進其術，而蹈刑之窮民日極於死。於是而八口無宿舂，而民多捐瘠；饋餫無趨事，而國必危亡。（《宋論》卷三）

可見，王夫之的重民思想，雖然從總體上來說，還沒有完全超出儒家傳統的民本主義的範疇，但是通過對理勢關係、天人關係和理欲關係的論述，卻使之具有更加鮮明的理論色彩；他的社會歷史觀，不僅充分重視人的因素在歷史發展中的作用，而且在一定程度上看到了勞動群眾在社會發展中的地位，從而突破了傳統的「君子」與「小人」的界限，具有一定的啓蒙意義。

總之，王夫之是我國古代唯物主義的集大成者。他一生堅持愛國主義和唯物主義精神，一反明末空談不學之風氣，力闢陸王、側擊程朱，從而對宋明理學作了終結。同時以自己獨具特色而博大精深的唯物主義思想體系，爲明清之際實學思潮的高漲提供更堅實的哲學理論基礎。

（此文係陳鼓應、辛冠潔、葛榮晉主編之《明清實學思潮史》之第三十九章，本人寫作，齊魯書社 1988 年版）

王船山論賈誼

在王船山的著作、特別是其《讀通鑑論》中，對賈誼的評價頗多。縱觀這些評論有一個特點，就是王船山始終是站在正統儒家的立場上，對賈誼符合儒家觀點的言論充分予以肯定，而對其某些具有法家色彩的言論則批評不遺餘力。

一

王船山對賈誼充分加以肯定的，主要是以下幾個方面：

其一，是提倡砥礪廉恥與節行。文帝四年（前 176 年）因大臣周勃被誣謀反、下獄治罪事，賈誼上疏文帝，建議以禮對待大臣。他指出：「遇之有禮，故群臣自喜；厲以廉恥，故人務節行。上設廉恥禮義以遇其臣，而群臣不以節行而報其上者，即非人類也。」（《賈誼集·階級》）對賈誼提出的這種「厲廉恥」、「務節行」的觀點，王船山非常欣賞，並認為皇帝隨便戮辱大臣的作法是與廢除封建等級制，實行郡縣制分不開的。他說：「郡縣之天下，夷五等，而天子孤高於上，舉群臣而等夷之，賈生所以有戮辱太迫，大臣無恥之歎焉。」（《讀通鑑論》卷二，以下引船山語凡未注出處者均出此卷）船山還進一步發揮了賈誼「戮辱太迫，大臣無恥」的思想，指出：「身為士大夫，俄加諸膝，俄墜諸淵，習於訶斥，歷於桎梏，褫衣以受隸校之凌踐，既使之隱忍而幸於得生，則清議之譏，在後世而非即唾其面，詛咒之作，在窮簷而不敢至乎其前，又奚不可之有哉？」封建帝王憑一己之喜怒對待大臣，高興時可以把他們抱在膝上，不高興時可以把他們推入深淵，作臣子的整天只能瞧著帝王的臉色行事，阿諛奉承以博其歡心，哪裏還有什麼廉恥節氣可言呢？必須指出

的是，賈誼給文帝的上疏主要是從皇帝待臣下的角度強調要以禮，而王船山則進而指出，大臣廉恥心與氣節的養成故然與皇上的態度有關，同時也與爲臣者個人修養分不開。他認爲臣下雖「不能禁上之不以囚隸加己，而何不可禁己之無侯以相」呢？就是說，作臣子的雖無法阻止皇上用殘酷的刑罰來對待自己，但自己卻可以在受刑下獄之後拒絕繼續擔任帝王的將相。可歷史事實卻並非都如此，「蕭何出獄而仍相，周勃出獄而仍侯」，他們對自己「免於獄，不死於杖」，不以爲恥，反而「沾沾然自以爲榮」。船山認爲，這種人爲人主所不齒是當然的；人主說他們「是嘗與囚隸同撻繫而不以爲恥者也，是惡足改容而禮乎！」這也就難怪了。船山指出，皇上不以禮待大臣，大臣不能以氣節持己，這種「夷風漸染，君臣道喪」的結局，當然爲「賈生所宜痛哭者也。」王船山肯定和讚賞賈誼強調帝王以禮對待大臣，以養成臣下的廉恥之心和節氣，這是對正統儒家倡導的「君使臣以禮，臣事君以忠」（《論語·八佾》）和「君子無求生以害仁，有殺身以成仁」（《論語·衛靈公》）思想的繼承與發揮。在封建社會，儒家的這些思想，對養成官吏的良好風氣是有積極意義的。

其二，諫鑄錢以重農。西漢初期，國家壟斷銅幣的鑄造，禁止民間私鑄。文帝五年下詔，廢除禁令，允許民間私鑄，以示不與民爭利。對此，賈誼上《諫鑄錢疏》，不贊成私鑄，其最根本的一條理由就是私鑄必然導致輕本重末，影響農業生產。他說：「今農事棄捐，而採銅日蕃，釋其耒耨，冶熔炊炭，奸錢日多，五穀不爲多。」（《賈宜集·諫鑄錢疏》）對於賈誼的觀點，王船山是十分贊成的，並對之作了闡發，指出，文帝所謂不與民爭利的說法是站不住腳的：「文帝除盜鑄錢令，使民得自鑄，固自以爲利民也。夫能鑄者之非貧民，貧民之不能鑄，明矣。」鑄錢既要有資金，還要有設備和勞力，這些生產條件只有富人才具備，貧民是無能爲力的。所以文帝的「利民」只是利了富民而害了貧民，加深社會的兩極分化，即他所說的「奸富者益以富，樸貧者益以貧。」王船山進而指出，爲了加強農業這個根本，不僅銅錢不能任民自鑄，而且像煮鹽、種茶之類「末業」，亦不能「聽民自擅」。他說：「抑末以勸耕，獎樸而禁奸，煮海種山之不可聽民自擅；而況錢之利，坐收逸獲，以長豪黠而奔走貧民，爲國奸蠹者乎！」顯然，王船山在此是以正統儒家「重本抑末」思想爲依據來闡發賈誼的重農思想的。

其三，忠於職守的獻身精神。賈誼一生大部分時間任太傅之職。開始任

異姓王長沙王吳差的太傅，後改任文帝最寵愛的少子梁懷王劉輯的太傅。文帝十一年（前 169）梁懷王進京朝見文帝，不慎從馬上掉下摔死，「賈生自傷為傅無狀，哭泣歲餘，亦死。」（《史記·屈原賈生列傳》）對於賈誼這種忠於職守的獻身精神，王船山表示欽佩。他曾以賈誼與唐代著名大臣陸贄相比較，認為「傅梁懷王，王墮馬死，誼不食死，贄弗能也。」又說：「輔少主、嬰孤城、仗節守義，以不喪其貞者，贄不如誼。」「仗節守義」、「不喪其貞」，顯然這也是王船山站在正統儒家忠信節義的立場對賈誼的崇高評價。

二

王船山對賈誼既有肯定又有批評者，主要是以下幾個方而：

首先，肯定其興禮樂的主張，但批評他沒有抓住根本。文帝即位初期，賈誼任大中大夫時曾上《論定制度興禮樂疏》，「以為漢興至孝文二十餘年，天下和洽，而固當改正朔，易服色，法制度，定官名，興禮樂」（《史記·屈原賈生列傳》）。可是由於文帝之「謙讓」，未能實行。王船山對賈誼這一建議是贊成的，他說：「漢興，至文帝而天下大定。賈誼請改正朔、易服色、定官名、興禮樂，斯其時矣。」在分析賈誼這一建議為什麼不被文帝採納時，王船山認為是由於賈誼只會就事論事，而沒有抓住「學問」這個根本。他說：「誼之不勸以學而勸以事則亦詔相工瞽之末節，方且行焉而跛倚，聞焉而倦臥，情文不相生，焉足以興？故文帝以謙讓，誠有歉於此也，固帝反求而不容自誣者也。禮樂不待興於百年，抑不可遽興於一日，無他，惟其學而已矣。」那麼王船山講的「學」是什麼學呢？就是儒學，其具體內容就是「導之以中和之德，正之於非僻之萌，養之以學問之功，廣之以仁義之化，使涵泳於義理之深。」可是賈誼的學問並非純乎儒學，還夾雜有不少刑名法術之學；而文帝尊奉的又是「黃、老之心」，這種學問上的扞格，使賈誼興禮樂的主張行不通，也就是必然的了。不僅如此，王船山還認為文帝和賈誼這種學術思想路線的分歧，還是賈誼離開朝廷、被貶為長沙王太傅的原因。他說：「誼固非周公，籍令其能如周公，而帝以黃、老之心行中和之矩範，自顧其不類而思去之，又奚能以終日乎？」所謂「誼固非周公」，是說賈誼並非純然儒者；所謂「中和之矩範」是指儒家的禮樂制度，要文帝以「黃老之心」行儒家的禮樂制度，當然是不倫不類的。既然「不類」，當然就會「思去之」。所以賈誼見疏於文帝，被貶長沙也就是必然的了。過去，關於賈誼見疏於文帝的原因，

歷史上都是說因大臣周勃、灌嬰等人的排斥、譖毀，而王船山則從思想上指出了文帝與賈誼之間的分歧，這一認識是深刻的。

其次，肯定賈誼注意太子教育是「本論」，但批評他段有抓住本中之本。賈誼長期充任太傅，在太子教育方面積累了不少經驗。《賈誼集》中之《保傅》、《禮》、《胎教》等很多篇著作都是專談或涉及太子教育的問題。他認爲太子教育具極大的重要性：「天下之命，懸於太子；太子之善，在於早諭教與選左右。心未濫而先諭教，則化易成也；夫開於道術，知義之指，則教之功也。若其服習積貫，則左右而已矣。……夫教得而左右正，則太子正矣，太子正而天下定矣。」（《賈誼集‧保傅》）對賈誼重視太子教育，王船山是肯定的，指出：「賈生之論教太子，本論也。」但他認爲，賈誼教育太子的理論存在兩個嚴重缺點：其一，是過於強調老師的作用，而忽視環境薰染的作用。本來賈誼強調慎選太子的左右是注意到了環境的作用的，但王船山認爲這實際上很難做得到，他說：「士庶之子，杯酒之耽，博奕之好，奪其欲而教之，且反唇曰『夫子未出於正』矣。況天子之子，淫聲曼色交於前，婦人宦寺羅於側，欲有與導，淫有與宣；爲君父者，忘志慮之勞，憚身體之苦，逐鐘鼓馳驅之樂，徒設嚴師以閑之於步履拜揖之間，使其聽也，一偶人之威儀也。」就是說，太子出生之後，終日處於淫聲曼色的環境之中，其君父也只知道尋歡作樂，在這種情況之下，要靠一個嚴厲的老師來引導他走正路，實在是很困難的。其二，王船山認爲賈誼太子教育的內容不對。他指出，賈誼是「以逸樂爲德，以法術爲治，以虛文飾貌爲道，以師保傅之諄諄爲教，此俗儒之徒以苦人，而父子師友之間，相蒙以僞。」在賈誼關於太子教育內容的論述中，的確有一些重法術的內容，如「教之任術，使能紀萬官之職任，而知治化之儀」（《賈誼集‧傅職》）。這當然是王船山所不能接受的。同時，賈誼在強調禮教時，也過於重視形式，在其《容經》一文中，對太子和帝王的一言一行、一步一趨的禮儀均有嚴格而繁瑣的規定，因此他的《保傅》和《胎教》兩文被漢人戴聖收入《大戴禮記》，成爲儒家禮教的重要內容。所以王船山批評他的教育內容是「以虛文飾貌爲道」有一定道理。在王船山看來，教育重在內容不在形式：「成王幼而武王崩，無所取儀型也，則周公賦豳風，陳王業之艱難；作《無逸》，舉前王之乾惕；遙立一文、武以爲之鵠。亦惟文、武之果可以爲鵠，而後周公非空言以冀其觀感。」這裏講的教育，既有傳統教育，也有理想教育，且純爲儒家的傳統和理想。站在這樣一種立場，王船山當然會

不滿於賈誼的夾雜法術在內的太子教育，並批評賈誼之論「非立教之本論也」。

第三，肯定賈誼「哀屈子至」、「爲屈子謀周」，但認爲他「知屈子則未」。賈誼一生十分推崇屈原，他在赴長沙王太傅途中，道經汨羅，曾作《吊屈原賦》，其賦作也刻意效法屈原。《楚辭》中有一篇賦名《惜誓》，對於是否爲賈誼所作人們有不同看法。在《楚辭通釋》中，王船山肯定爲賈誼所作。王船山在解釋《惜誓》的題旨時說：「惜誓者，惜屈子之誓死，而不知變計也。誼意以爲屈子忠貞既竭，君不能用，即當高舉遠引，潔處山林，從松喬之遊。而依戀昏主，迭遭讒毀，致爲頃襄所竄徒，乃憤不可懲，自沉汨羅，非君子遠害全身之道，故爲致惜焉。」（《楚辭通釋》卷十一）在《惜誓》中，賈誼有「彼聖人之神德兮，遠濁世而自藏」的話，哀歎屈原沒有隱遁。對此，王船山頗不以爲然。他說：「聖人遠屈伸以利用，無道則隱，屈子遠遊之志不終，自投於淵，無救於楚，徒以輕生，誼所爲致惜也。其哀屈子至矣，其爲屈子謀周矣，然以爲知屈子則未也。」（同上）我覺得王船山說賈誼「哀屈子至矣」是對的，但說他「知屈子則未也」卻與事實不符。因爲儘管賈誼「爲屈子謀周矣」之「謀」，帶有道家遁世色彩，即所謂「遠濁世而自藏」，但如果聯繫其《吊屈原賦》中所說「歷九州而相其君兮，何必懷此都也」來看，仍然是入世的。因此，綜合其「自藏」與「相君」這兩個方面的說法，與儒家「窮則獨善其身，達則兼善天下」的說法並無本質區別。在某種意義上來說，「相君」比消極地待「達」更積極一些。賈誼指出，當時在屈原面前本來還擺著兩條道路：一條是「歷九州而相其君」，一條是「遠濁世而自藏」，可是他都不走，而執著地「懷此都」，這就更加反襯出屈原形象之高大、品德之高尚，愛國心之摯著，即王船山所說的「忠臣有死無貳」的堅貞態度。因此我覺得，與其說賈誼不知屈子，無寧說他深知屈子。

三

王船山對賈誼著力加以批評的，主要是以下幾個方面：

一是批評賈誼不當貶道以誘君。賈誼在《數寧》中對文帝說：「使爲治，勞知慮，苦身體，乏馳騁鐘鼓之樂，勿爲可也。」就是說，如果成天忙於政務，而缺乏像打獵、聽音樂那樣的樂趣，就不必那樣去忙碌。賈誼認爲要想國家得到長治久安，而君主又能得到安逸，那就只有建立法制，即所謂「立經陳紀，輕重周得，後可以爲盛世法」《賈誼集·數寧》。對賈誼這種「立經

陳紀」的主張，王船山十分反感。他說，古代的那些賢相如伊尹、傅說、周公等人是從來不勸君主耽於逸樂的，相反，而是諄諄告誡他們不要貪圖那些不該享受的安逸。可是賈誼卻勸文帝以法術治天下，以此來換取個人逸樂，船山認為這與李斯的主張差不多了。因為李斯曾上書秦二世說：「夫賢主者，必且能全道而行督責之術者也。督責之，則臣不敢不竭能以絢其主矣。」這樣，人主便「能窮樂之極矣」（《史記·李斯列傳》）王船山指出，李斯這個主張只是替人主一人著想而不是替天下著想，因為「任法，則人主安而天下困；任道，則天下逸而人主勞」（《讀通鑑論》卷一）。賈誼步李斯的後塵，企圖「以法術制天下」使皇帝「勞天下以自豫」，這種作法雖然可能行於一時，但卻是無法維持長久的。王船山進而指出，幸虧文帝不是像秦二世胡亥那樣的荒淫昏暴之主，「文帝而胡亥，誼雖欲自異於李斯也不能。」因此，他不贊同後世有人說賈誼「善誘其君以興治」的說法。

二、是批評賈誼「眾建諸侯而少其力」的主張是「陽予陰奪」之術。賈誼「眾建諸侯而少其力」的主張，歷來被人們給以高度評價，認為它有利於削弱諸侯王地方勢力，鞏固和擴大中央政府權力，維護國家統一。這主要是從政治上立論的。王船山卻獨具慧眼，從思想路線上進行分析，指出這不過是法家的一種權術。他說：「割諸王之地而眾建之，富貴驕淫之子，童心未改，皆使之南面君人，坐待其陷於非辟，以易為褫削。此陽予陰奪之術，於骨肉若仇讎之相逼，而相糜以術，誼之志亦奚以異於嬴政、李斯？而秦，陽也；誼，陰也；而誼憯矣！」就是說，賈誼「眾建」的目的是暗中為消滅諸侯王創造條件。當然王船山並不是反對消滅諸侯王，但他以為消滅的方法不在於「眾建」而在於掌握時機。「若文帝者，可與知時矣」，所以沒接受賈誼的建議。王船山還認為賈誼對付諸侯王的政策也是自相矛盾的，因為他一方面主張「眾建諸侯而少其力」，另一方面卻建議文帝擴大自己兩個親生兒子梁王和淮陽王的封地。王船山批評賈誼使文帝對「己之昆弟，則親之、信之；父之昆弟，則疑之、制之」，「私所親而不慮貽他日尾大之憂，是僕妾之智也。」

三、是批評賈誼制匈奴的「三表五餌」也是法家之術。「三表五餌」之內容見於《賈誼集·匈奴》，賈誼是作為「帝者戰德」的方法提出來的。細觀其內容，固然不乏儒家仁愛忠信的辭句，但「五餌」的「餌」字，就很有「放長線釣大魚」的權術味道。而賈誼的目的也確實如此，他希望通過這「五餌」對匈奴民眾「牽其耳、牽其目、牽其口、牽其腹」又「引其心」，從而使其降

服。王船山對賈誼的這個主張進行了激烈的批評，說他「任智任法，思以制匈奴……其三表五餌之術，是嬰稚之巧也。」

縱觀王船山對賈誼的批評，可以發現大多是不滿於其思想中的法家觀點。王船山曾說：「誼之爲學，粗而不純。」所謂「粗」是指賈誼思想體系不精密、觀點前後不一致，如對待諸侯王政策的自相矛盾等；所謂「不純」，則指賈誼思想中夾雜了法家和某些黃老思想。王船山對黃、老「以幾遠害」之道是讚賞的，可是對申韓之法術就特別不能容忍。因此他對賈誼思想中的法家色彩反復進行批評，是很自然的。同時必須指出，王船山這種批評又是超越前人的。

司馬遷在《史記·自序》中曾說：「賈生晁錯明申商」，是明確地將晁錯、賈誼列入法家的。可是這一論斷並未引起後人重視。自從《漢書》開始，歷代正史之《藝文志》和絕大部分目錄學著作都將賈誼列爲儒家。這是因爲，一方面，賈誼在總結了秦王朝嚴刑峻法導致二世而亡的教訓，在其著作中突出地強調行禮治，施仁義；另一方面，賈誼雖口口聲聲主張禮治，但從來也不忘法治，他甚至提出：「仁義恩厚，此人主之芒刃也；權勢法制，此人主之斥斧也」（《賈誼集·制不定》），認爲禮法二者不可偏廢，必須交替使用。賈誼的這一思想被董仲舒等所繼承，並發展成陽儒陰法、外儒內法，成了漢以後儒家的一個重要特點。所以歷代儒家學者多將賈誼歸入儒家一類，是不足爲奇的。而王船山卻一反這種傳統的作法，在其評論中著力指出賈誼思想中的法家內容，這表明王船山的儒家立場更接近於先秦的原始儒家。

（此文原載《湖南社會科學》「船山研究專刊」1991 年 7 月出版）

王船山的重民思想

重民思想——中國古代思想家探討的基本課題之一。

歷史上，不論是儒家、法家、道家，儘管其學術觀點各有歧異，但在長期的政治鬥爭實踐中，取得一種共識：庶民百姓的向背對於維護其所代表階級的統治地位和根本利益具有決定性意義。於是，他們在艱苦的理論探索中創造了「重民」概念，並對之進行多方面探討，提出了一系列觀點與學說，成為中國古代思想文化寶庫中一顆顆璀璨明珠。王船山作為明清之際集中國古代政治思想之大成者，對此問題自然也進行了深入的研究，他回溯歷史，反思現實，以儒家為主旨，兼采法家、道家之長，提出了相當完整而又頗具特色的重民思想體系，是對中國古代重民思想的批判總結。

一、從唯識物主義「天道觀」的高度，闡發儒家「即民見天」
思想並賦予新意

根據現存文獻，我國歷史上重民思想的出現，最早見於西周。當時統治者吸取夏商兩朝滅亡的教訓，開始否定「天」的絕對統治地位，提出「即民見天」思想。《尚書》說：「天視自我民視」，「天聽自我民聽」；「欲至於萬年惟王，子子孫孫永保民。」意思是說，「天意」是通過「民心」、「民情」表現出來的。為王者要千秋萬世保持自己的統治地位，就要永遠執行「保民」政策。這裏雖然還沒有徹底否定「天意」、但已把民抬到了與天並列的地位，認識顯然提高了一步。春秋時期，由於東周王室的衰微和諸侯之間長期的兼併戰爭，促使人們的天命觀進一步動搖，與之相適應，傳統的重民思想也獲得新解釋。比如，魯國季梁說：「夫民，神之主也，是以聖王先成民而後致力於

神。」《左傳‧桓公六年》）虢國史囂則提出：「國將興，聽於民；將亡，聽於神。」（《左傳‧莊公三十三年》）把「民」的地位抬得比「天」或「神」還高，把「聽於民」還是「聽於神」看作關係國家興亡的大事，這是重民思想的一個重要進展。這時，重民思想的新進展還特別表現在一些有識見的思想家和政治家開始意識到，在統治者與被統治者之間，除了存在利益對立的一面外，還存在著利益同一的一面，從而更加自覺地堅持保民思想。《左傳‧文公十三年》記載：「邾文公遷於繹。史曰『利於民而不利於君。』邾子曰：『苟利於民，孤之利也。天生民而樹之君，以利之也。民既利矣，孤必與焉。』」這是對君民之間利益同一性的生動描述。

到了戰國時期，出現了以儒家、法家、道家等學派的百家爭鳴局面。當時各家提出的治國方略雖然各不相同，但都程度不同地論述了重民思想。其要點有以下幾方面：第一，民為立國之本。老子說：「故貴以賤為本，高以下為基。」（《老子》第 39 章）這裏說的「賤」與「下」，主要是指庶民階層（也包括破產了的奴隸主貴族）。韓非說：「明君之所以立功成名者四：一曰天時；二曰人心：三曰技能；四曰勢位。」（《韓非子‧功名》）把「人心」視為明君創業立功的一個僅次於天時的重要條件。孟子則講得更為明確：「民為貴，社稷次之，君為輕。」（《孟子‧盡心下》）在把「民」抬得比「天」還高的基礎上，進而在社會領域內明確地把「民」又置於社稷和人君之前，這是對傳統重民思想的突破性發展。第二，君民之間的關係具有二重性。「民」對「君」來說，既可成為人君立國之本或統治的根基，又可成為導致統治者地位動搖和崩潰的摧毀性力量。老子說：「民不畏死，奈何以死懼之」（《老子》第 74 章）；「民不畏威則大威至。」（同上第 72 章）老子是深刻瞭解「不畏死」、「不畏威」之民對王統治者地位安危的極端重要性的。韓非說：「民怨則國危」（《韓非子‧難一》）。講求嚴刑峻法的法家也深知民心之向背乃國家存亡之所繫。荀子集先秦重民思想之大成，以形象的語言告戒人們：「君者，舟也；庶人者，水也。水則載舟，水則覆舟。」（《荀子‧王制》））以水與船的關係比喻君民關係的二重性特點，可謂貼切而深刻。第三，基於上述原因，聖明的君主無論是採取哪家學說，都必須以「保民」、「重民」為旨歸，才能贏得人心，鞏固自己的統治。道家講無為而治，實際上是要人君不可對庶民濫施刑罰，進行無饜的榨取：「民之饑，以其上食稅之多，是以饑；民之難治，以其上之有為，是以難治。」（《老子》第 75 章）其本質就是要人君注重「保民」。法家

講法治，亦是以「保民」爲旨歸。韓非說：「有道之君，外無怨仇於鄰敵，而內有德澤於人民。」(《韓非子・解老》) 所謂「內有德澤於人民」，就是主張「保民」，「重民」。儒家講「仁政」，其保民、惠民的旗幟更爲鮮明。孟子說：「保民而王，莫之能禦也。」(《孟子・梁惠王上》) 荀子說：「庶人駭政，莫若惠之。」(《荀子・王制》)《呂氏春秋・愛類》篇也大講人君必須行「保民」「惠民」政策，「聖人南面而立，以愛利民爲心」；「人主有能以民爲務者，則天下歸之矣。」如此等等。在漢以後的整個封建社會中，儒家思想逐步占居上風，儒家中各派都強調重民。從漢代賈誼提出「民者，萬世之本」，「聞之於政也，民無不爲本也。國以爲本，君以爲本，吏以爲本」(《賈誼集・大政上》)，到董仲舒提出「天之生民，非爲王也，而天立王以爲民」，「其德足以安樂民者，天予之；其惡足以賊害民者，天奪之」(《春秋繁露》第二十五)；從唐代李世民提出「君依於國，國依於民。刻民以奉君，猶割肉以充腹，腹飽而身斃，君富而國亡」(《資治通鑑》卷一九二)，到柳宗元提出「受命不於天，於其人；休符不於祥，於其仁」(《貞符》)；從宋明時代朱熹提出「天下國家之大務，莫大於恤民」(《朱子大全・庚子應詔封事》)，到黃宗羲提出「蓋天下之治亂，不在一姓之興亡，而在萬民之憂樂」(《明夷待訪錄・原臣》) 等等，都可以看到這種以「保民」、「惠民」爲中心的重民思想。

在對歷史上重民思想進行簡略的回顧後，再來考察王船山的重民思想，就能清楚地看到，它是對傳統儒家重民思想的直接繼承，而其發揮則首先在於，從唯物主義「天道觀」的哲學高度，闡發了儒家「即民見天」思想，並賦於它以新的內涵。

如前所述，儒家「即民見天」思想最早出現於西周。由於時代條件的限制，當時人們心目中的「天」帶有濃厚的神秘主義色彩，在很大程度上被視爲有意志的、能夠主宰世界的至上神。這種狀況，在漢代以後仍沒有根本改變。漢代董仲舒提出「天人感應說」，鼓吹「天者，百神之大君也」(《春秋繁露・郊議》)，「王承天意以成民之性爲任者也」(同上《深察名號》)，就是認爲天是有意志的。唐代韓愈提出的「貴與賤、禍與福存乎天」〔《與衛中行書》〕的「天」也帶有明顯人格神的色彩。宋明時期，理學家們提出「天理」說，表面上否認了人格神的存在，但由於他們竭力宣揚「未有天地之先，畢竟先有此理」，「萬一山河大地都陷了，畢竟理卻在這裏」(《朱子語類》卷一)，實際上是把「天理」視爲世界萬事萬物的本原，因而其「天理」本質上仍是神

的化身。

在天道觀上，王船山繼承了以荀子、劉禹錫等人為代表的唯物主義思想。他用氣化論觀點更加透徹地論述了天的本質，強調人們必須明於天人之分，天道不可違反。「人之道，天之道也；天之道，人不可以之為道者也」（《續春秋左氏傳博議》卷下），明確指出，在天的面前，人並非無能為力，而是大有作為的：「故天之所死，猶將生之；天之所愚，猶將哲之；天之所無，猶將有之；天之所亂，猶將治之」（《讀四書大全說·孟子·離婁上》）。不僅如此，王船山還曾借解釋孟子的話，進一步把天定義為理與勢的統一：「孟子於此，看得『勢』字精微，『理』字廣大，合而名之曰『天』」〔同上，《盡心上》〕。這就使傳統的「即民見天」思想獲得了新的內涵，也使傳統的重民思想獲得了新的理論說明。

在王船山看來，「天」首先表現為「理」，「凡理皆天」（《尚書引義·泰誓》）。「天者，理而已矣。」（《讀四書大全說·孟子·盡心上》）然而這個「理」並不像宋明理學家所說的那樣，是一種神秘的「天理」，而是自然界（包括社會）陰陽二氣運動變化的客觀規律，「理即是氣之理，氣當得如此便是理」（《讀四書大全說·孟子·告子上》）。另一方面，這種「理」的具體表現形式就是「勢」，「故其始之有理，即於氣上見理；迨已得理，則自然成勢，又只在勢之必然處見理」（同上，《離婁下》）。在中國思想史上，講「勢」的問題並非自王船山始，法家講勢雖包括自然之勢，但更重視人為之勢；柳宗元講勢，雖具有「必於自然」的客觀趨勢的含義，卻未能展開論述。王船山的高明處，在於他明確提出了理勢合一的觀點，並且具體論證了二者之間的相互聯結。在他看來，並不是任何勢都可以表現為理，只有那「勢之必然處」才是理之所在和理的表現，而這也就是「天」，「順必然之勢者，理也；理之自然者，天也」（《宋論》卷七）。這樣就把理與勢的關係說得更為全面和深刻。

不僅如此，王船山還進而提出，在社會歷史領域內，人們把握理勢統一的「天」，其基本途徑是瞭解「民心」、「民情」之所向，「知天道之在人心」（《讀通鑑論·東晉安帝》）。只有從瞭解「民情」、「民心」中去瞭解理之所在，勢之所存，才能真正達到「知天」的境界。「君子所貴於智者，自知也，知人也，知天也」。「『天聰明，自我民聰明；天明威，自我民明威。』即民之聰明明威而見天之違順，則秉天以治人，人之可從可違者審矣。」（同上）

由於只有從庶民百姓的「聰明明威」中，才能知天，才能瞭解理勢之所

在，因而重民思想對於人君來說，便是一個是否「秉天以治人」，即是否遵從事物發展的客觀趨勢來治理人民的問題，它直接關係到事業的成敗。「君子順乎理而善因乎天，人固不可與天爭矣。天未然而爭之，其害易見。」（「宋論」卷七）因此，任何一個統治者，在如何對待「民」的問題上都不能不取極其慎重的態度，「尊無與尚，道弗能踰，人不得違者，惟天而已。曰『天視自我民視，天聽自我民聽』，舉天而屬之民，其重民也至矣。雖然，言民而繫之天，其用民也尤慎矣。」（《尚書引義·泰誓》）這裏所說的「舉天而屬之民」、「用民也尤慎」，都是強調人君必須堅持重民思想，要「徵天於民，用民以天」（同上），而不可任意胡來。然而，作為古代辯證思想家的王船山在強調人君必須從「民心」、「民情」中去把握理勢統一的「天」時，又注意提醒人們防止兩方面的片面性：一方面是「捨民而言天」。即離開「民心」、「民情」去談論瞭解「天」。其結果將會陷入「合乎符端圖讖以僥倖，假於時日卜筮以誣民」的神秘主義；另一方面是「捨天而言民」。即片面地強調順從「民心」、「民情」，而忽視從「民心」「民情」中去進行理性思考，以探求理之所在，其結果不是陷入眾說紛紜而莫衷一是，就是陷於偏聽偏信之中而釀成禍亂（參見《尚書引義·泰誓》）。這說明，在王船山那裏，「民」與「天」既是相聯繫的，又是有區別的。就其聯繫而言，人們只有通過「民心」、「民情」才能瞭解天，否則就談不上對「天」的認識，這是人君之所以必須重民、保民的根本原因。就其區別而言，民又不等於天。從瞭解民心、民情到把握「天」的規律和趨勢，還需要經過正確的理性思考過程。否則，仍然不能達到「即民見天」的目的。顯然，上述王船山對天、民關係的論述，把中國古代思想史上的重民思想推向了一個新的高度。

二、治吏應以清為本，以嚴上官之治為要

縱觀中國的傳統政治思想，可以看到一個重要特點，這就是：不論儒家、法家、道家，都認為要真正貫徹重民思想並使之付諸實踐，必須通過「養民」與「治吏」這兩個基本環節。前者與民的利益直接相關。因為只有採取正確的養民政策，使人民受到實惠，才能使重民思想得以落實。後者從表面上看似乎與民的利益關係不如前者直接，但實際上卻更為重要。因為民是要由「官」來管理的，養民政策也有賴於「官」來制訂和實行。因此，官吏的狀況如何，對民的利益具有更為根本的意義。正因為如此，所以王船山在具體闡述重民

思想時，把養民與治吏作爲基本內容。

王船山的養民與治吏思想同樣是以儒家爲主要思想淵源的，這主要表現在他所提出的養民與治吏的多項基本主張都是以重民爲出發點，以保民、惠民爲歸宿。不過，他從歷史的經驗和現實生活的實際出發，在繼承儒家思想的同時，又批判地吸取、改造了法家「一斷於法」和道家「無爲而治」思想中的某些合理因素，從而使他的養民與治吏思想具有自己的特色。

王船山強調從嚴治吏。他說：「嚴者，治吏之經也」(《讀通鑒論‧漢桓帝》)。明確地把從嚴治吏看作是治吏的根本原則。他指出；只有從嚴治吏，才能確保庶民百姓的生存條件和國家的安定局面；如果治吏不嚴，庶民百姓的身家性命將會受到摧殘，國家社稷的安全也將面臨嚴重威脅，「寬之爲失，非民之害，馭吏以寬，而民之殘也乃甚」(同上)；「嚴於督民而寬於計吏，則國必無與立。」(《噩夢》)

王船山關於從嚴治吏的主張和論述，決非是一般邏輯推理的結果，而是對歷代王朝，特別是明王朝衰亡的慘痛教訓深刻反思後的結論。在王船山看來，明王朝之所以衰亡，表面上似乎是由於「民變」，實際上則是因爲官貪。明王朝晚期治吏過寬，放縱一些貪官酷吏肆無忌憚地漁獵人民，終於釀成「民心如石炮，撚一燃而烈焰衝天；國勢如潰瓜，手一觸而流液滿地」(呂坤語)的嚴重局面。因此要貫徹重民思想，實行保民惠民政策，根本的一環，便是從嚴治吏。除此之外，別無它途。

從表面上看，王船山強調從嚴治吏，與傳統法家的觀點十分相似，或者說，在治吏問題上，他確在某種程度上吸取了法家思想的某些積極因素。然而，作爲忠實於儒家的王船山決沒有簡單地承襲法家思想，而是對之進行了批判改造。

首先，法家主張吏治嚴，主要是爲著確立人君至高無上的位勢。而王船山強調治吏嚴，則主要是爲了建立清廉的吏治。王船山把廉政看作是吏治的根本。「論官常者曰：『清也，愼也，勤也。而清其本矣。』」「弗清矣，而愼以勤焉，察察孳孳以規利而避害，夫乃爲天下之巨奸」(《讀通鑒論‧三國》)。「夫爲政者，廉以潔己，慈以愛民，盡其在己者而已」(同上書《隋文論》)；同時也看作是關係國家生死存亡的頭等大事，「傳曰：『國家之敗，由官邪也，官之失德，寵賂彰也』，可不戒與！」(《黃書‧大正》)正是爲了建立清廉吏治，王船山強調必須以嚴屬的法律懲辦貪官污吏，對他們不可姑息。他尖銳

指出：法禁鬆馳，治吏不嚴，這不僅是唐朝釀成藩鎮之亂的重要教訓，也是唐以後宋、元、明各代興盛衰亡的重要經驗教訓。

在《黃書‧大正》篇中，他分析說：趙匡胤建立大宋王朝之所以能振興朝政，治平天下，就在於他能以嚴厲的法制，懲治貪贓枉法的「京朝長吏」，使「惠逮孤寡」，讓庶民百姓受到實惠。到了宋太宗趙匡義時，特別是宋眞宗以後，放寬了對貪官污吏的懲治，結果是「法愈減，貪墨跋扈，運甓尺水者，恣無所恤」。元朝九十年間，法禁鬆弛，官吏們貪贓枉法更是達到「狼戾睢盱」、不可收拾的地步。一直到明太祖朱元璋，吸取以往的教訓，實行「刑法嚴厲」的政策，才收到「夷風以革」的效果。不足的是，數傳以後，人們雖能基本上堅持從嚴治吏，「無惑裂廉隅而莫懲」，但又出現了偏差，一些人表面上說是要按律法規定「主守盜公物盈貫以上，積至死罪」，實際上則是「刺使、守臣、郡邑之長」等一些大官們「獵部民極鉅萬」，卻「不以抵辟」，逍遙法外。顯然，王船山上列論述是要以歷史的經驗教訓告誡人們，必須堅持不懈地以嚴厲的法禁肅清官吏的貪賄之風，保證清廉政治的實現，否則不足以維繫天下的太平。

第二，法家急功近利，主張憑事功，甚至提倡用告密方法考核、監督官吏，而王船山則從建立長遠的清廉吏治著眼，主張考核官吏應以官德爲主。他尖銳批評那種只憑事功考課官吏的京房考課法乃是一種急功近利的申韓之術，它只能逼迫官吏們更加兇狠地壓迫人民，給人民帶來災難。「京房考課之法，迂謬而不可舉行……房曰：『末世以毀譽取人，故功業廢而致災異。』毀譽之不當者多也，然而天下之公論存焉。雖甚拂人之性，亦不能謂堯暴而蹠仁也。捨此而一以功業程之，此申韓之陋術，而益之以拘迫，不肖者塗飾治具以文其貪庸；不逮，則鞭策下吏、桎梏民庶以副其期會，災不在天，異不在物，而民已窮，國已敝矣。」（《讀通鑒論‧漢元帝》）他還引用魏、晉政權衰落的歷史經驗證明自己的觀點。「魏政之綜核，苛求於事功，而略於節義，天下已不知有名；晉承之以寬弛，而廉隅益以蕩然」（《讀通鑒論‧晉惠帝》）。在王船山看來，聖明的君主應著重以儒家的節義行操考核各級官吏，而不應「以利餌其臣」。只有這樣，才能從根本上獎進廉潔之風。「人君明其義於上以進退大臣，大臣奉此義正朝廷，朝廷傷此義以正郡邑，牧之有守令，核之有觀察採訪之使，裁之有執憲之大臣。苟義明而法正，奸頑不軌者惡足以恣行而無忌；即有之，亦隱伏於須臾而終必敗。」（同上書《唐太宗》）總之，

在王船山看來，嚴於治吏應該是以廉政為本，在方法上要嚴於法禁與考核，在內容上要嚴於節義之要求。按照他的說法，就是「以法相裁，以義相制，以廉相帥。」(同上《五代中》)這是一個普遍的吏治原則，「自天子始而天下咸受裁焉。君子正而小人安，有王者起，莫能易此矣。」(《讀通鑒論‧五代中》)

第三，與法家強調「法不阿貴」相近，而其實又有所不同，王船山主張嚴以治吏突出強調嚴於治上官。這是對儒家「政者，正也，子帥以正，孰敢不正」思想的具體運用。王船山在實踐中體會到，下級官吏之所以貪賄成風，根子往往是在上面，是由於上級官吏失職或貪贓枉法的結果。因此，要杜絕下面的貪賄之風，就必須從上面入手。否則，如果只「嚴下吏之貪而不問上官」，只懲辦下面的區區小吏，對上級官吏則放縱不管，其結果必然是「法益峻，貪益甚，政益亂，民益死，國乃以亡。」(同上《五代上》)這是因為：第一，一般地說，在眾多的官吏中，要求人人都清正廉明，那是不可能的。比較理想的狀況也只可能是「中人可以自全，不肖者有所憚而不敢」，而這也要看上級官吏是否能以身作則，正人先正己；否則，這種理想狀態也難以出現。第二，從實際情況看，下級官吏有許多人實際上是上級官吏的鷹犬，因而下吏之貪往往與上官的授意、指使、包庇、相互勾結直接聯繫；或者說，下吏之貪是上官之貪的一個環節、一種表現。「上吏之虐取也，不即施於百姓，必假手下吏為之漁獵，下吏因之以售其箕斂。」(《讀通鑒論‧五代上》)第三，下吏既然是作為上官的鷹犬虐取百姓，因而其虐取之得，勢必以其大部分奉送上官，而本身所得並不會太多。然而，由於他們是直接對庶民百姓進行虐取，庶民百姓們並「不知賊害之所自生」，因而便只知道怨恨下吏。這樣，下吏們儘管獲利不多，卻既要受百姓的怨恨，又要受法律的嚴懲，而那些真正的罪魁禍首——上官們卻能大獲實利又逍遙法外，這豈不是輕重倒置嗎？第四，如果不嚴厲懲辦上官，而是「責上官以嚴糾下吏之貪」，將會造成更嚴重的後果。因為貪賄成風的根子本來在上官，現在卻要依靠他們去糾虐下吏，那就勢必出現這種情況：「胥為貪，而狡者得上官之心，其虐取也尤劇，其愧獻也彌豐」。同樣是貪贓枉法，一些深得上官之心的狡猾者，在上官的庇護下，將會更加肆無忌憚地進行貪賄，上官也會由此而獲得更多的「饋獻」。只有那些「瑣瑣簞豆」的小官們，儘管「蠹於民者亦無幾」，卻要遭到嚴厲的參劾；甚至一些基本上清廉的官吏因「偶一不檢」，也會受到懲治而「無從置辯」，

終於醸成邪氣上升，正氣下降的官場黑暗局面。正是基於上述種種理由，王船山認爲，要杜絕下吏之貪，必須從嚴懲上官之貪入手，「故下吏之貪，非人主所得而治也，且非居中秉憲者之所容糾也，唯嚴之於上官而已矣。嚴之於上官，而貪息於守令，下逮於簿尉胥隸，皆喙息而不敢逞。」（《讀通鑑論·五代上》）

第四，與法家強調治吏一切從嚴不同，王船山認爲治吏之道，應是以嚴爲先，嚴寬結合。如前所述，王船山主張從嚴治吏，根本目的是要建立清廉吏治。爲著實現這一目的，他認爲不可在治吏中行「一切之法」，一律從嚴，而應是寬嚴結合，嚴中有寬。王船山是尊奉儒家性善論的。他認爲人皆有廉恥之心，因此在治吏過程中，除了運用法律武器之外，還應重視用教化、感化的方法啓發人們的廉恥之心，以期從根本上建立清廉之政。相反，如果對官吏們的錯誤一律只講從嚴懲治，不講任何寬大與寬容，就會使得一些人因感到改過從善無望而寡廉鮮恥，以致更加不擇手段地貪贓枉法，這樣不僅不能達到從嚴治吏的目的，還會醸成更壞的後果。在《噩夢》中，王船山對贓滿一貫便判重刑發表不同看法說：「贓以滿貫抵重罪，刻法繩人，此所謂一切之法也。抑貪勸廉，唯在進人於有恥，畫一以嚴劾之，則吏之不犯者鮮，更無廉恥之可恤而惟思巧爲規避，上吏亦且重以錙銖陷人於重罰而曲爲掩蓋。上愈嚴而下愈壓，情與勢之必然也。」在王船山看來，如果不顧實際情況，用「一切之法」嚴劾贓滿一貫的官吏，那麼官吏們將很少有不觸犯刑法的。在這種情況下，人們將會不顧廉恥之心而只考慮如何逃避法律的制裁；而一些上官們則會乘機於事前設法「陷人於重罰」，事後又「曲爲掩蓋」，以謀取私利。這樣就勢必形成一種「上愈嚴，下愈壓」的惡性循環。因此，王船山堅決反對那種「一切之法」的治吏方法，主張對官吏受贓情況作具體分析。他認爲關鍵所在，是分清是否枉法，以及枉法的輕重。對於確屬「箕斂漁獵」者，應秉法重處。對於那些還未達到枉法的程度，且所得又不是「黃白狼藉，累萬盈千者」，就應從寬處理，「但付吏部記過」，不追究刑事責任，以期能「全士大夫名節於竿牘飲食之中」（《噩夢》），促發他們固有的廉恥之心，爲從根本上建立清廉吏治鋪平道路。

王船山主張治吏嚴中有寬，還表現在他繼承和發揮儒家厚祿養廉的思想，主張朝廷關心體貼州縣官吏的物質生活狀況，在經濟上實行比較寬厚的政策。他認爲這樣做，既有利於獎掖官吏的廉恥之風，又可使那些因貪贓枉

法而受到嚴厲懲罰的人無所怨恨。他在對當時官吏的俸祿和經濟生活狀況作實際分析的基礎上，主張實行唐、宋的制度：州縣的「店舍、魚步、園圃」都由州縣官吏自己掌握，其所獲收益不上繳朝廷，同時朝廷還要從寬付給州縣官吏「修理公廨、鋪陳酒飯、心紅油蠟」之資，且「不問其盈餘」。王船山認為，只有在經濟上實行這種寬厚的養吏政策，才能作到官不與民爭利，使州縣官吏克盡職守，「出無政事之坫，入無交徧之謫」，然後再秉法以「課其頑廉」，使廉者得到獎掖，頑者雖受懲辦亦無從抱怨。相反，如果官俸過薄，官吏們無法自養，他們就會走上貪賄的邪路：起初是虧欠公款，吞沒「祭祀、學校、夫馬、鋪遞、民快之貲」，繼而便是敲榨勒索，無所不為，成為虐民的「豺虎」（《噩夢》）。

綜上所述，可見，王船山的基本觀點是治吏之道應以嚴為先，嚴寬結合。只寬不嚴，就會造成吏治鬆弛，貪賄成風，禍國殃民；只嚴不寬，如同有宋以來一些大儒們主張行申韓之術那樣，對官吏們事無巨細，皆毛舉瘢求，那就會使官吏們喪失廉恥之心，終於挺而走險。這不僅不能達到吏治清廉的目的，而且是有悖於儒家大旨的。

三、強調「寬以養民」，把孔子的「寬猛相濟」原則改造為以寬為主，寬嚴結合的原則

「寬以養民」是傳統儒家的基本政治主張，並非王船山首創。然而，王船山反思歷史與現實，追蹤其所處時代的特點，對儒家傳統的「寬以養民」理論作了具體的闡發，並把孔子倡導的「寬猛相濟」方針，改造為以寬為主、寬嚴結合的方針，從而又表現出其理論的特色。

王船山繼承傳統儒家思想，明確提出養民必須堅持以寬為主，「寬者，養民之緯也。」（《讀通鑒論·漢桓帝》）所謂「寬」，從法制上說是對民應「省刑罰」，重教化，反對法家的嚴刑峻法。「假令要民為善，教格過密，立法過峻，豈非太過？」（《讀四書大全說·大學》）在《讀通鑒論·三國》中，他總結漢魏治國的經驗教訓，認為只有堅持以寬為主的政策，才能贏得民心，使宗社得以延祀長久。漢之延祀四百，紹三代之久長，而天下戴之不衰者，高帝之寬，光武之柔，得民而合天也。……曹操以刻薄寡恩之姿，懲漢失而以申、韓之法鉗固天下；崔琰、毛玠、鍾繇、陳群爭附之，以峻峭嚴迫相尚。士困於庭，而衣冠不能自安；民困於野，而寢處不能自容。故終魏之世，兵

旅亟興，而無敢爲萑葦之寇，乃蘊怒於心，思得一解網羅以優遊卒歲也，其情亟矣。司馬懿執政，而用賢恤民，務從寬大，以結天下之心。於是而自搢紳以迄編甿，乃知有生人之樂。……王淩之子廣曰：『懿情雖難量事未有逆。』可謂知言矣。故曰：『得乎邱民而爲天子』。」

在王船山看來，漢代之所以能延續統治達四百年之久，根本原因之一是漢高祖和漢光武帝堅持實行以寬柔爲主的政策，從而贏得了民心。曹操行申韓之法，刻薄寡恩，鉗制天下，士大夫和庶民百姓都因此而感到寢食不安，日處於惶恐之中，其結果，雖然一方面是終曹魏之世，儘管兵旅亟興，老百姓卻因懾於嚴厲的法禁而不敢爲寇作亂；但另一方面，卻是人們心懷憤怒，迫切盼望早日解除嚴厲的法禁，過安定而舒暢的生活。到了司馬懿執政，改變了曹操嚴刑峻法的政策，「用賢恤民，務從寬大」，終於又獲得民心。得民心者得天下。司馬氏終於取代曹魏政權，是合乎情理的。當然，王船山強調對庶民實行以寬爲主的政策，並不排斥嚴的一面。他認爲，在養民的過程中必要的法禁是不可或缺的。「法不可以治天下者也，而至於無法，則民無以有其生，而上無以有其民。」（《讀通鑑論·五代下》）他指出，漢代末期之所以衰落，從一個側面看，正是法禁鬆弛的結果。「漢衰而法弛，人皆恣肆以自得。」（同上書《三國》）但王船山指出：治理人民儘管必須施行法禁，要有嚴的一面，但決不應施行「猛政」。所謂「猛政」，按王船山的理解，就是指的申韓嚴刑峻法、刻薄寡恩之政。他認爲，聖明的統治者在任何時候都不應企圖依靠「猛政」來維持自己的統治，而應對之採取摒棄的態度。正是在這個意義上，王船山不贊成《春秋左傳》記載孔子所講的「寬猛相濟」的方針，甚至認爲這個方針是出於人們的訛傳，而不是孔子提出來的。「司馬溫公曰：『慢則糾之以猛，殘則施之以寬，寬以濟猛，猛以濟寬。斯不易之常道。』是言也，出於左氏，疑非夫子之言也。夫嚴猶可也，未聞猛之可以無傷者。相時而爲寬猛，則矯枉過正，行之不利而傷物多矣。能審時而利用之者，其維聖人乎！非激於俗而毗於好惡者之所得與也。若夫不易之常道，而豈若此哉！」（《讀通鑑論·漢桓帝》）

司馬光在《資治通鑑》中借闡釋孔子思想之名，論述「寬猛相濟」的方針，並認爲它是一個普遍的施政原則。王船山對此持異議。他認爲：第一，「寬猛相濟」的說法雖出自《春秋左傳》，但它是否確屬孔子之言，值得懷疑。因爲治理人民講嚴的一面尚無不可，而鼓吹施行「猛政」，則勢必給人民帶來極

大的傷害。這不符合孔子「保民」、「惠民」的一貫思想。第二，如果說人君應根據客觀情勢採取或寬或猛的政策，那就很難避免出現矯枉過正現象。因實行「猛政」而矯枉過正，不僅不可能達到治民的目的，且會對人民傷害更多。第三，如果說只有聖人才能根據客觀情勢適時地施行或寬或猛的政策，那麼一般的人由於他們易受世俗之見所迷惑，或易憑一時的好惡感情所衝動，就不能實行這樣的方針，因而它也就不是什麼「不易之常道」，不是什麼普遍的原則。一句話，王船山從傳統儒家的重民思想出發，認爲治理人民寧可寬些，「寬之爲失，非民之害」（《讀通鑑論‧漢桓帝》），也不能過嚴，更不可猛，「故先王憂人心之易弛而流也，勞來之以德教，而不切核之以事功；移易之以禮樂，而不督責之以刑名。」（同上書《東晉成帝》）不僅如此，王船山站在反苛政和反申韓的立場，認爲庶民百姓之所以有種種「不軌」行爲，根本上是由於朝廷治吏過寬，縱容大小官吏對人民進行殘暴掠奪的結果，在此情況下，若再對人民施行猛政，不僅於心不忍，「民日在繁霜積雪之下，哀我憚人，而何忍於猛乎」（同上），且會激起人們因謀求生存而挺而走險。「漢之季世，馭委其轡，馬駘其銜，四牡橫奔，皇路傾險者，豈民之遽敢爾哉！」「今欲矯衰世之寬，益之以猛，瑣瑣之姻婭，仳仳欸欸之富人，且日假威以蹙其貧弱，然而不激爲盜賊也不能。」（《讀通鑑論‧漢桓帝》）因此，王船山的基本結論是：在法制上治理人民應該堅持以寬爲主，寬嚴結合，這是治道之本。從這一基本點出發，王船山嚴厲批評東漢崔寔鼓吹以「猛政」治民的謬論，指出它是一種捨本求末的政策，施行的結果必將貽害長遠。「言治者不反諸本而治其末，言出而害氣中於百年，申韓與王道爭衡而尤勝。鄙哉，寔也，其以賊天下無窮矣。」（同上）

王船山強調「寬以養民」，主要的還是主張從經濟上實行「保民」「惠民」政策，概括地說就是：第一，堅決抑制土地兼併。針對當時明王朝以王室爲代表的大地主階級瘋狂兼併土地的嚴重情況，王船山尖銳提出：「王者能臣天下之人，不能擅天下之土」（《讀通鑑論‧東晉孝武帝》），主張有力自占田「不得過三百畝」，以此爲限，「輕自耕之賦，佃耕者倍之」（同上書，「漢文帝」）。第二，對人民實行「減賦而輕之，節役而逸之」（《宋論》卷十二）的輕徭薄賦政策，反對「並役於賦」（同上書，《隋文帝》）並將班匠制改爲「招募和僱」（《噩夢》）以減輕人民的負擔。第三，主張「天子以天下爲藏」（《讀通鑑論‧唐高宗》），反對「聚財於天子之藏而枵其外，窘百姓之用而削其民」（同上）。

應「以天下之財，供下天之用」（同上書，《唐懿宗》）。第四，在堅持重本抑末的前提下，又鼓勵「天下交相灌輸」，要求放鬆關卡，方便「商旅通行」（《四書訓義》卷六），以達到「生人之用全，立國之備裕。」（《讀通鑑論·唐高宗》）在王船山看來，在經濟上實行上述寬民政策是人君贏得民心，確保社稷的基礎。只有「民力裕」，才能「民心固」（《噩夢》）。這是古先聖王平治天下的基本經驗。「惟古帝王，知國之所自立，民之所由厚，德之所由正也。克謹以事天，而奉天以養民」（《尚書引義·泰誓》）。所謂「奉天養民」，就是指要實行上述寬民經濟政策以滿足人民最基本的生存條件和物質欲望，這既是治民的基本原則，也是天理之所在，「饑則食，寒則衣，天也。」（《讀四書大全說·論語》）「人欲之各得，即天理之大同；天理之大同，無人欲之或異。治民有道，此道也。」（同上）

王船山寬以養民的經濟政策，也是他基本的經濟思想。他從天理與人欲一致性的世界觀高度系統論述寬以養民的合理性與必要性，是一個超越於前人的具有普遍意義的深刻論斷，是應該予以充分肯定的。但是，也不應對之評價過高。有的論者從對他的經濟思想的分析出發，得出王船山是中國早期啟蒙思想家的結論，那是值得商榷的。當然，這是一個比較複雜的學術問題，需要另闢專文加以論證。

（此文係與陳遠寧合著，原載《求索》雜誌 1991 年第 5 期）

王夫之箴言

王夫之（1619～1692）清初著名思想家、哲學家、史學家、文學家。湖南衡陽人。因晚年隱居衡陽金蘭鄉（今曲蘭鄉）石船山附近，故稱船山先生。明朝滅亡後，曾在家鄉衡山與友人一道策劃武裝抗清，但戰鬥未打響即被鎮壓。後投奔南明政權，當過很短時間的行人司行人。此後一直隱居家鄉從事學術研究和教學。他以「六經責我開生面」的創造精神，總結繼承傳統文化，寫下了大量的政治、哲學、史學、文學著作，約一百種，四百餘卷。後人將其著作編爲《船山遺書》。

> 人之所爲，萬變不齊，而志則必一，從無一人而兩志者。志於
> 彼又志於此，則不可名爲志，而直謂之無志。……志正則無不可用，
> 志不持則無一可用。

語出王夫之《俟解》。爲，作也。志，《說文》：「心之所之也。」即理想。直：徑直。持：保持。人們的行動，是千差萬別變化不定的，但是志向則必須始終如一，從來沒有一個人同時具有兩個志向的。志向一下子在那方面，一下子又在這方面，就不能叫有志向，甚至可以說是沒有志向。志向端正則幹什麼事都能成功，志向不堅定則什麼事都幹不成。

> 士之貧賤，天無所奪；人之不死，國之不亡，天無所予；乃當
> 人致力之地，而不可以歸之於天。

語出王夫之《讀四書大全說》卷十。奪，《正韻》：「強取也。」《史記・蕭相國世家》：「毋爲勢家所奪。」致：盡，極。士人處境的貧困和卑賤，不是上天奪去了他什麼；人壽命長，國家長治久安，不是上天給予的。這些，都是屬於人應該自己努力的地方，而不能夠將它們歸於天命。

　　　　士之智略果毅者，短長相間，瑕瑜相雜，多不能純。察之密，
　　待之嚴，則無以自全而或見棄，即加意收錄，而固不任之矣。

語出王夫之《讀通鑑論》卷十。智略：智慧與謀略。果毅：果敢而堅強。短
長：優劣。瑕：玉的斑點。瑜：玉的光彩。察：明察，苛察。待：對待。那
些具有智慧謀略又果敢堅強的士人，往往是優點與缺點並存，光輝與疵瑕共
生的，大多不可能純而又純。如果對他們求全責備，苛求不止，他們就或是
無法自我保全，或是被用人者疏遠。這時，用人者即使有意去留攬和錄用他
們，但因傷害了他們的感情，也就會堅決不為所用。

　　　　天下日動而君子日生，天下日生而君子日動。動者，道之樞，
　　德之牖也。

語出王夫之《周易外傳》卷六。道：指一般規律。樞，《說文》：「戶樞也。」
引申為樞紐、關鍵。德，《辭海》：「事物的屬性。章炳麟《國故論衡·語言緣
起說》：『實、德、業三，各不相離。』」牖（you）《說文》：「穿壁以木為交窗
也。」引申為門徑。世界上的事物天天在運動，君子的思想也天天在更新；
世界上的事物天天在更新，君子也天天在前進。運動，是理解宇宙根本規律
的關鍵，又是認識各種具體屬性的門徑。

　　　　天地之德不易，而天地之化日新。……守其故物而不能日新，
　　雖其未消，亦槁而死。

語出王夫之《思問錄·外篇》。德：基本屬性。化：化生。《禮記·樂記》：「和，
故百物皆化。」鄭玄注：「化猶生也。」故，《廣韻》：「舊也。」消，《說文》：
「盡也，又滅也。」槁，《說文》：「枯木。」天地的基本屬性是不會改變的，
但天地的變化卻是日新月異的。人們如果保守舊的事物而不能日新變化，那
麼這些舊事物即使不消滅也會枯槁而死。

　　　　天地既命我為人，寸心未死，亦必於饑不可得而食、寒不可得
　　而衣者留吾意焉。聖賢之言，皆不可食、不可衣者也，今之讀書者，
　　以之為饑之食、寒之衣，是以聖賢之言為俗髡妖巫之科儀符咒也。

語出王夫之《俟解》。寸心：猶言區區之心。俗髡（kun）：庸俗的和尚。妖巫：
邪惡的巫士。科儀：空洞的儀式。符咒：巫士用來驅鬼召魂的秘密文書。天
地既然讓我成為一個人，那麼只要心臟還在跳動，就不能像禽獸一樣只知道
吃喝，而必須對那些饑不可食、寒不能衣的東西也予以關注。聖賢的言論，

就是這種不能吃也不能穿的東西。可是現在的一些讀書人卻將它們當作謀食、謀穿的工具，這樣便把聖賢的言論混同於和尚、巫士的儀式和符咒了。

　　中國財足自億也，兵足自強也，智足自名也。不以一人疑天下，不以天下私一人，休養屬精，士佻粟積，取威萬方……足以固其族而無憂矣。

語出王夫之《黃書·宰制》。億：滿足。《左傳·襄公二十五年》：「不可億逞。」王引之注：「億者，滿也。」名，《釋名》：「明也，明其事使分明也。」疑：疑忌。厲，《玉篇》：「磨石也。」佻（yao）：寬緩。固，《唐韻》：「堅也。」中華民族的財富完全可以自給自足，軍隊完全可以自衛圖強，智慧也完全可以使自己認清形勢。只要最高統治者不猜忌天下，脫離人民，不把國家看成個人的私產，通過休養生息，勵精圖治，使士人心情舒暢，糧食儲備充足，國家威望不斷提高，就可以牢固地捍衛自己民族使無外族入侵之憂。

　　以古之制，治古之天下，而未可概之今日者，君子不以立事；以今之宜，治今之天下，而非可必之後日者，君子不以垂法。

語出王夫之《讀通鑑論》卷末。制：陳法，法式。概：大概，概要，引申為概括。立：處理，成就。宜，《增韻》：「適理也。」必：一定。垂：流傳。古代的方法，雖然在治理古代社會時是適用的，但不能概括和反映當今情況者，君子是不會用它來處理當今事務的；以當今的道理治理當今的社會雖然適宜，但不一定在以後行得通者，君子也不會將它們流傳下去硬要後人效法。

　　以在上之仁而言之，則一姓之興亡，私也，而生民之生死，公也。

語出王夫之《讀通鑑論》卷十七。上，《廣韻》：「君也，太上極尊之稱。」仁：指仁政。《孟子·公孫丑上》：「以德行仁者王。」一姓：一個朝代。〈國語·周語下〉：「吾聞之曰：一姓不再興。」生民：人民，百姓。就君主實行仁政來說，朝代的更迭只是關係自己家族的私事，而老百姓的生命安全才是國家最大的公事。

　　聖人者人之徒，人者生之徒。既已有是人矣，則不得不珍其生。

語出王夫之《周易外傳》卷二。徒，《玉篇》：「眾也。」珍，《說文》：「寶也。」聖人是人類的一部分，人類是生物的一部分。既然已經有這個人了，就應該十分珍惜自己的生命。

有一人之正義，有一時之大義，有古今之通義；輕重之衡，公
私之辨，三者不可不察。……不可以一時廢千古，不可以一人廢天
下。

語出王夫之《讀通鑑論》卷十四。據王夫之在後文解釋，「一人之正義」指「事
偏方割據之主」，即效忠地方割據勢力的頭目；「一時之大義」，指事「天下所
共奉之君」，即效忠於全國統一的君主；「古今之通義」指「絕夷於夏」，即嚴
格劃清華夏族與夷狄的界限，堅定地維護民族利益。義，《釋名》：「宜也。裁
制事物使各宜也。」亦有義氣之意。衡，《漢書·律曆志》：「平也，所以任權
而均物平輕重也。」辨，《廣韻》：「別也。」察，《說文》：「覆審也。」《廣韻》：
「諦也，知也。」廢：棄置，廢棄。《韓非子·問田》：「廢先王之教。」效忠
地方割據勢力的領袖是講個人義氣，效忠統治全國的君主是符合時代共同利
益的，而嚴格劃清華夏族與異民族的界限，維護民族的根本利益，則是從古
到今的普遍原則。這三種「義」誰是輕誰是重要有個衡量，誰是公誰是私要
有個辨別，絲毫不能含混。決不能為了保全一時的君臣之義而拋棄民族的根
本利益，也不能為了顧全個人義氣而拋棄國家的共同利益。

有豪傑而不聖賢者矣，未有聖賢而不豪傑者也。能興即謂之豪
傑。興者，性之生乎氣者也。

語出王夫之《俟解》。聖賢、豪傑：毛澤東 1913 年冬在湖南第四師範學校讀
書時所記課堂筆記《講堂錄》中，曾記有王夫之這句話及老師對它的解釋：「聖
賢，德業俱全者；豪傑，歉於品德，而有大功大名者。拿翁（指拿破崙），豪
傑也，而非聖賢。」興：指觸景生情，感物興起。世間有能稱為豪傑但算不
上聖賢的人，但是沒有一個聖賢不可以稱為豪傑。只要自己能振作有為即可
以稱為豪傑。振作有為，是一種陽剛之氣所造成一的性格。

好學、力行、知恥之心，則物之所絕無而人之所獨也，抑天之
所未有，而二氣五行之精者凝合為人而始有也。天地之生人為貴，
貴此而已。天有道而人能弘之，弘此而已。

語出王夫之《禮記章句》卷三十一。好學、力行、知恥：出自《禮記·中庸》
「子曰：『好學近乎知，力行近乎仁，知恥近乎勇』」。獨，《廣韻》：「單獨。」
二氣：指陰陽二氣。五行：指金木水火土。精，《廣韻》：「熟也，細也，專一
也。」凝，《說文》：「水堅也。」貴，《玉篇》：「高也，尊也。」弘，《正韻》：

「大之也。」《論語・衛靈公》：「人能弘道。」愛好學習，勉力實行，懂得廉恥，這些思想品格是其它生物所絕不具備而為人所獨有的，也是天所沒有，而由陰陽二氣以及金木水火土五行的精細物質凝聚為人之後才有的。天地之間的生物以人最珍貴，其珍貴之處就在這裏。天有規律人能夠弘揚它，要弘揚的也就是這些。

> 攻人之惡，則樂察惡。樂察人之惡，則惡之條理熟屬薰心矣，
> 慎之哉！

語出王夫之《思問錄・內篇》。惡，《廣韻》：「不善也。」樂，《集韻》：「喜樂也。」察，《廣韻》：「諦也，知也。」熟：經久而深入。屬：猛烈。薰：氣味侵襲。愛指責別人缺點，必然喜歡查找別人的缺點。喜歡查找別人缺點，則造成缺點的那些因素久而久之就會猛烈地侵襲自己的思想。當心啊！

> 嚴者，治吏之經也；寬者，養民之緯也；並行不悖，而非以時
> 為進退者……故嚴以治吏，寬以養民，無擇於時而並行焉，庶得之
> 矣。

語出王夫之《讀通鑒論》卷八。經：織物的縱線。緯：織物的橫線。《玉篇》：「經緯以成繒帛也。」引申為原則。庶，《爾雅・釋言》：「幸也。」《注》：「庶幾僥倖。」嚴格，是管理官吏的原則；寬厚，是養育人民的原則。這兩個原則是並行不悖的，不能對官吏時嚴時寬，也不能對老百姓時寬時嚴。所以，嚴格地管理官吏，寬厚地養育人民，能夠始終堅持這兩個原則並且不因時間的變化而改變，就差不多把握了施政的要領。

> 求知之者，固將以力行之也。能力行焉，而後見聞講習之非虛，
> 乃學之實也。

語出王夫之《四書訓義》卷五。知之的「之」：按王氏前文，指人們為什麼要採取某種行為的道理。固：本來，誠然。《史記・五帝本紀》：「非好學深思，心知其意，固難為淺見寡聞道也。」力行：。勉力而行。《禮記・中庸》：「力行近乎仁。」實：實在。人們所以要瞭解從事某種行動的道理，本來就是為了努力去實行它。能夠努力實行，人們的所見所聞和所講所習就不會空虛，才是實實在在做學問。

> 圖王業者，必得其地。得其地，非得其險要財賦之謂也，得其
> 人也；得其人，非得其兵卒之謂也，得其賢也。

語出王夫之《讀通鑑論》卷十。圖，《爾雅·釋詁》：「謀也。」王業：帝王事業。圖謀帝王事業的人，當然首先要掌握一定的地盤。所謂掌握地盤並不是指僅僅得到一些險要地勢和財產賦稅，而是要得到生息在這塊土地上的人。所謂得人，也不是指僅僅得到一些兵卒就夠了，而是要得到其賢能的人才。

知取勿取之數者，乃可與慮民，乃可與慮國，不窮於取也。

語出王夫之《詩廣傳》卷三。本語爲「善取民者，視民之豐，勿視國之急。民之所豐，國雖弗急，取也；雖國之急，民之弗豐，勿取也」一語的評論。取，《增韻》：「索也。」急：窘也。賈誼《新書·無蓄》：「國無六年之蓄謂之急。」數：技術，技巧。與：通「預」，參與。慮，《說文》：「謀思也。」窮，《說文》：「極也。」善於徵取老百姓的人，他關心的是老百姓收成的豐歉，而不是國家府庫是否空虛。老百姓豐收了，國家府庫雖滿，也要徵取；即使國家府庫空虛了，但老百姓歉收，便不徵取。只有懂得徵取與不徵取的訣竅的人，才能參與謀劃民政，也才能參與謀劃國政，國家也才有取之不盡的財源。

所貴乎史者，述往以爲來者師也。爲史者，記載徒繁，而經世之大略不著，後人欲得其得失之樞機以效法之無由也，則惡用史爲？

語出王夫之《讀通鑑論》卷六。貴，《玉篇》：「高也，尊也。」往，《玉篇》：「古往也。」《廣韻》：「往昔也。」《易·繫辭》：「夫易彰往而察來。」爲史：治史。徒，《玉篇》：「眾也。」《尚書·仲虺之誥》：「實繁有徒。」經世：經世致用。略，《廣韻》：「謀略。」著，《博雅》：「明也。」樞機：比喻事物運動的關鍵。《易·繫辭》：「言行君子之樞機。」由，《廣韻》：「從也。」人們所以重視歷史，是因爲記述往古的經驗教訓，可以供後人師法。治史的人如果只記載眾多歷史事實，卻沒有揭明經世致用的基本謀略，那麼後人想從中找到古人成功或失敗的關鍵，以資學習和借鑒，便無從下手，又何必要歷史呢？

念道之無窮而知能之有限，故學而知其不足，教而知困，歉然望道而未之見。

語出王夫之《周易內傳》卷二上。本語爲「道之在天下也，豈有窮哉！以一人之身，藐然孤處於天地萬物之中，雖聖人而不能知、不能行者多矣」一語的結論。道，《廣韻》：「理也，眾妙皆道也。合三才萬物共由者也。」念，《辭

海》：「考慮，思考。」《史記‧淮陰侯列傳》：「先生且休矣，吾將念之。」知能：知指認識能力，能指行動能力。困，《廣韻》：「窮也，苦也。」歉，《說文》：「食不滿也。」天下的規律是無窮無盡的。就一個人來說，其身體與天地萬物相比是十分藐小的，所以即使是聖人，也有很多東西是無法知道、無法做到的。考慮到世間的規律是無窮盡的而個人的認識能力是有限的，所以在做學問時知道自己還有很多不足之處，在教學時知道自己還有很多講不清的地方，如饑似渴地探求規律但總還有很多沒有發現的規律。

　　　　治天下者，以天下之祿位公天下之賢者。
語出王夫之《讀通鑑論》卷三。治：理也。《荀子‧修身》：「少而理曰治。」祿：俸也，官吏的薪俸。《禮‧王制》：「位定然後祿之。」位：職位。公：公正，公平。治理國家的人，必須將國家的俸祿和職位公平地分派給國內那些賢能的人。

　　　　學非有礙於思，而學愈博則思愈遠；思正有功於學，而思之困
　　　則學必勤。
語出王夫之《四書訓義》卷六。博，《說文》：「大通也。」《荀子‧修身》：「多聞曰博。」遠，《廣韻》：「遙遠也。」困：窮困。讀書並不妨礙思考，而且讀書愈廣博思考就愈深刻；思考也有助於讀書，當思考陷於困境時讀書也就會更加勤奮。

　　　　學易而好難，行易而力難，恥易而知難。學之不好，行之不力，
　　　皆不知恥而恥其所不足恥者亂之也。
語出王夫之《俟解》。亂：迷惑。學習容易但要愛好學習則困難，實行容易但要勉力實行則困難，感到恥辱容易但要知道什麼是恥辱則困難。對學習不愛好，對實行不勉力，都是由於不懂得什麼叫恥辱卻對那些不值得羞恥的事情感到羞恥搞亂的。

　　　　經傳之旨，有大義，有微言，亦有相助成文之語。字字求義，
　　　而不顧其安，鮮有不悖者。
語出王夫之《讀四書大全說》卷一。經：指「四書」、「五經」等儒家經典。傳：闡述儒家經義的文字，如《春秋》三傳等。旨，《玉篇》：「意也。志也。」大義：大道理。微言：含意深遠的精微言辭。安，穩妥。悖，《說文》：「亂也。」（玉篇》：「逆也。」聖賢經典和釋經的傳文中所包含的思想，有的是大道理，

有的是寓意深遠的精微言辭，也有的是爲了完善或溝通語意的文字。如果拘句執字地解釋，而不考慮對全面準確地理解其精神實質是否妥當，那就很少有不出亂子的。

> 恃人而忘己，爲人恃而捐己，皆愚也。君子不入井以望人之從，
> 則不從井以救人，各求諸己而已矣。……明者審此，自強之計決，
> 而不怨他人之不我恤，而後足以自立。

語出王夫之《讀通鑑論》卷十四。恃（shi），《說文》：「賴也。」《廣韻》：「依也。」捐，《說文》：「棄也，」「君子入井」，典出《論語‧雍也》：「宰我問曰：『仁者，雖告之曰：井有仁焉。其從之也？』子曰：『何爲其然也？君子可逝也，不可陷也；可欺也，不可罔也。』」從：跟隨。恤，《增韻》：「潛（min）也，災危相憂也。」依賴他人而忘記自己的獨立人格，被他人依賴甚至犧牲自己的生命，都是愚蠢的做法。君子如果自己不在跳入井中時希望他人也跟著跳入，就不會跟著他人跳到井裏去救人，這些都是要靠自己的良知獨立決定的事清。明白的人知道了這個道理，就能堅持自強不息的方針，而不會去埋怨別人不同情和憐恤自己，這樣就能眞正做到獨立自主。

> 將貴其生，生非不可貴也；將捨其生，生非不可捨也。將遠其
> 名，名亦不可辱也；將全其名，名固不可沽也。生以載義，生可貴；
> 義以立生，生可捨。名以成實，名不可辱；實以全名，名不可沽。

語出王夫之《尚書引義》卷五。將：欲，打算。貴，《玉篇》：「高也，尊也。」名：名聲。沽：賣也。載：承也。《易‧坤卦》：「君子以厚德載物。」實：事功。想要珍惜生命，生命不是不值得珍惜的；想要捨棄生命，生命也不是不可捨棄的。打算避開名聲，而名聲又是不可玷污的；打算保全名聲，而名聲又是不可出賣的。生命是道義的載體，所以生命值得珍惜；道義是生命確立的根據，爲了保全道義生命又可捨棄。名聲是成就事功的，所以名聲不能玷污；事功是成全名聲的，所以名聲又不可出賣。

> 既已與人共學矣，所學者自爲證，不如交相益也。事同而道異，
> 必辨而知其異也；辭異而理微，必論而知其微也。合異於同，達微
> 於顯，存乎講矣。

語出王夫之《四書訓義》卷十一。證，《玉篇》：「驗也。」《增韻》：「質也。」交，《廣韻》：「共也、合也。」辨，《廣韻》：「別也。」《易‧乾卦》：「問以辨

之。」講：講習。既然已經與朋友在一起讀書，對於所學習的內容，與其個人冥想求證，不如大家共同討論有益。有的事情相同而道理不同，必須通過討論辨別而知道它們爲什麼不同；有的事說法不一樣，道理也很隱晦，必須通過討論弄清其道理。使不同的意見漸趨於一致，使隱晦的道理趨於明顯，這些都取決於講習討論。

> 格致有行者，如人學弈棋相似，但終日打譜，亦不能盡達殺活
> 之機；必亦與人對弈，而後譜中譜外之理，皆有以悉喻其故。且方
> 其迸著心力去打譜，已早屬力行矣。

語出王夫之《讀四書大全說》卷一。格致：即格物致知。《禮記・大學》：「致知在格物，物格而後知至。」弈，《說文》：「圍棋也。」即下棋。打譜：研究棋譜。故，《說文》：「使爲之也。」迸（beng），《正韻》：「湧也。」心力：心思與能力。格物致知的過程中有行動。這就像人們學習下棋一樣，如果整天只知道研究棋譜，就無法充分掌握棋路死活的訣竅。共有與人共同練習下棋，對於棋譜中說了的或沒有說的道理，才能全部把握並知其所以然。從這個意義上說，當人們用盡心思和能力去鑽研棋譜時，也應算作勉力而行的一部分。

> 致知之途有二：曰學，曰思。學則不恃己之聰明，而一唯先覺
> 之是效；思則不徇古人之陳跡，而任吾警悟之靈。乃二者不可偏廢，
> 而必相資以爲功。

語出王夫之《四書訓義》卷六。致：求得。恃，《說文》：「賴也。」《廣韻》：「依也。」先覺：預先覺察。《孟子・萬章》：「使先覺覺後覺。」徇：曲從。陳跡：以往的事蹟。警悟：警覺，領悟。王充《論衡・藝增》：「增其語欲以懼之，冀見警悟也。」靈：聰明，靈巧。資：資取。求得知識的途徑有兩條，叫做讀書與思考。讀書的時候不憑藉自己的小聰明，而虛心地向那些有先見之明的前人學習；思考的時候則不曲從古人的陳言往行，而充分發揮自己靈活的領悟能力。讀書與思考這兩個方面不能有所偏廢，它們是相輔相成、相得益彰的。

> 推心以待智謀之士，而士之長於略者，相踵而興。……故能用
> 人者，可以無敵於天下。

語出王夫之《讀通鑑論》卷十。略，《廣韻》：「謀略。」相踵：踵指腳後跟，相踵即一個接一個。能推心置腹眞誠地對待有智慧和謀略的人才，因而士人

中長於謀略的人，都一個個到來。所以善於使用人才的人，是戰無不勝、攻無不克的。

> 堂堂魏魏，壁立萬仞，心氣自爾和平。強如壯有力者，雖負重
> 任行赤日中，自能不喘，力大氣必和也。毋以簞豆竿牘爲恩怨，毋
> 以婦人稚子之啼笑、田夫市販之毀譽爲得失，以之守身，以之事親，
> 以之治人，焉往而生不平之氣哉！

語出王夫之《俟解》。堂堂：高敞貌。魏魏：獨立貌。壁立：聳立如壁。仞：古代長度單位，周制爲八尺。和平：和順。《禮記·樂記》：「耳目聰明，血氣和平。」簞：竹或葦製盛器。豆：食器。竿牘：書信。稚子：小孩。田夫：農夫。市販：商販。一個人只有堂堂魏魏壁立萬仞，站得高看得遠，心緒才自然會和順。他堅強，就像一個有力的壯士，即使肩負重物在炎熱的陽光下行走，也不會氣喘吁吁，因爲力量大運氣必然和緩。人要始終保持這種和順之氣，不要因爲飲食和交往等日常小事與人結恩怨，不要因爲婦女和小孩的哭笑、農夫商販的詆毀或誇獎而患得患失。用這種和順之氣來保持自己的品節，事奉自己的雙親，治理自己的人民，還到那裡去生不平之氣呢？

> 唯能造命者，而後可以俟命，能受命者，而後可以造命，推致
> 其極，又豈徒君相爲然哉！……一介之士，莫不有造焉。

語出王夫之《讀通鑑論》卷二十四。造，《增韻》：「建也，作也，爲也。」命：生命，天命，命運。俟，《增韻》：「待也。」受，《玉篇》：「得也。」介：個也。只有能夠控制命運的人，才能夠等待天命；只有能夠把握天命，才能控制命運。這個控制命運的道理，如果推開來說，難道只有聖君賢相做得到嗎？其實，一般的士人，也無不在力圖控制自己的命運。

> 善禦夷者，知時而已矣。時戰則戰，時守則守。時戰，則欺之
> 而不爲不信，殄之而不爲不仁，奪之而不爲不義。時守，則幾若可
> 乘，不乘，而不爲不智；力若可用，不用，而不爲不勇。

語出王夫之《詩廣傳》卷三。禦：抵擋。夷：指夷狄，即邊境少數民族，時：時機。殄（tian），《說文》：「盡也，一曰絕也。」幾，《說文》：「微也。」《易·繫辭》：「幾者動之微，吉之先見者也。」乘：趁，因。善於抵禦異族入侵的人，知道如何掌握時機。時機宜於攻戰就立即攻戰，時機宜於退守便立即退守。當時機宜於攻戰時，對敵人採取欺詐戰術不能說不守信用，將敵人全部殲滅不能說不講仁慈，將敵人的兵械財物奪來也不能說不重義氣。當時機宜

於退守時，即使似乎有進攻的機會而沒有利用，不能說是愚蠢；自己的力量似乎可以進攻，而不去進攻，不能說是怯懦。

> 道行於乾坤之全，而其用必以人爲依。不依乎人者，人不得而
> 用之，則耳目所窮，功效亦廢，其道可知而不必知。聖人之所以依
> 人而建極也。

語出王夫之《周易外傳》卷一。道，《廣韻》：「理也，眾妙皆道也。合三才萬物共由者也。」乾坤：《周易》中兩個卦名，代表陰陽兩種對立勢力，引申爲天地、日月、男女、父母、世界等的代稱。用：功用。依，《說文》：「倚也。」窮，《說文》：「極也。」極：準則。《書‧洪範》：「惟皇作極。」規律運行在宇宙萬物的方方面面，但它的功用卻有賴於人才能表現出來。對於那些與人無關係的規律，人也不打算掌握和利用它們，它們無法爲人的耳目等感官所感知，對人的功用也就顯示不出來，這類規律即使能夠認識也不必去認識。所以聖人總是依照人的需要而確立準則的。

> 解聖賢文字，須如剝筍相似，去一層，又有一層在，不可便休，
> 須到純淨無殼處，筍肉方見。

語出王夫之《讀四書大全說》卷九。聖賢文字：指儒家經典。理解聖賢經典中的文字，必須像剝筍子的殼一樣，剝了一層還有一層，決不能半途而廢，只有把殼剝乾淨才能見到筍子的肉，即理解聖賢的眞意。

> 德必有鄰，修德者不恃鄰；學必會友，爲學者不恃友；得道多
> 助，創業者不恃助。不恃也，乃可恃也。

語出王夫之《讀通鑑論》卷十。德必有鄰：語出《論語‧里仁》「德不孤，必有鄰」。學必會友：語出《論語‧顏淵》「君子以文會友，以友輔仁」。得道多助：語出《孟子‧公孫丑下》「得道者多助，失道者寡助」。恃，《說文》：「賴也。」《廣韻》：「依也。」有道德的人一定會有人來做他的夥伴，但眞正注重道德修養的人不依賴夥伴；做學問必須與朋友聚會切磋，但做學問的人不依賴朋友，掌握了正義的人幫助他的人多，但開創偉大事業的人是不依賴別人幫助的。不依賴別人的人，才眞正是可信賴的人。

（此文爲蔣廣學、朱維崢主編《中華箴言》中之王夫之箴言，由本人選注，南京大學出版社 1995 年版）

中國儒學百科全書‧王夫之條目

　　王夫之（1619～1692）明末清初思想家、哲學家。字而農，號薑齋，湖南衡陽人。生於明萬曆四十七年九月初一日，卒於清康熙三十一年正月初二日。因晚年隱居衡陽金蘭鄉（今衡陽縣曲蘭鄉）石船山下，被稱爲船山先生。

　　生平和事蹟　王夫之出身於書香門第，父朝聘、叔廷聘、兄介之、參之都是飽學之士。他生活在一個階級矛盾與民族矛盾交織的時代。10 歲（1629）時，北方爆發了李自成、張獻忠領導的明末農民起義。王夫之 20 歲在長沙嶽麓書院讀書時，受明末結社之風影響，與曠鵬升等組織「行社」；21 歲與管嗣裘等在衡陽組織「匡社」，慨然有匡時救國之志。24 歲赴武昌應試，以《春秋》第 5 名中舉人。冬，與其兄介之赴京會試，因農民軍起義路途受阻，次年折返衡陽。不久，張獻忠部進駐衡陽，曾邀王夫之兄弟以資輔佐，他們拒而逸走。崇禎十七年（1644）李自成攻入北京，明王朝被推翻，夫之作《悲憤詩》一百韻哀悼。

　　由於滿州貴族入主中原，推行民族高壓政策，民族矛盾便取代階級矛盾成爲當時社會的主要矛盾。順治三年（1646），王夫之赴湘陰，上書章曠，請求聯合農民軍共同抗清，未被採納。次年四月，他擬赴廣西參加南明政權抗清，因路途受阻未果。五月，清軍佔領衡陽。其二兄參之、叔廷聘、父朝聘均於逃難中蒙難。順治五年，王夫之與好友管嗣裘、夏汝弼、僧性翰等在南嶽方廣寺策劃武裝抗清未成，潛往肇慶永曆帝行在。順治七年任永曆政權行人司行人介子。王夫之主持正義，由於小朝廷派別鬥爭險遭不測，被迫於翌年回湖南。爲逃避清廷緝拿，先避居耶薑山，後又徙居零陵、常寧等地，變姓名，易衣著，自稱傜人。他授徒講學以謀生，講《春秋》，論「夷夏之辨」；講《周易》，期「出人於險阻以自靖」。

順治十四年，清朝當局宣布「大赦天下」，王夫之結束流亡生活，居南嶽蓮花峰下續夢庵。順治十七年（1660）定居衡陽金蘭鄉高節里，先後築敗葉廬、觀生居、湘西草堂隱居，始終不與清朝當局合作。在隱居生活中，一方面教書授徒，以維持其艱苦生活，一方面深入進行學術研究，著述不輟。他力圖通過對歷代統治者，尤其是明代統治者成敗得失的探究和傳統學術思想的鑽研，「哀其所敗，原其所劇」（《黃書・後序》），「述往以爲來者師」（《讀通鑑論》卷六），爲民族復興提供理論依據。他自稱治學以張載「正學」爲宗旨，以「六經責我開生面」的創新精神，對中國傳統文化，特別是儒家思想進行了全面、系統而深刻的反思，對前人的思想成果給以系統的總結。同時，出入佛老，「入其壘，襲其輜，暴其恃，而見其瑕」（《老子衍・自序》）。對於各派的觀點，都不盲從，而是結合自己親身實踐和經驗，加以折衷，「因而通之」（《莊子通・序》）。他寫下了大量富有創造性見解的著作，內容涉及政治、經濟、哲學、歷史、文學等諸多方面。

學術觀點　王夫之在政治、哲學和歷史等方面的主要觀點如下。

因時之極敝而補之　王夫之政治思想的特點，是從實際出發，「因時之極敝而補之」（《噩夢・序》）。其要者有以下數端。

（1）首重夷夏之防。王夫之將華夏族與夷狄之區別視爲「天下之大防」。他認爲這種區別是有客觀基礎的，即「所生異地」，地異則氣質異，氣質異則習俗易，因而「所知所行蔑不異」（《讀通鑑論》卷十四）。他將夷夏之辨視爲「古今之通義」，高於君臣之間的「一人之正義」或「一時之大義」。五帝、三王之所以「勞其神明，殫其智勇」，就是爲了「絕夷於夏，即以絕禽於人」（同上）。對於王夫之這種夷夏之防的民族思想，學術界評價不一，但大多在指出其狹隘民族主義的同時，肯定其中所包含的民族自信、自強、自衛及堅持民族氣節的合理因素。

（2）力主公天下。「公」包括民族的共同利益和老百姓的根本利益兩個方面。他說：「以天下論者，必循天下之公，天下非夷狄盜逆之所可尸。」（《讀通鑑論》卷末）「一姓之興亡，私也；而生民之生死，公也。」（《讀通鑑論》卷十七）從這種認識出發，他認爲對那些無法「保其類」和「衛其群」的君主「可禪、可繼、可革」（《黃書・原極》）。他甚至認爲，在戰亂頻仍民不聊生的年代，「苟有知貴重其民者」，亦可「許之以爲民主」（《讀通鑑論》卷二十七）。他還主張適當分權：「上統之則亂，分統之則治。」（《讀通鑑論》卷十六）

（3）嚴以治吏，寬以養民。他說：「嚴者，治吏之經也；寬者，養民之緯也。」（《讀通鑑論》卷八）主張對貪官污吏予以嚴懲，而要減輕對人民的壓迫剝削。認為執法時對百姓要貫徹「寬」、「簡」的精神：「夫日寬，日不忍，日哀矜，皆帝王用法之精意，然疑於縱弛藏奸而不可專用。以要言之，唯簡其至矣乎！」（《讀通鑑論》卷二十二）減輕對人民的剝削，就要厚制民產，使「有其力者治其地」。他從土非王者所得而私的觀點出發，主張「有其力者治其地，故改姓受命而民自有其恒疇」（《噩夢》）。王夫之雖沒有擺脫重農抑商的傳統思想，但他還是看到了商業「流金粟，通貧弱之有無」的作用，認為大賈富民國之司命。主張「懲墨吏，紓富民，而後國可得而息也」（《黃書·大正》）。另一方面要「寬其役，薄其賦，不幸而罹乎水旱，則蠲征以蘇之，開糶以濟之」（《讀通鑑論》卷十九）。王夫之的這些思想，反映了他對人民困苦的同情。

（4）主張刑法教化相輔相成。王夫之繼承了儒家重德慎刑的思想。他認為統治者只要先之以教化，再輔之必要的刑法，就可以做到「律簡而刑清，刑清則罪允，罪允則民知畏忌」（《讀通鑑論》卷四）。他提出：「繼於其亂，先以刑禁；繼於其治，終以德化。」（《黃書·大正》）這說明刑法與德化各有各的作用，二者不能互相取代。

以乾坤並建為宗　王夫之的哲學思想的特點，集中地體現在主張「以乾坤並建為宗」（《周易內傳·發例》），將樸素唯物論與樸素辯證法有機地結合在一起，達到了中國古代樸素唯物論思想發展的最高峰。其要點有以下數端。

（1）太虛一實。王夫之在《思問錄·內篇》中說：「太虛，一實者也。」即認為世界的本體是一種實在，這種實在就是「氣」。所以他說：「陰陽二氣充滿太虛，此外更無他物，亦無間隙，天之象，地之形，皆其所範圍也。」（《張子正蒙注·太和篇》）這表明，王夫之在論證其本體論時，也是堅持「以乾坤並建為宗」，因為乾即陽，坤即陰。他說「陰陽者氣之二體」，正是指「乾坤並建」。王夫之指出，老子以天地為橐籥（風箱），動而生風，是虛能於無生有，但風箱不鼓動則氣不出，「然則孰鼓其橐籥令生氣乎」？王夫之認為「無能生有」的觀點必然導致對超自然主宰的承認，因為它將「可見謂之有，不可見遂謂之無。其實動靜有時，而陰陽常在，有無無異也」（同上）。「陰陽常在」說明了氣（物質）的永恆性，與「無能生有」的觀點相對峙。

（2）理在氣中和無其器則無其道。王夫之在氣一元論的基礎上，批評了

將「理」或「道」說成是在「氣」和「器」之前或之外而存在的唯心主義觀點。他指出,氣是陰陽變化的實體,理則是物質變化過程呈現的規律性。「理即是氣之理,氣當得如此便是理」,說明理是氣中所包含的一種必然性,氣外無虛託孤立之理(《讀四書大全說》卷十)。至於道與器的關係,王夫之認為「闔下惟器而已矣,道者器之道」。與「無其道則無其器」相反,他主張無其器則無其道,不同的時代有不同的道,不同的事物也有不同的道。「據器而道存,離器而道毀。」(《周易外傳·大有》)人們要認識和把握道,就必須「盡器」,「盡器則道無不貫」(《思問錄·內篇》),說明只有通過對具體事物的認識,才能把握一般規律。

(3)動靜者氣之二幾和變化日新。王夫之認為氣本身就是陰和陽兩個對立方面的統一體,即矛盾是普遍存在著的:「陰陽之消長隱見不可測,而天地人物屈伸往來之故盡於此。」(《張子正蒙注·太和篇》)這說明矛盾雙方力量的消長,是一切事物發展變化的原因(「故」)。王夫之肯定乾坤並建,但認為矛盾雙方又非「截然分析而必相對待之物」(《周易外傳》卷七)。一方面,矛盾雙方「必相反而相為仇」,即互相對立和鬥爭;另一方面,「相反而固會其通」,即又互相依賴和互相轉化。這種鬥爭性與同一性的統一,即「合二為一者,既分一為二之所固有」。由於他正確解決了矛盾雙方對立與統一的關係,所以才能正確回答物質自己運動的問題。他講「動靜者氣之二幾」,即指氣(物質)本身具有運動的契幾。他反對「禁動」的形而上學,認為運動是絕對的:「太虛者,本動者也。動以入動,不息不滯。」(《周易外傳》卷六)王夫之強調運動的絕對性,反對「廢然之靜」,即絕對靜止的觀點,但並不否認靜止的存在及其作用。他指出:「靜者靜動,非不動也。」這種靜止是事物存在的必要條件:「動而成象則靜。」絕對運動與相對靜止的辯證統一,導致事物變化日新的發展。發展既有「因量為增」的漸變,也有「散滅」的質變。推故而別致其新,這是事物發展的客觀規律;「守其故物而不能日新」,則「亦槁而死」。

(4)言必徵實和行可兼知。王夫之主張「言天者徵於人,言心者徵於事,言古者徵於今」。他還利用中國傳統的己、物範疇並改造佛教的「能、所」範疇,來說明認識過程中的主體與客體關係。他認為「能」即「己」,「所」即「物」。佛教的錯誤不在於提出能、所範疇,而在於「消所以人能」,即將客體溶化在主體之中;「而謂能為所」,即將主體說成是客體。他認為要正確認

識客觀事物，就必須「因所以發能」，即認識必須從客觀實際出發；能必副其所，即認識必須符合客觀實際。王夫之繼承了張載的見聞之知與德性之知的概念，認為作為感性認識的見聞之知只能「止於已見已聞，而窮於所以然之理」；而作為理性認識的德性之知，則能「循理而及原，廓然於天地萬物大始之理」。但他認為德性之知又不能脫離見聞之知而存在，「人於所未見未聞者不能生其心」，「聞見皆資以備道」。在知行關係上，王夫之既反對程朱的知先行後，也反對王守仁的知行合一。他認為知行各有不一同的作用，正因為作用不同，才能知行相資：「同者不相為用，資於異者乃和同而起功，此定理也。」（《禮記章句・中庸衍》）從而把知行關係作為對立統一的定理來認識。知行雖然是「並進而有功」的，但從認識的來源上講，行要高於知，「行焉可以得知之效也，知焉未可以得行之效也」；「行可兼知，而知不可兼行」。

（5）依人而建極。在天人關係上，王夫之十分重視人的作用，「自然者天地，主持者人」，主張「依人而建極」。他認為人在自然界（天）的面前，不是無能為力的，而是可以「相天之不足」，不僅「君相可以造命」，而且「一介之士，莫不有造」。這種「造命」表現在兩個方面：一方面，是把握天命，不斷提高主體的性格修養和生命能力。人性雖然是受之於天的，但決不是「一受成侀，不受損益」的，相反，而是「命日受則性日生」、「日生而日成」的，它「未成可成，已成可革」。因此，人們必須「自強不息」，擇善固執，使自己的「性」臻於完善。人性的可變性，還表現在人的認識器官和生理機能上，如「目日生視，耳日生聽，心日生思」，因此人們必須「竭天成能」，便可以做到「天之所死猶將生之，天之所愚猶將哲之」（《續春秋左氏傳博議》卷下）。另一方面，要克服「任夫無能」的宿命論思想，把握社會歷史發展規律，改造社會，創造歷史，使「天之所無猶將有之，天之所亂猶將治之」。

述以往以為來者師　王夫之十分重視歷史的研究，認為「所貴乎史者，述往以為來者師」，研究歷史的目的在於把握歷史發展中帶規律性的東西，以為「經世之大略」。其歷史觀要點有以下數端。

（1）反對泥古過高而菲薄方今。王夫之肯定歷史是進化發展的。他指出，中國古代，軒轅以前「猶夷狄」，太昊以上，「猶禽獸」。當時的人既不能「全其質」，又不能「備其文」，「亦植立之獸而已」。三代以來，隨著文明的進步，特別是「孔子垂訓之後」，老百姓中雖「不乏敗類」，但與三代以前「政教未孚之日，其愈也多矣」。他反對邵雍分古今為道、德、功、力之四會，認為如

果按這種分法，「帝王何促而霸統何長」。他斥責這種歷史倒退論是「泥古過高，而菲薄方今以蔑生人之性」。

（2）主張理勢合一。王夫之肯定歷史發展有其內在規律性，即「理」；在這種規律的作用下，歷史發展必然出現一種內在的緊張和趨勢，他稱之爲「勢」。「凡言勢者，皆順而不逆之謂也；從高趨卑，從大包小，不容違阻之謂也。」理與勢的關係猶如理氣關係，「始之有理，即於氣上見理；怠已得理，則自然成勢，又只在勢之必然處見理」。王夫之認爲，歷史發展的規律是不以人們的意志爲轉移的。他以郡縣制取代封建（分封）制爲例，說明這是「勢之所趨，豈非理而能然哉？」他還認爲，歷史的必然性又是通過個別歷史人物的偶然性活動來實現的。秦始皇「以私天下之心而罷侯置守，而天假其私以行其大公」，即其證。這表明，他對歷史發展過程中的必然性與偶然性關係有較深刻的理解。

（3）主張即民以見天。王夫之指出：「勢字精微，理字廣大，合而名之曰天。」（《讀四書大全說》卷九）但是這種天是看不見摸不著的，「故聖人所用之天，民之天也」。「民之天」，即《尚書》所說的「天視自我民視，天聽自我民聽」。因此他主張「徵天於民」，「即民以見天」，從而爲重民的民本思想奠定了理論基礎。要重民，就必須「成其聲色，以盡民之性」；「審其聲色，以立民之則」。由此導出了他的理欲合一思想。他反對存理滅欲，認爲「食色者，禮之所麗也；利者，民之依也」，都是不可「屏絕」的。他主張正確處理天理與人欲的關係：「人欲之各得即天理之大同，天理之大同無人欲之或異」。

著作及其影響 王夫之著述宏富，有目可考者約 100 種，400 卷左右。其主要著作，在政治經濟方面有：《黃書》、《噩夢》等。在哲學方面有：《張子正蒙注》、《思問錄》內外篇、《周易外傳》、《周易內傳》、《尚書引義》、《讀四書大全說》、《老子衍》、《莊子通》等。在史學方面有：《讀通鑒論》、《續春秋左氏傳博議》、《宋論》、《永曆實錄》等。在文學方面有：《詩廣傳》、《薑齋詩話》、《古詩評選》、《楚辭通釋》等。

王夫之的著作生前刊行者，只《瀟濤園集》一種，早佚。他逝世後，其子王敔在湘西草堂刊刻 10 餘種著作，也流傳甚少。乾隆年間四庫開館後，將《周易稗疏》、《周易考異》、《尚書稗疏》、《詩經稗疏》、《詩經考異》、《春秋稗疏》6 種錄入《四庫全書》，將《尚書引義》、《春秋家說》存目，同時查禁9 種。嘉慶年間，民間陸續有所刊刻。第一次以《船山遺書》名義刊刻王夫之

著作者，是道光二十二年（1842）湘潭王氏守遺經書屋，收著作 18 種，150
卷。同治四年（1865），曾國藩、曾國荃在南京設局刊《船山遺書》（通稱「金
陵本」、「曾刻本」），收王夫之著作 56 種，288 卷。從此，其著作在近代廣爲
傳播，並爲士人所推崇。清末很多進步思想家受其思想影響，或主張維新變
法，或主張種族革命。譚嗣同稱：「五百年來學者，眞通天人之故者，船山一
人而已矣。」（梁啓超：《清代學術概論》（七））1914 年，劉人熙在長沙創立
船山學社，舉辦學術講座，出版《船山學報》，研究、宣傳王夫之思想，當時
在長沙讀書的毛澤東等人亦常去聽講。1921 年中國共產黨成立之後，毛澤東
還利用船山學社創辦湖南自修大學，爲革命培養了一批人才。1933 年，上海
太平洋書店重印《船山遺書》（通稱「太平洋本」），較曾刻本原刻增多 12 種。
1962 年，湖南、湖北在長沙聯合召開「紀念王船山逝世 270 周年學術討論會」。
進入 80 年代，船山學研究更加深入發展。1982 年召開了「紀念王船山逝世
290 周年學術討論會」。在此前後，湖南恢復船山學社，出版《船山學報》（後
改《船山學刊》）。嶽麓書社從 1988 年開始重新編輯出版《船山全書》。新版
《全書》充分利用近數十年來收集的多種王夫之著作的稿本或抄本，補正了
曾刻本的刪改、錯訛、衍倒，同時收入了近 10 多年來收集的數萬字王夫之著
作的佚文、佚詩，校勘精審，內容較全。新版《全書》按經、史、子、集編
排，分裝 16 冊。近 10 多年來，國內出版王夫之思想研究專著、論文集 20 餘
種。1992 年在湖南省衡陽市召開了「紀念王船山逝世 300 周年國際學術討論
會」，「船山學」不僅成爲國內學術界研究的熱點之一，而且已經逐步走向世
界。

　　《周易外傳》 明末清初王夫之撰。共 7 卷。前 4 卷論卦，第五、六兩卷
論《繫辭》，末卷論《說卦》、《序卦》、《雜卦》。清順治十二年（1655）王夫
之避兵常甯山寺時作，企圖以《易》理作爲其「出入於險阻」的「精義安身
之至道」（《周易內傳發例》）。

　　《周易外傳》比較系統地闡述了作者的哲學思想：（1）對「道器」、「象
道」、「體用」等範疇做了唯物主義分析。王夫之不贊成朱熹將形而上之「道」
作爲「生物之本」，形而下之「器」作爲「生物之具」。他認爲道與器並不是
兩種單獨存在、互不相關的實體：「天下惟器而已矣。道者器之道，器者不可
謂之道之器也。」並明確指出：無其器則無其道。從而在物質性的「器」的
基礎上解決了儒學史上長期爭論不休的道器關係問題。與此同時，他還認爲

道與象的關係並不是父子關係，而是耳目與聰明的關係，即體用關係。因此得出了象外無道的結論。「體」與「用」都是客觀存在的，人們可以通過事物的作用，認識其本體（本質、規律）。從這個意思上講，器是「體」，道是「用」，「據器而道存，離器而道毀」。（2）強調事物的普遍聯繫與運動。任何事物都要憑藉一定條件才能存在，這種條件性就說明了事物之間的互相依賴和普遍聯繫。所以他說：「物物相依。」「可依者有也。」事物之間的聯繫是客觀存在的，「皆無妄而不可謂之妄」。事物相互聯繫是運動的結果，故提出了太虛本動的命題：「太虛者，本動者也。動以入動，不息不滯。」他反對「禁動」的形而上學思想，認爲運動對人的身心修養也極有益：「動者，道之樞，德之牖也。」事物運動的原因，在於內部的陰陽對立統一。但是陰陽之間並不是「截然分析」不相聯繫的，也不是只有鬥爭與對抗而沒有協調與和諧。「和順」是矛盾和事物的重要特徵之一：「天地以和順爲命，萬物以和順而爲性。」既然一切事物都是運動變化的，那麼它們就必然有一個從低級到高級發展的新陳代謝過程，故又提出了推故而別致其新的命題。（3）強調「珍生」，充分發揮人的主觀能動性。王夫之批判了佛教的「了生死」和道教求長生不老的生命哲學，認爲生與死像晝與夜一樣是客觀的自然過程。人們懂得了這個道理，就要珍視自己的生命：「既已有是人矣，則不得不珍其生。」珍生的目的在於「延天以祐人」，即把握自然規律爲人類造福。

本書最初刊於清道光二十二年（1842）湘潭王氏守遺經書屋所刻《船山遺書》。同治四年（1865）曾刻本、1933 年太平洋本《船山遺書》均載，還有上海環福地書局本。中華書局 1962 年和 1976 年先後出版過繁體字本及簡體字本。嶽麓書社 1988 年新版《船山全書》編入第 1 冊，以嘉愷抄本爲底本。

《黃書》　明末清初王夫之的政論著作。1 卷。包括《原極》、《古儀》、《宰制》、《愼選》、《任官》、《大正》、《離合》等 7 篇，另《後序》1 篇。作於順治十三年（1656）。其時，明王朝已滅亡 12 年，南明永曆小朝廷偏安西南一隅已 10 年。王夫之避兵於常甯西莊源，對民族國家命運仍十分關注。《黃書》之作，就是希望「本軒轅之治，建黃中，拒閒氣殊類之災，扶長中夏以盡其材」。「黃中」一詞出《易·坤》：「君子黃中通理，正位居體，美在其中。」朱熹注：「黃中，言中德在內。」可見，王夫之所謂「建黃中」，就是要培養崇高的民族氣節，反對民族壓迫，這是貫徹全書的基本思想。爲了總結漢族政權丟失的教訓，他探討了歷代統治者治道的得失，特別痛斥「孤秦」、「陋

宋」的「私以一人治天下」。認為君主的首要任務就是「保其類」、「衛其群」，
君主的權位「可禪、可繼、可革，而不可使夷類間之」。並從恢復和鞏固漢族
政權出發，提出了一系列改革政治的主張，諸如兵民分治、加重府權、選賢
任能、關心民瘼、講究戰略等等。在論及經濟問題時，提出了大賈富民國之
司命的著名命題，強調「懲墨吏，紓富民，而後國可得而息也」。本書最初刊
於同治四年（1865）曾刻本，1933 年太平洋本《船山遺書》亦載。1936 年上
海中華書局曾印歐陽祖經《王船山黃書注》。1956 年古籍出版社將其標點，與
《噩夢》合編刊行。嶽麓書社 1992 年新版《船山全書》收人第 12 冊。

　　《讀四書大全說》　明末清初王夫之著。共 10 卷。作於康熙四年（1665）。
《四書大全》係明永樂年間胡廣等人奉欽命編纂，收錄程朱及其後學對四書
及朱熹《集注》的解釋。王氏按《四書》原有篇章順序，以讀書筆記方式評
論各家解釋，闡發了自己的哲學思想：（1）「理即是氣之理」，反對理先氣後
或理在氣外的觀點。指出「理」是一種抽象的、沒有固定形態的東西，人們
的感官看不見、摸不著，但它又不是不可知的；氣的有規律的變化所反映的
節奏、條理就是「理」的外在表現，通過這些外在表現就可以認識氣中之「理」。
所以他說：「理即是氣之理，氣當得如此便是理，理不先而氣不後。」氣外更
無虛託孤立之理。（2）強調知行「並進而有功」，反對將知與行割裂。他以學
下棋為例，說明如果終日只看棋譜，是「不能盡達殺活之機」的，必須同時
與人實際「對奕」，才能掌握「譜中譜外之理」。可見當人們認真鑽研棋譜時，
也是屬於行的一部分。他也反對知行合一，認為知有知的功用，行有行的功
用。它們的功用雖然不同，但又是相輔相成的：「由知而知所行，由行而行則
知之，亦可云並進而有功。」（3）格物與致知的關係。格物是心官與耳目均
用，「學問為主而思辨輔之」，致知則「惟在心官，思辨為主而學問輔之」。但
致知離不開格物，「以耳目資心之用而使有所循也，非耳目全操心之權而心可
廢也」。說明他既反對唯理論又反對經驗論。（4）主張理勢合一。理與勢的關
係如同理氣的關係。理本來是氣之理，「氣之條緒節文，乃理之可見者也。故
其始之有理，即於氣上見理；迫已得理，則自然成勢，又只在勢之必然處見
理」。（5）強調理欲統一。王夫之很讚賞南宋學者胡宏的「天理人欲同行異情」
的說法，認為它對那些「厭棄物則」的存理滅欲觀點是很好的批判。他指出，
饑則食，寒則衣，這是人自然本能的需要，但不同的人對衣食的愛好又各有
不同，這就是人欲。孔子說過「食不厭精」，又說過「不以紺緅飾」，說明聖

人的欲望是合理。所以他說:「聖人有欲,其欲即天之理。天無欲,其理即人之欲。……於此可見:人欲之各得即天理之大同,天理之大同無人欲之或異。」本書最初刊於清同治四年(1865)曾刻本,1933 年太平洋本《船山遺書》亦載。中華書局 1975 年校勘標點出版單行本。嶽麓書社 1991 年新版《船山全書》編入第 6 冊。

《續春秋左氏傳博議》 明末清初王夫之著。分上下兩卷,50 篇。南宋理學家呂祖謙青年時代曾著《東萊左氏博議》。《春秋》是王氏家學。崇禎十年(1637)王夫之結婚時,叔廷聘賦詩祝賀,有「日成博議幾千行」句。其時,夫之正從叔父讀史,故廷聘以此相勉,望其繼承和發揚家學。王夫之在和詩中有「愧無博議續東萊」句,說明他已有寫續《博議》的打算。可是當他寫成《續春秋左氏傳博議》時,已是康熙八年(1669)。在書中,王夫之站在唯物主義立場,批判了種種迷信思想,正確地闡述了天人關係。他指出:(1)鬼神並不是神秘之物。「神者何謂?氣伸者也。鬼者何謂?氣屈者也。伸則施於人,而屈則遠於人而去之。然而鬼也者與人不相及而何與於人哉?」(2)對於古人講日蝕是天對國政不善的譴謫,他運用當時科學知識,指出日蝕是日月「運而錯行之事,則因以有合而相掩之理」,與人事無關。(3)「道」或「理」(規律)是客觀的,人只能「即事以窮理」,而不能主觀臆造某種「規律」強加在客觀事物之上,「立理以限事」。(4)天道是無為的,人道是有為的,所以他說:「天之道,人不可以之為道者也。」他竭力反對「任天」無為,認為這樣做將「無以為人」。他認為天是「可竭者」,人是「竭之者」,只要發揮人的能動性,則「天之所死猶將生之,天之所愚猶將哲之,天之所無猶將有之,天之所亂猶將治之」。本書最初刊於湘潭王氏守遺經書屋清道光二十二年(1842)所刻《船山遺書》,同治四年(1865)曾刻本和 1933 年太平洋本《船山遺書》均載,嶽麓書社 1993 年新版《船山全書》編入第 5 冊。

《噩夢》 明末清初王夫之的政論著作。成書於清康熙二十一年(1682)。1 卷 56 章,每章討論一個問題,就事論事,各自成篇。內容涉及田制、賦役、吏治、科舉、武備等諸多方面,並暴露了清統治者的黑暗。王夫之在自序中說:「所可言者,因時之極敝而補之;非其至者也。」在田制、賦役方面,王夫之從土非王者之所得私的認識出發,強調「有其力者治其地」,「民自有其恒疇」。為了改變墨吏猾胥奸侵無已,強豪兼併不止的局面,王夫之主張「取民之制,必當因版籍以定戶口,即戶口以制稅糧」,這樣農民就可以永保其土

地，而不會隨便拋荒或投賣強豪。在吏治方面，王夫之提出兩個主張：一是要加強對官吏的考核，只有通過朝廷的定期考核，使那些不滿於公議者，昏瞶老疾者，皆無所隱匿，「吏道」才能澄清。否則「嚴於督民而寬於計吏」，則國必無與立。二是「核吏不得不嚴」，即嚴格計算官吏的經費開支。官俸不能太少，官吏的各種開支都要有專門經費。如果「俸入不諶，吏莫能自養」，官吏便會無所不為，成為侵奪人民的「豺虎」。對於科舉制度，王夫之肯定王安石革詞賦，用書義（經義）的歷史進步作用；同時突出地強調科舉考試必須貫徹經世致用的原則：「尊經窮理以為本，適時合用以為宜，登士於實學。」在武備方面，王夫之突出地強調屯邊，一方面可以「墾民所不耕之土」，另方面亦可使「夷狄莫之敢窺」。本書最初刊於同治四年（1865）曾刻本，1933 年太平洋本《船山遺書》亦載。1956 年古籍出版社標點後與《黃書》合編刊行。嶽麓書社 1992 年新版《船山全書》收入第 12 冊，係據王夫之手書本刊印。

《詩廣傳》 明末清初王夫之著。5 卷。康熙二十二年（1683）重訂。係作者讀《詩經》時對有關篇章內容的引申發揮，故稱「廣傳」。內容涉及歷史、政治、哲學、倫理、文學等方面。（1）肯定人類歷史是進化的。在遠古時代，「人之所以異於禽獸者幾希」。燧人、神農以前，「君無適主，婦無適匹」；大禹以前，「九州之野有不粒不火者矣」；後稷教耕稼，「來牟（麥類）率育而大文發焉」。這說明，王夫之初步認識到人類文明進化與生產力發展分不開。在這個意義上，他承認「衣食足而後禮義興」。（2）繼承了古代儒家民本思想，認為君主的命運與庶民生死息息相通：「民之死，非民自死，上死之也；君之亡，非君自亡，民亡之也。」故首先必須「善取民」，即取民時要看人民收成好不好，而不能光考慮國家之急需。「民之所豐，國雖弗急，取也；雖國之急，民之弗豐，勿取也」。只有懂得這個「取勿取之數」的人，才「可與慮民」，「可與慮國」，也才能「不窮於取」。另一方面，要注意滿足人民生活的基本需要：「民之情，飲食男女而已矣。」「飲食男女之欲，人之大共也。」因此必須滿足其需要。如果只知道鼓吹滅欲存理，則「吾懼夫薄於欲者之亦薄於理，薄於以身受天下者之薄於以身任天下也」。（3）在文學思想方面，強調文學的「函情」、「治情」作用。他說：「君子修文以亟情。」「周以情王，以情亡，情之不可恃久矣。是以君子莫慎乎治情。」（4）在哲學方面，提出了「動靜無端者也，故專言靜，未有能靜者也」，及「理成勢」、「勢成理」等觀點。本書最初刊於道光二十二年（1842）湘潭王氏守遺經書屋所刻《船山遺書》。同治四

年（1865）曾刻本和 1933 年太平洋本《船山遺書》均載。1964 年中華書局校勘標點出版單行本。嶽麓書社 1992 年新版《船山全書》編入第 3 冊。

《周易內傳》 明末清初王夫之撰。共 6 卷。每卷又分上下篇。卷末附《周易內傳發例》。《發例》中有「歲在乙丑……於病中勉爲作傳」，說明寫於康熙二十四年（1685）。嘉愷抄本《發例》末頁又有「丙寅仲秋月癸丑朔畢」，說明係康熙二十五年八月初一日修改定稿。王夫之在談到《周易內傳》與《周易外傳》區別時說：「《外傳》以推廣於象數之變通，極酬酢之大用，而此篇守《彖》、《爻》立誠之辭，以體天人之理，固不容有毫釐之踰越。」（《發例》）說明《外傳》重宏揚義理，《內傳》則圍繞《彖》、《爻》進行訓詁和推衍。

《周易內傳》還比較系統地闡發了王夫之的宇宙觀、方法論和認識論：（1）以「乾坤並建爲宗」，闡述了一種樸素唯物主義與樸素辯證法相結合的宇宙觀。王夫之指出，作爲宇宙本原的太極是一種「陰陽渾合」的狀況，「陰陽之本體，絪縕相得，合同而化，充塞於兩間」。氣是世界的本原，又是陰陽兩氣的對立統一；整個世界是陰陽兩氣構成，一切事物也是陰陽兩氣構成。「此太極之所以出生萬物、成萬理而起萬事者也，資始資生之本體也。」這種認識既堅持了唯物的氣本論，又堅持了樸素的辯證法。由此出發，指出事物的變化都是氣聚散的結果，不存在從無到有的「生」，也不存在從有到無的「滅」。所以「《易》言往來，不言生滅」；「生非創有，而死非消滅，陰陽自然之理也」。（2）論述了掌握《易》理辯證方法的重要性。它有助於克服片面性，增加全面性：「捨《易》不學，安於一偏之見」，就會「迷其性善之全體，陰陽之大用」；有助於克服主觀性，增強客觀性：「學《易》者明其理」，便可以「見天則以盡人能」。「天則」指自然規律，「人能」指人的能動性，「盡人能」即在認識規律的基礎上充分發揮人的能動性。學習《易》理的關鍵是要把握其基本原則，正確處理「常」與「變」的關係，做到「蹈常處變」。不管遇到什麼情況都能應付自如，並做到與時偕行：「讀《易》者所當唯變所適，以善體其屢遷之道。」（3）論述了某些認識論方面的問題。在談到認識的無限性和有限性的關係時說，天地間的「道」（規律）是無限的，個人的認識能力是有限的，即使是聖人也有很多不知不能的東西。所以聖人都很謙虛，「以求進德於無已，而虛受萬物以廣其仁愛」。

本書初刊於道光二十二年（1842）湘潭王氏守遺經書屋所刻《船山遺書》，同治四年（1865）曾刻本、1933 年太平洋本《船山遺書》均載。嶽麓書社 1988

年新版《船山全書》編入第 1 冊，以嘉愷抄本做底本。

《張子正蒙注》　明末清初王夫之著。9 卷 18 篇，另《序論》1 篇，《宋史‧張載傳》1 篇。書成於康熙二十四年（1685），重訂於康熙二十九年。《正蒙》是北宋張載的哲學著作。王夫之一生以「希張橫渠之正學」自任。在《序論》中他說：「張子之學，無非《易》也。」「《正蒙》特揭陰陽之固有，屈伸之必然，以立中道。」表明他繼承和發揚的，是張載建立在氣本論基礎上的樸素唯物論和樸素辯證法思想。

器敝而道未嘗息　（1）「氣」是世界的本原。「陰陽二氣充滿太虛，此外更無他物，亦無間隙，天之象，地之形，皆其所範圍也」。正是這種氣的合乎規律的聚散，構成了形形色色的具體事物。具體事物有生有滅，有成有毀，而氣只有往來而無生滅，它是永恆存在的。（2）「器有成毀，而不可象者寓於器以起用．未嘗成，亦不可毀，器敝而道未嘗息也」。這個「未嘗息」的「道」接近「物質一般」。王夫之批判了釋氏的「生滅」論。認爲承認生滅論，就會導致無中生有，其認識論根源，在於「徇耳目」，「知有之有而不知無之有」。王夫之稱，氣之聚散不測之妙爲「神化」，主持神化而寓於神化之中的是「理」。「若其實，則理在氣中，氣無非理，氣在空中，空無非氣，通一而無二者也。」（《太和篇》）這樣便唯物地解決了理與氣，即規律與物質的關係。

動靜者氣之二幾　氣分爲陰陽兩個組成部分，它們的相與摩蕩，就構成了事物自己運動的動因。他說：「蓋陰陽者氣之二體，動靜者氣之二幾，體同而用異則相感而動，動而成象則靜，動靜之幾，聚散、出入、形不形之從來也。」這裏講的「相感」含有對立面的鬥爭與統一的意思。但王夫之和張載一樣，更強調矛盾雙方「和」的一面：「相反相仇則惡，和而解則愛。」王夫之反對外因論，他批評老子將天地比做「橐籥」（風箱）是割裂了物質與運動、運動與靜止的關係。他說：「動靜者即此陰陽之動靜，動則陰變於陽，靜則陽凝於陰。」認爲運動是絕對的：「止而行之，動動也；行而止之，靜亦動也。」動靜之間可以互相轉化、互相滲透：「靜以居動，則動者不離乎靜；動以動其靜，則靜者亦動而靈。」他強調運動絕對性，並不否認靜止的作用。他認爲：「動有動之用，靜有靜之質。」「動而成象則靜。」

形神物相遇而知覺發　這是對認識論的論述。他說：「形也，神也，物也，三相遇而知覺乃發。」這是說，要使認識正確進行，主體方面要有健康的感官（形）和健全的理性（神），客體方面要有認識對象（物），三者缺一不可，

三者結合在一起就會產生認識（知覺）。王夫之繼承了張載關於見聞之知與德性之知的提法，但不像張載那樣割裂二者關係。他既反對「流俗以逐聞見爲用」，又反對「釋老以滅聞見爲用」，力圖解決感性認識與理性認識的關係。

本書最初由王敔於康熙四十年間加注刊刻。嘉慶年間，衡陽匯江書室又重刻。同治四年（1865）曾刻本、1933 年太平洋本《船山遺書》均載。1956 年古籍出版社據太平樣本標點排印，1975 年中華書局改用曾刻本校勘標點出版。嶽麓書社 1992 年新版《船山全書》編入第 12 冊，係據王鵬家藏王夫之手稿本排印。

《薑齋詩話》 明末清初王夫之著。3 卷。卷一《詩譯》，卷二《夕堂永日緒論》內編，卷三《南窗漫記》，附《夕堂永日緒論》外編。《薑齋詩話》之名，最初見鄧顯鶴清道光二十二年（1842）編的《船山著述目錄》。此書係後人纂輯而成。《南窗漫記》康熙二十七年（1688）成書，《夕堂永日緒論》康熙二十九年成書，《詩譯》成書時間與此相近。書中對詩歌的社會作用、詩歌創作的原則等方面，均有獨到見解。在詩歌的社會作用上，王夫之發揮了孔子興觀群怨的觀點，強調從整體上對四者加以把握。在詩歌創作上，突出強調「以意爲主」，「無論詩歌與長行文字，俱以意爲主。意猶帥也。無帥之兵，謂之烏合」。這裏講的「意」，包括審美意象、「象外之意」、「言外之意」、「神理」等含義。此外，強調「身之所歷，目之所見，是鐵門限」；「以神理相取，在遠近之間」；「情景名爲二，而實不可離」等等，均是詩歌創作的重要原則。在詩歌欣賞方面，主張「作者用一致之思，讀者各以其情而自得」。《夕堂永日緒論》內外編、《南窗漫記》最初由王敔於康熙四十年間在湘西草堂刊刻。《詩譯》最初刊於曾刻本《船山遺書》。清光緒十一年（1885）王啓源輯《談藝珠叢》，1927 年丁福保輯《清詩話》，其中《薑齋詩話》均只收《詩譯》和《夕堂永日緒論》內篇。人民文學出版社 1981 年出版的戴鴻森著《薑齋詩話箋注》，係按鄧顯鶴目錄作 3 卷，但將《夕堂永日緒論》外篇作附錄收入。嶽麓書社新版《船山全書》則作 4 卷、即將外篇作卷三，《南窗漫記》作卷四，編入第 15 冊出版。

《尚書引義》 明末清初王夫之著。6 卷，50 篇。康熙二年（1663）寫成初稿，康熙二十八年（1689）修改定稿。

《尚書引義》內容引申《尚書》中的某些觀點，比較系統地闡發了其哲學，特別是認識論和人性論方面的見解：（1）批判「天人感應」論，強調重

視「民之天」。天與人的關係如同父與子的關係一樣，不能父步亦步，父趨亦趨。人從自然界（天）那裏所繼承的是「道」（規律），而不可能「規規以求肖」。所以聰明的統治者是通過「民之天」，即民意來施政的。（2）通過對「己物」、「能所」等範疇的界定或改造，論述了認識主體與客體的關係。「所謂己者，則視、聽、言、動是已。」說明主體包括人的認識能動性和行為能動性兩方面。作為認識客體的「物」並不是客觀存在的所有事物，而是指進入人的認識範圍的物：「有物於此，過乎吾前，或見焉，或不見焉。」這說明在認識過程中，主體「固有權」，即選擇認識對象的自由。王夫之認為，佛教提出「能、所」的概念並沒錯，錯在誇大了人的「能」動性，用「能」吞滅了客觀存在並代替了客觀存在，「消所以入能，而謂能為所」。他指出，所謂「能」即主體之己，「所」即客體之物；「能」不在主體之外，「所」不在主體之內。人們要正確認識客觀事物，就要做到「因所以發能」，能必副其所。（3）強調行可兼知。王夫之批評陸九淵和王守仁的知行合一是「以知為行」；程頤和朱熹的知先行後也是不對的。他認為行高於知，「行焉可得知之效也，知焉未可以得行之效也」。因此，「行可兼知，而知不可兼行」。（4）論述了「格物」與「致知」的關係。「格物」是通過「博取之象數，遠證之古今」，即接觸古今各種具體事物和文獻材料，「以求盡乎理」，相當於認識的感性階段。「致知」則要發揮思維的能動作用，「虛以生其明，思以窮其隱」，把握事物的本質，相當於認識的理性階段。格物與致知二者是相濟的，「非致知，則物無所裁而玩物以喪志；非格物，則知非所用而蕩智以入邪」。這表明王夫之力圖解決感性認識與理性認識關係。（5）提出了性日生而日成的理論。人性不是固定不變的，「性者生也，日生而日成之也」，因此「未成可成，已成可革」。

本書最初由王敔在康熙年間刊刻，但版已不存。湘潭王氏守遺經書屋本、同治四年（1865）曾刻本、1933 年太平洋本《船山遺書》均載。尚有上海環福地書局本、《船山學報》本及中華書局 1962 年校勘標點本。嶽麓書社 1988 新版《船山全書》編入第 2 冊，以嘉愷抄本為底本。

《讀通鑑論》 明末清初王夫之著。30 卷，另「敘論」1 卷，共 912 論。為作者晚年以《資治通鑑》史實為背景寫的一本史論著作，內容涉及政治、經濟、哲學、歷史、軍事、文化、民族等諸多方面，反映了其政治、哲學思想及歷史觀。

在政治方面，闡述了「公天下」的思想，認為天下「非一姓之私」，君主

應該「循天下之公」。所謂「天下之公」就是「古今之通義」，即夷夏之防。「夷夏者，義之尤嚴者也」，它不僅高於「一人之正義」，而且高於「一時之大義」，是「萬世守之而不可易，義之確乎不拔而無可徙者也」。公者重，私者輕，絕不能「以一時之君臣，廢古今夷夏之通義」（卷十四）。他繼承和發揮了儒家傳統的民本思想，反復強調「長民者，固以保民為道者也」。並認為在戰亂頻仍、殺人盈野的亂世，「苟有知貴重其民者，君子不得復以君臣之義責之，而許之以為民主可也」。就是說在這種情況下，誰能保護老百姓，誰就可以當皇帝。

在歷史觀方面，肯定歷史是進化的。他認為在遠古時代，人與禽獸差別不大，以後隨著文明的進步，特別是「孔子垂訓之後」，老百姓與堯、舜以前那種「茹毛飲血，茫然於人道」的情況相比，進步甚多。因此他批評歷史退化論是「泥古過高，而菲薄方今以蔑生人之性」。他用理勢合一的理論，說明歷史發展是有規律的。郡縣制取代封建（分封）制是一種不以人的意志為轉移的必然理勢：「郡縣之制，垂二千年而弗能改矣，合古今上下皆安之，勢之所趨，豈非理而能然哉？」但是這種歷史的必然性（公），又往往是通過個別人的帶有私心的行為（如秦始皇稱帝）這種偶然性來實現的：「秦以私天下之心而罷侯置守，而天假其私以行其大公。」歷史的規律是客觀的，不可違背的，但人只要能「受命」，即認識和把握規律，又可以「造命」，即發揮主觀能動性「與天爭權」。

在治史的作用方面，肯定司馬光《資治通鑒》的書名取得好，因為「曰資治者，非知治亂而已也，所以為力行求治之資也」。說明治史的目的，是為了經世致用。為此，既要「推本得失之原」，從歷史中找出「合於聖治之本」的一些基本原則；又要「因其時而酌其宜」靈活運用，「寧為無定之言，不敢執一以賊道」。

本書是王夫之著作在近現代刊行最多的一種，版本達 15 種以上。最初由賀長齡等人於清道光年間以「聽雨軒」名義刊刻。同治四年（1865）曾刻本、1933 年太平洋本《船山遺書》均載。中華書局 1975 年標點並分別以繁體字和簡體字出版單行本。嶽麓書社 1988 年新版《船山全書》編入第 10 冊，並據抄本校勘。

《古詩評選》 明末清初王夫之著。6 卷。共收漢魏晉至南北朝、隋代詩 821 首進行評論，包括詩歌創作和詩歌批評等方面的內容。係王夫之晚年所

作。在詩歌創作方面，認爲詩人要獲得典型的審美意象，首先要承認美的客
觀性：「兩間之固有者，自然之華，因流動生變而成其綺麗。」其次，要如實
地反映這種美：「貌其本榮，如所存而顯之。」強調反映現實，但並不排斥想
像，而且還必須在反映的基礎上善於想像。他說：「空中樓閣如虛有者，而礎
皆貼地，戶盡通天。」這是說空中樓閣看似「虛有」實不虛有，因爲它的基
礎是建築在牢固的大地上的。又說：「想像空靈，固有實際。」想像看似「空
靈」實不空靈，因爲它有實際生活作基礎。在詩歌的表現手法上，他強調「情
不虛情，情皆可景；景非滯景，景總含情」的情景合一論。在詩歌的批評方
面，他主張文質統一，即所謂「文因質立，質資文宣」。「文」指詩歌的藝術
形式，「質」指詩歌的思想內容。「文因質立」，指思想內容決定藝術形式；「質
資文宣」，指好的思想還要靠優美的藝術形式去表現。由此出發，他既反對以
議論入詩，又反對敘事詩，認爲詩歌「一用史法，則相感不在永言和聲之中，
詩道廢矣」。本書最初由湖南官書局於民國六年（1917）鉛印出版，前有蕭度、
劉人熙序。1933 年太平洋本《船山遺書》收人。嶽麓書社新版《船山全書》
編入第 14 冊。

《思問錄》 明末清初王夫之著。分內外兩篇，內篇以討論哲學問題爲主，
外篇側重評論了古代科學及西方科學問題。寫作年月不詳。王敔在《薑齋公
行述》中說，其父寫作此書主旨爲：「明人道以爲實學，欲盡廢古今虛妙之說
而返之實。」其要點包括：（1）對佛老及陽明後學虛無論的批判，鮮明地體
現了一種「廢虛返實」的精神。「言無者激於言有者而破除之也。就言有者之
所謂有而謂無其有也。天下果何者而可謂之無哉？」言「無」者的錯誤是企
圖在客觀世界（「有」）之外去尋找一種絕對的虛無。「尋求而不得，則將應之
曰無」。說明有與無是對立的統一，二者不可截然分開。王夫之還論證了「太
虛，一實者也」的唯物主義觀點。這個「實」就是氣。「氣者，理之依也。氣
盛則理達。天積其健盛之氣，故秩序條理，精密變化而日新。」理氣關係如
此，道器關係亦如此，「盡器則道在其中矣」。（2）反對「廢然之靜」，強調運
動之絕對性。「太極動而生陽，動之動也；靜而生陰，動之靜也。廢然無動而
靜，陰惡從生哉！．……廢然之靜，則是息矣。」「靜者靜動，非不動也。」
由此他深入論證了「天地之德不易，而天地之化日新」的思想，指出風雷、
日月與人的官骸一樣，都在不斷發展變化，如果「守其故物而不能日新，雖
其未消，亦槁而死」。並運用這種「日新之化」的思想去觀察人類歷史，得出

了歷史是進化的結論。（3）肯定西洋科學技術有「可取者」，如「遠近測法一術」。但王夫之又認爲西洋科學「皆剿襲中國之緒餘，而無通理之可守也」。這表明他的思想還沒有擺脫傳統的束縛。本書最初於道光二十七年（1847）由賀長齡、羅繞典以「聽雨軒」名義刊刻。同治四年（1865）曾刻本、1933年太平洋本《船山遺書》均載。1956 年古籍出版社（後改中華書局版）校點後與《俟解》合編刊行。嶽麓書社 1992 年新版《船山全書》編入第 12 冊。

　　象外無道　　規律是包含在事物和現象之中的，不可離開事物和現象去探求規律；道理是包含在卦象等語言之中的，不可離開言語去尋找道理。明末清初王夫之關於道器學說和言意學說的命題。「象」指物象和卦象，「道」指物象中所包含的規律或卦象中所包含的道理。命題出自《周易外傳》卷六《繫辭下傳》第三章：「然則象外無道，欲詳道而略象，奚可哉？」王夫之認爲：（1）「天下無象外之道」，象與道是合而爲一的。以自然界的規律、法則而言，它們都是通過物象及物象之間的關係而表現出來的，人們正是通過「玄黃純雜」等現象的比較研究，才知道什麼是紋理；通過對「長短縱橫」的比較，才知什麼是「度」。《周易》中卦象和爻辭，是模仿客觀事物（器）的，《易》理正是通過這些卦象和爻辭反映出來的。（2）儘管物象很多，但它們有個共同的特點，即運動、變化，因此可以用《易》理去把握它們。在《周易》中，用陰陽這對範疇的對立統一，便概括了宇宙間所有物象千變萬化的原理。因此，王夫之既反對「漢儒說象，多取附會」，特別是虞翻的煩瑣哲學；又反對王弼的「得象而忘言，得意而忘象」。王弼曾把言比做捕捉魚兔的蹄、筌，他說人們捉了魚、兔以後就把蹄、筌丟掉了，所以「得意」之後也就把言忘掉。王夫之指出，王弼的這種比喻不倫不類，因爲魚、兔、蹄、筌都是具體事物，各有各的「象」，而且「盈天下而皆象」，人們可以不用蹄、筌捕魚、兔，但是怎麼能拋棄象而去探求易理呢？他認爲：「言未可忘，而奚況於象？」「言、象、意、道，固合而無畛。」（《周易外傳》卷六）二者是不可分割的。王夫之的象外無道的命題，從哲學上正確解決了現象與規律、言與意之間的關係，在《周易》研究史上也帶有某種總結意義。

　　無其器則無其道　　任何規律都是一定事物所具有的，離開了具體事物不可能有任何抽象存在的規律；事物是千差萬別的，規律也是多種多樣的；事物是發展變化的，規律也必然相應地發生變化。明末清初王夫之關於道器學說的命題。「器」指客觀存在的具體事物，「道」指事物的內在規律，是「物

所眾著而共由」，即一切事物都具有必須共同遵循的東西。命題出自《周易外傳》卷五《繫辭上傳》：「無其器則無其道，人鮮能言之，而固其誠然也。」王夫之認為，過去一些儒者喜歡講「無其道則無其器」這是把道器關係弄顛倒了。其實，「天下惟器而已矣。道者器之道，器者不可謂之道之器也」。器與道是一個統一存在的整體，規律就存在於具體事物之中，沒有無規律的事物，也沒有脫離事物而孤立存在的規律。例如，沒有弓箭以前不可能有射箭之道，沒有車馬以前不可能有駕馭之道，沒有各種祭器和樂器之前不可能有禮樂之道。可見，先有「形而下」之器，才有「形而上」之道；有了不同的器，便有不同的道。他反對「天不變，道亦不變」的形而上學觀點，認為器是發展變化的，道也要隨之變化，所以不同時代有不同的道。他還指出，既然「無其器則無其道」，那麼人們就要注重「治器」，即研究和變革具體事物，只有這樣才能真正把握「道」。王夫之的這種道器觀，從儒學發展史講，對前人學說予以總結，為清初實學思潮奠定了重視研究客觀實際、調查研究的理論基礎。這一命題對清末一些進步思想家也頗有影響，譚嗣同就曾用這個命題宣傳維新變法的必要性：「夫苟辨道之不離乎器，則天下之為器亦大矣。器既變，道安得獨不變？」（《譚嗣同全集‧報貝元徵》）。

太和絪縕之氣　宇宙的本原是元氣，氣充滿宇宙之間，此外沒有其他的東西；氣具有自身運動的能力和規律，陰陽二氣運動變化的結果，便產生了萬事萬物。明末清初王夫之關於本體學說的命題。出自《張子正蒙注‧參兩篇》：「天無體，太和絪縕之氣為萬物所資始，屈伸變化，無跡而不可測，萬物之神所資也。」《易‧乾象》有「保合太和」之語，謂保持一種合順至極的和諧。王夫之注張載的《正蒙‧太和》中「太和」為「和之至也」，即用此義。《易‧繫辭下》有「天地絪縕」之語，王夫之注《正蒙‧太和》中「絪縕」為「太和未分之本然」（《張子正蒙注‧太和篇》，下同）。可見，「太和絪縕之氣」是指處於極為和諧狀態混沌未分的本原之氣。王夫之認為：（1）整個宇宙（「太虛」）中都充滿了氣，除了氣以外沒有其他的東西。氣有聚和散兩種運動方式，當氣聚集在一起時，便會生出有形的事物，當氣散時，它就沒有形象，所以人們也就看不見。人們往往把看不見的東西稱之為「無」，其實這種「無」並不是絕對的虛無，而不過是氣的一種無形狀態。他指出，如果像老子那樣，將天地比做風箱，將萬物的產生說成像風箱排氣一樣，可以從無到有，那就勢必要承認有個風箱鼓動者，即造物主，這顯然是荒謬的。（2）太和絪縕之氣是不斷運動的。

氣中包括陰氣和陽氣兩個部分，它們的對立統一，就構成了事物的運動變化：「陰陽者氣之二體，動靜者氣之二幾，體同而用異則相感而動，動而成象則靜，動靜之幾，聚散、出入、形不形之從來矣。」王夫之指出，懂得了氣能自己運動的道理，就知道世間無所謂鬼神。「陰陽相感聚而生人物者」就是「神」；「合於人物之身，用久則神隨形敝，敝而不足以存，復散而合於絪縕者」，就是「鬼」。王夫之不贊成張載用莊子「生物以息相吹」來說明氣的運動，這容易使人誤認為是外力推動的結果。王夫之的這種氣化理論在當時來說是超出前人的，在儒學發展史上集先前一切元氣學說之大成。

氣外無虛託孤立之理　氣和理、物質與規律是一個統一的整體，它們沒有先後之分，氣是理賴以存在的物質基礎。明末清初王夫之關於理氣學說的命題。出自《讀四書大全說‧孟子‧告子上篇》：「天人之蘊，一氣而已。從乎氣之善而謂之理，氣外更無虛託孤立之理也。」王夫之認為，理與氣是「通一而無二」的：「理與氣不相離。」「理與氣元不可分作兩截。」它們是一個不可分割的整體。理是看不見摸不著的東西，它不是什麼獨立的實體，只能通過氣的運動變化表現出來，「氣之條緒節文，乃理之可見者」。氣是理賴以存在的物質基礎：「氣者，理之依也。氣盛則理達。」（《思問錄‧內篇》）王夫之還認為，既然理與氣是統一整體，那麼理氣之間就沒有什麼先後之分：「理即是氣之理，氣當得如此便是理，理不先而氣不後。」王夫之批評程子「天一理也」的說法「語猶有病」，因為這容易使人以為理可以離開氣而「孤立」存在。他指出：「以天為理，而天固非離乎氣而得名者也，則理即氣之理，而後天為理之義始成。」這說明王夫之的唯物主義立場是十分鮮明的。從儒學發展史來看，王夫之的理氣觀對前人的思想做了一個批判的總結。

誠者實有　明末清初王夫之的哲學命題。出自《尚書引義》卷三《說命上》：「夫誠者實有者也，前有所始後有所終也。實有者，天下之公有也，有目所共見，有耳所共聞也。」對這個命題，學術界有三種不同的理解。（1）不少學者認為，王夫之對「誠」範疇的規定表明，他承認客觀世界真實無妄。他在《讀四書大全說‧孟子‧離婁上》講：「說到一個『誠』字，是極頂字」這樣的誠只有客觀實在當之；也就是說，「誠者實有」近似於「物質一般」的客觀實在性抽象。（2）有的學者認為，王夫之對「誠」的論述，與朱熹注釋《中庸》所說的「誠者，真實無妄之謂」有一定聯繫。因為就在上述說誠「是極頂字」之後，王夫之接著說：誠是「盡天下之善而皆有之謂也，通吾身心

意知而無不一於善之謂也。若但無僞，正未可以言誠」。故王夫之對於「誠」主要是從「善」、「天理」等抽象精神方面立論的。（3）有的學者則認爲，所謂「夫誠者實有者也」，不是指「客觀實在」，而是指實有客觀規律。因爲這裏的「實有者」的「者」字並非虛詞，而是說「實有的」。王夫之說：「誠也者實也，實有之固有之也。……若夫水之固潤固下，火之固炎固上也。」（《尙書引義‧洪範三》）可見，這裏的「實有之」的「之」字當做實有一定的規律解。這三種說法中，以最後一種說法理由較爲充足，因爲《中庸》所說的「誠者天之道」，本來就是講天道（即規律）是實在的。王夫之在《讀四書大全說‧孟子‧離婁上》中說：「『誠者天之道也』，天固然其無僞矣。然以實思之，天其可以無僞言乎？本無所謂僞，則不得言不僞，乃不得言不僞，而可言其道曰『誠』。」所謂「其道曰『誠』」，正是肯定規律的實在性。

太虛本動 物質世界具有自己運動的能力，運動是絕對的，靜止是相對的。明末清初王夫之關於動靜學說的命題。出自《周易外傳‧繫辭下傳》第五章：「太虛者，本動者也。動以入動，不息不滯。」「太虛」，指廣大的太空。「太虛即氣，絪縕之本體。」（《張子正蒙注‧太和篇》）可見，太虛本動就是說氣具有自己運動的能力。氣所以能夠自己運動，是因爲內部具有陰陽兩種不同的勢力，它們互相感應就成了氣自我運動的動因。氣中的陰陽對立和氣一樣是永恆存在的，所以運動也是永恆存在的。運動既是自然的本質屬性，也是人的本質屬性，君子只有自強不息，才能進德不止。所以他說：「天下日動而君子日生，天下日生而君子日動。動者，道之樞，德之牖也。」（《周易外傳》卷六）靜止是運動的一種特殊形態：「靜者靜動，非不動也」（《思問錄‧內篇》）；「動而不離乎靜之存，靜而皆備其動之理」（《張子正蒙注‧誠明篇》），靜止是與運動相對而言的，它從運動轉化而來，又內在地包含著運動的趨勢，運動和靜止是互相包含的。所以，王夫之反對「廢然之靜」，即絕對靜止的形而上學觀點。他批評老子「致虛極，守靜篤」的觀點是叫人們「與死爲滅，與鬼爲幽」（《周易外傳‧繫辭下傳》）。王夫之的動靜觀代表著中國古代哲學對運動與靜止關係的深刻認識。

氣有往來無生滅 構成萬事萬物的氣永恆存在，不生不滅，無始亦無終，而只有運動和變化。明末清初王夫之關於物質存在永恆性的命題。出自《張子正蒙注‧太和篇》：「器有成毀，而不可象者寓於器以起用，未嘗成，亦不可毀，器敝而道未嘗息也。……故曰往來，曰屈伸，曰聚散，曰幽明，而不

曰生滅。生滅者，釋氏之陋說也。」這裏講的「器」是指各種具體事物，「不可象」的「道」則不是指規律一般，而是指物質一般，即氣。王夫之把氣作爲道的「本體」，作爲「本體」的氣是虛而無象的，但由於本體中具有陰陽二氣，它們互相「交感」，於是「凝滯而成物我之萬象」，這也就是「不可象者寓於器以起用」，即本體的作用。正由於具體事物的器是由氣這個「道之本體」所構成的，所以當器陳舊、毀壞之後，便分化瓦解，重新回到氣的本然狀態，這就是「器敝而道未嘗息」。這說明，各種具體器物是有始有終、有生有滅的，即有限的，而作爲「本體」的氣卻是無始無終、不生不滅的，即無限的。王夫之還用木柴的燃燒、水和汞的氣化爲例說明，它們或爲煙、爲氣，或爲燼，原有的具體形狀不見了，但煙、氣或灰燼的總量與原有物質的總量相比，並沒有減少。王夫之由此得出結論，物質是不滅的。因此人們可以講氣有屈伸、往來、聚散、幽明，而不能說它有生滅。如果認爲氣有生滅，就是承認無中可以生有，就會陷人佛教和老子的空無之論。王夫之的物質不滅思想雖然是樸素的，但在儒學發展史和中國哲學史上，像他這樣用經驗事實對這一思想論證如此充分、表述如此準確還是不多的。

　　萬物以和順爲性　　矛盾著的雙方，除了互相對立的一面外，還有互相聯繫的一面，人們不能只看到對立面雙方的對抗和鬥爭，而看不到雙方的和諧與協調，其實和順有極大作用。明末清初王夫之關於矛盾學說的命題。出自《周易外傳・說卦傳》：「天地以和順爲命，萬物以和順而爲性。繼之者善，和順故善也。成之者性，和順斯成矣。」《易傳・說卦》中有「和順於道德」一語，上述命題即發揮此義。王夫之十分重視矛盾的普遍性，他以「君子樂觀其反」（《周易外傳》卷七）說明研究事物矛盾的重要性。但是他又強調，人們在研究矛盾時，決不可將矛盾雙方看做「截然分析而必相對待之物」。矛盾雙方並不像斧頭劈木柴那樣，「已分而不可復合」，而是可以互相滲透。如他所說「天入地中」、「地升天際」，即屬此類。且又可以相互轉化，例如金屬熔化後便由硬變軟，水結冰後就由軟變硬，說明「剛柔之無畛」。此外，有的矛盾雙方是互相補充的，呼與吸就是如此。呼必有吸，吸必有呼，「統一氣而互爲息，相因而非相反也」。由此王夫之得出結論：從天地、萬物到人心，都沒有絕對對立的矛盾，矛盾雙方的關係總是和諧的、協調的，和順是天地的根本，是萬物的本性，人類所以能夠繼天之善成己之性，也是因爲有和順在起作用。他重視矛盾、看到矛盾雙方的互相聯繫，並分析了這種聯繫的多種

形式，都是很有價值的思想。但他有過分強調「和」的傾向：「相反相仇則惡，和而解則愛。」(《張子正蒙注・太和篇》)

變化日新 事物不是凝固不變的，而是不斷日新變化和發展的。明末清初王夫之關於發展學說的命題。出自《思問錄・外篇》：「天地之德不易，而天地之化日新。」自然界的本性和功能是不變的，而自然界的變化卻是日新的。人們只有懂得這個道理，才能自強不息，進德不已。他以大量的經驗事實，論證了這種日新變化。例如，人們從今日之風雷不是昨日之風雷，從而推知今日之日月不是昨日之日月；也可以由此而推知今日的人體器官不是昨天的人體器官。並進而指出，有些東西在一個相當長的時期之內，外表沒有什麼變化，就像張載所說：「日月之形，萬古不變。」其實，這裏講的「形」是指外表的輪廓形象，而不是指它的內部構成物質。事物內部構成物質是不斷新陳代謝的，只不過外部形態保持著相對的穩定，只要這個事物存在一天，它的外部形態就不會發生大的變化。由此，他得出論斷：「質日代而形如一。」並指出，人們不要因為事物的外形未變，就以為其內部構成物質也沒有變化。恰恰相反，如果沒有內部物質的不斷變化，事物的生命也就停止了，其外部形態也就無法繼續保持不變。所以他說：「守其故物而不能日新，雖其未消，亦槁而死。」王夫之的變化日新思想，對《易傳・繫辭上》的「日新之謂盛德」做了深刻而透澈的發揮。

推故而別致其新 事物的發展是一個由量變到質變的過程。所謂質變，就是舊事物的消亡，新事物的產生。宇宙就是通過這種新舊事物的不斷更替而發展、繁盛的。明末清初王夫之關於事物發展過程中質變思想的命題。出自《周易外傳・無妄》：「凡生而有者，有為胚胎，有為流蕩，有為灌注，有為衰減，有為散滅……散滅矣，衰減之窮，與而不茹，則推故而別致其新也。由致新而言之，則死亦生之大造矣。」事物的發展像有機生命一樣，有一個從孕育、成長到死亡的過程。在胚胎期，即已充滿陰陽之氣，陰陽之氣的積聚，就為事物的萌芽奠定了基礎。由於「陰陽之施予而不倦」，事物便成長壯大。這個過程大體相當於王夫之在《思問錄・外篇》中說的「質日代而形如一」。事物內部因新陳代謝的作用而使其內在的質不斷更新，但事物的個體仍保持相對穩定性，即「形如一」的外貌。可是當事物衰老之後，其新陳代謝能力減弱了，事物的生命也就要終止、散滅了。舊事物雖然死亡、散滅了，但構成該事物的氣並不會隨之腐臭，它們「解散」之後，在一定條件下又可

以成為其他新事物的組成部分。舊事物的消亡促進了新事物即產生，就是推故而別致其新；舊事物的消亡，為新事物的產生創造了條件，說明「死亦生之大造」。王夫之對事物由量變到質變發展過程的論證雖然是樸素的，但由於他承認事物發展過程中有質變，所以能夠比較合理地說明宇宙間「有而富有」、「有而日新」的進化原因，從而有力地批駁了佛老之徒「以有為妄」，把變化萬千的客觀世界說成虛無幻境的唯心之論。

　　能必副其所　客觀事物是不依賴於人的意志而存在的，人的主觀認識必須依賴於客觀事物，並反映客觀事物。明末清初王夫之關於主觀與客觀關係的命題。出自《尚書引義·召誥無逸》：「境之俟用者曰『所』，用之加乎境而有功者曰『能』。……乃以俟用者為『所』，則必實有其體；以用乎俟用，而以可有功者為『能』，則必實有其用。體俟用，則因『所』，以發『能』；用用乎體，則『能』必副其『所』。」能、所這對範疇源出佛典。能，指人們的主觀認識能力；所，指作為認識對象的客觀事物。王夫之指出，能、所這對範疇雖然出自佛家，但能、所的區分卻是客觀存在的，「能」相當於中國古書中的「用」、「思」、「己」等概念，「所」則相當於中國古書中的「體」、「位」、「物」等概念。佛教的錯誤不在於提出了能、所這對範疇，而在於「消所以入能」，即誇大了人的主觀能動性，將客觀存在消溶在人們主觀意識之中，從而否定了認識對象的客觀實在性，這完全是顛倒了主客觀之間的關係。他還指出，「所不在內」，即認識對象是獨立於人腦之外的客觀存在，而不是存在於人腦之內的主觀的東西；「能不在外」，即認識能力是人的認識器官所具有的，它只能反映客觀，而不能創造客觀。他認為能、所之間雖然有嚴格的區別，但又有同一性。這種同一性就表現在認識能力作用的發揮必須憑藉認識對象，這就是「因所以發能」；認識的內容必須符合認識對象，這就是「能必副其所」。這樣，他既指出了認識的來源是客觀世界所引起的，又指出了檢驗認識正確性的標準，在於主觀與客觀的統一。在儒學發展史上，宋代一些理學家也曾經吸收佛家的能、所概念，但未能對它們做出正確解釋。直到王夫之才第一次對這對範疇做了唯物主義的解釋。

　　知行相資　知和行是兩個內涵和功用不同的範疇，但二者又是相互依賴不可分裂的，它們只有互相依賴才可以充分發揮各自的作用。明末清初王夫之關於知行關係的命題。出自《禮記章句·中庸衍》：「知行相資以為用，唯其各有致功而亦各有其效，故相資以互用，則於其相互，益知其必分矣。同

者不相爲用，資於異者乃和同而起功，此定理也。」宋代儒者多主知先行後，朱熹亦講過「知行常相須」；明代王守仁則提出知行合一，抹煞了知行之間的區別，王廷相則有「知行兼舉」之說。王夫之知行相資的命題批判地總結了前人的知行觀點，而有所創造。他認爲：（1）知和行是兩個內容不同、功效也不同的概念。他講的知，一方面包括人們的主觀認識能力，即所謂「知能者人事也」；另一方面，包括認識的結果，即所謂「心裏直下分明」的「智」。而他講的行，指踐履、實踐、爲、習之類。王夫之認爲，王守仁就是由於不懂得知行「各有功效而相資」的道理，所以其「知行合一之說得藉口以惑世；而且他的知行合一實際上是「以知爲行」。（2）知行雖然有別，但它們又是互相依賴，相輔相成的，「由知而知所行，由行而行則知之，亦可云並進而有功」（《讀四書大全說》卷四）。（3）知行可以互相滲透和包含。他說：「知行二義，有時相爲對待，有時不相爲對待。」知的過程中有行，行的過程中有知。王夫之將「知行相資以爲用」提到對立統一的「定理」高度，在儒學發展史和中國哲學史上都是一種創見。

行可兼知　在知行這一對範疇中，行比知具有更加根本的意義，人們的知識、經驗要靠行才能得到，認識的目的也是爲了指導行，且認識是否正確也要通過行才能檢驗。明末清初王夫之關於知行關係的命題。出自《尚書引義・說命中二》：「知也者，固以行爲功者也；行也者，不以知爲功者也。行焉可以得知之效也，知焉未可以得行之效也。……行可兼知，而知不可兼行。」王夫之發揮了《尚書・說命》中「非知之艱，行之惟艱」一語，批評了宋儒知先行後說。王夫之認爲：（1）行是知的基礎。比如人走路，不去行走是不可能知道道路情況的。古人爲什麼要強調「行之惟艱」？因爲只有「先其難，而易者從之易矣」。「知非先，行非後」，人們只有通過行才能獲得知。（2）知是行的目的。人們求知，不是爲認識而認識，而是爲了更好地行動，故君子「未嘗離行以爲知也」，人們求知如果離開了行這個目的，就可能陷入煩瑣的詞章考據而玩物喪志，或者陷入佛道之類的玄想、參悟。所以他反復強調「知之盡，則實踐之而已」（《張子正蒙注・至當篇》）。（3）行是檢驗知的手段。所謂「行焉可以得知之效」的「效」，就是徵驗、效果之意。強調「行可兼知」，即行對知的決定作用，但並不否認知的作用。他認爲：「人必知之而後能行之，行者皆行其所知者也。……喻之深，察之廣，由是而行，行必安焉。」（《四

書訓義》卷二十）王夫之行可兼知的命題繼承發展了古代儒家「行之惟艱」的思想，並對前人知行關係的理論做了總結。

性日生而日成　人性不是先天的、固定不變的，而是受後天的習行影響，是不斷發展變化的。明末清初王夫之關於人性的命題。出自《尚書引義·太甲二》：「天日命於人，而人日受命於天。故曰性者生也，日生而日成之也。」古代關於人性的理論「戶異其說」，有主張「無善無不善」者，有主張「有善有不善」者，有主張「可以爲善可以爲不善」者，它們都把人性看成先天的、不可改變的。唯有《尚書·太甲上》說「習與性成」比較平允，它注意了後天習行對性的影響。故王夫之指出：（1）人性是自然界的給予和影響下產生的。人一天天生長，性也就一天天形成，即「天日命於人，而人日受命於天」。（2）人性雖然都是在接受自然界給予的過程中形成的，但人們在吸取自然界的給予時有純與不純的區別，如果吸取得純粹，就形成善性，如果吸取得不純粹，就會形成惡性。所以君子要不斷奮發圖強，天天進取，時時警惕，選擇好的、堅持好的，以養成善性。這說明他看到了人在養性過程中是「有權」，即可以發揮自身能動性，「自取而自用」。（3）人性既可以由好變壞，也可以由壞變好，由於自然界對人的給予是無窮無盡、變化不定的，因而引起人性也經常發生變化而有所不同，世間沒有什麼不可改變的人性。所以他說：「未成可成，已成可革。性也者，豈一受成侀、不受損益也哉？」力圖用自然界本身的變化來說明人性的變化。由於他不瞭解決定人性的首要因素是人的社會本質而不是自然本質，所以儘管他批判了先驗的不變的人性論，但並沒有對人性做出科學的解釋。同時，他在反對先驗人性論時也不徹底，還承認人性有一部分如仁、義、禮、智是天生的、人心固有的。

人欲之各得即天理之大同　天理和人欲不是對立的，而是統一的，「天理」即寓於人欲之中，人的欲望即包含有「天理」。明末清初王夫之關於理欲關係的命題。出自《讀四書大全說·論語·里仁篇》：「聖人有欲，其欲即天之理。天無欲，其理即人之欲。學者有理有欲，理盡則合人之欲，欲推即合天之理。於此可見：人欲之各得，即天理之大同；天理之大同，無人欲之或異。」王夫之認爲，在社會生活中，「理」表現爲禮。「禮雖純爲天理之節文，而必寓於人欲以見。」離開了人欲，禮教的作用就表現不出來。例如，孔子既講過「食不厭精」，又說「不以紺緅飾」，這說明聖人的欲望總是合「禮」，即合乎天理的。人饑餓了就要飲食，寒冷了就要加衣服，這是合乎天理，即合乎生

理要求的。但不同的人對飲食的口味、品質要求不同，對衣服的式樣、質地、顏色也各有所好，這就是人欲。由此可見，天理是通過人欲表現出來的。人欲得到合理的滿足，天理也就得到了實現。王夫之又說：「有公理，無公欲。私欲淨盡，天理流行，則公矣。」（《思問錄·內篇》）所謂「私欲」就是超出了「禮」所規範的欲望。可見，王夫之的理欲統一思想是有前提的，即不能越「禮」。儘管如此，它對糾正宋儒將理、欲對立起來的存理滅欲思想，還是起了歷史的進步作用。譚嗣同對此評價頗高：「王船山曰：天理即在人欲之中，無人欲則天理亦無從發見，最與《大學》之功夫次第合；非如紫陽人欲淨盡之誤於離，姚江滿街聖人之誤於混也。」（《仁學》二十六）。

在勢之必然處見理　理與勢不是兩個截然分開、互不聯繫的東西，實際上理是通過事物發展的必然趨勢反映出來的。明末清初王夫之關於理勢關係的命題。出自《讀四書大全說·孟子·離婁上篇》：「其始之有理，即於氣上見理；迨已得理，則自然成勢，又只在勢之必然處見理。」朱熹在《孟子集注·離婁章句上》中說：「有道之世，人皆修德，而位必稱其德之大小。天下無道，人不修德，則但以力相役而已。天者，理勢之當然也。」王夫之指出，朱熹的這種解釋，是把理和勢分成了兩個不相聯繫的東西。他認爲，朱熹既然對有道之世和無道之世都講「役」，那麼這種「役」就應該都是勢；既然講「理勢之當然」，那麼勢之當然就是理。所以王夫之說：「小德役大德，小賢役大賢」，是理之當然。然而正是這種理的當然，就造成了勢。「小役大，弱役強」，是勢之必然。這種不得不然的勢反映事物發展的當然之理，故理與勢是相聯繫的。王夫之還批評了饒魯（雙峰）在《四書大全》中，將「有道之天」說成是「理」，「無道之天」說成是「氣」的觀點。他指出，「有道之天」與「無道之天」都是氣，它們都要表現爲勢。「氣之成乎治之理者爲有道，成乎亂之理者爲無道。均成其理，則均成乎勢矣。」進而指出，饒魯在理與勢之間插入一個氣是畫蛇添足。因爲理與氣是不能分離的，而勢是靠理來形成的，而不是靠氣。「凡言勢者，皆順而不逆之謂也；從高趨卑，從大包小，不容違阻之謂也。夫然，又安往而非理乎？」王夫之強調在勢之必然處見理，撥正了朱熹和饒魯將理勢分開的形而上學觀點，在儒學史上第一次深入論證了理與勢的辯證統一。

理勢合一　理與勢是事物的規律及其發展趨勢，是互相依賴、相輔相成的。明末清初王夫之關於理勢辯證關係的命題。出自《讀四書大全說·孟子·

離婁上篇》：「孟子於此，看得『勢』字精微，『理』字廣大，合而名之曰『天』。進可以興王，而退可以保國，總將理勢作一合說。」王夫之的理勢合一思想，包括：（1）理勢不可「分作兩截」。理和勢的關係，就像理和氣的關係一樣，都是不可分離的。「理當然而然，則成乎勢矣」；「勢既然而不得不然，則即此為理矣」。理是事物的當然法則，勢是事物發展的必然趨向。有了當然的法則，就一定要出現必然的趨勢；而在此必然之趨勢之中也一定包含有理。「迨已得理，則自然成勢，又只在勢之必然處見理」。（2）理與勢是相輔相成的。順逆之理是客觀的是非標準，可否之事是人的主觀需要。當人們的主觀之可否與理之順逆符合時，事情就容易成功，理也就自然有助於勢的形成。同時，這種符合理的可與否，在實踐過程中進一步證實理的正確，這就叫做「勢成理」。所以王夫之在《尚書引義·武成》中說：「勢之難易，理之順逆為之也。理順斯勢順也，理逆斯勢逆矣。」（3）理勢可以相激相易。王夫之在《讀通鑒論·秦始皇》中，通過對封建制與郡縣制起源的分析，得出「勢相激而理隨以易」的結論。這說明他認識到勢變理亦變。王夫之對理勢統一關係的認識是深刻的，但在某種程度上存在重理輕勢的傾向。

土非王者所得而私　土地自開闢以來就是人民安身立命的基礎，它不是帝王的私產，必須讓有勞動能力的人所有和耕種。明末清初王夫之關於土地問題的命題。出自《噩夢》：「天下受治於王者，故王者臣天下之人而效職焉。若土，則非王者之所得私也。天地之間，有土而人生其上，因資以養焉。有其力者治其地，故改姓受命而民自有其恒疇，不待王者之授之。」在中國古代，有「普天之下，莫非王土」的說法，將土地視為帝王的私產。王夫之不贊成這種觀點。他在《讀通鑒論·東晉孝武帝》中說：「王者能臣天下之人，不能擅（獨攬）天下之土。」他認為，人們生活在有帝王的社會，當然有待帝王的正確領導生產才能順利發展，而帝王受老百姓的供養也是合情合理的。至於土地則是天地之間的固有物，帝王可以改朝換代，土地等自然物卻不會因朝代的變化而變化。人是要靠土地養活的，而不是靠帝王，所以帝王無權獨攬天下的土地。帝王可以徵用人民的勞動力，但不能侵佔人民的土地。王夫之強調土非王者所得而私，繼承了儒家傳統的民本主義。至於這一命題中「有其力者治其地」的「有其力者」指什麼人，學術界的看法有歧義。有的認為指中小地主；有的認為主要是自耕農；有的則認為當包括自耕農、富農和經營地主。

大賈富民國之司命 有錢的大商人是掌握國家經濟命脈，關係國計民生的社會力量。明末清初王夫之關於商人社會作用的命題。出自《黃書·大正》：「大賈富民者，國之司命也。」「司命」係中國古代星官名，即文昌第四星，神話中說它是主宰功名、祿位的神，舊時多爲讀書人所崇祀。王夫之將大賈富民提到「國之司命」的地位，說明他對商人在社會中的重要地位有相當認識。這種認識反映了他對明末清初商品經濟發展已有較深的印象。例如，他在提出這一命題之前，分析了全國商品經濟發展的形勢，指出東南沿海地區，「良賈移於衣冠」，福建、廣東已有對外貿易，其他一些貧瘠的「千戶之邑」，也有「素封巨族冠其鄉」。這種商品經濟的發展，有利於「流金粟，通貧弱之有無」，使農民的日常生活用品得以「自給」，能「晨戶叩而夕炊舉」。在王夫之其他著作中，也有類似的看法。如：「商賈貿販之不可缺也，民非是無以通有無而贍生理，雖過徽民利，而民亦待命焉。」（《宋論》卷二）又說：「金粟交裕於民，厚生利用並行，而民乃以存。」（《讀通鑑論》卷四）「天下交相灌輸而後生人之用全，立國之備裕。」（《讀通鑑論》卷二十七）基於對商人社會作用的這種認識，所以王夫之在《黃書·大正》中，極力抨擊那些貪官污吏「借鋤豪右，文致貪婪」的行徑，主張「懲墨吏，紓富民，而後國可得而息也」。對王夫之這一命題的評價，學術界有分歧。有代表性的看法是對這一命題評價不能過高，因爲在王夫之的著作中，抑商言論不少。如說：「商賈者，王者之所必抑；游惰者，王者之所必禁也。」「生民者農，而戕民者賈。」這說明王夫之還沒有完全擺脫重農抑商的傳統，對商人社會作用的認識比較有限。

夷夏之防 要嚴格劃清華夏族（主要指漢族）與周邊少數民族的界限，既要堅決反對少數民族入侵中原，又不要主動對他們出擊，要彼此不相侵犯，各安其處。明末清初王夫之關於如何處理華夏民族與少數民族關係的命題。出自《讀通鑑論·東晉哀帝》：「天下之大防二：中國、夷狄也，君子、小人也。」自從《春秋公羊傳·成公十五年》提出「內諸夏而外夷狄」之後，歷代儒家都很重視「夷夏之辨。」王夫之生當滿洲貴族入主中原之際，對清代統治者的民族高壓政策有切膚之痛。爲了光復漢族政權，所以特別強調夷夏之大防。他將夷夏之防作爲其民族觀的理論基石，進行了比較充分的論證。他認爲華夏族與「夷狄」的區別是不同的自然地理條件造成的，所以華夏族與「夷狄」的界限絕不可亂，「亂則人極毀」。要堅持「絕夷於夏」這個「萬

世守之而不可易」的「古今之通義」。他認爲，君權「可繼、可禪、可革，而不可使夷類間之」（《黃書・原極》）。而對入侵中原之夷狄，則「欺之而不爲不信，殺之而不爲不仁，奪之而不爲不義者也」（《讀通鑑論》卷二十八）。對於那些並沒有侵犯華夏的「夷狄」，則主張「彼無我侵，我無彼虞，各安其紀而不相瀆」（《宋論》卷六）。對王夫之的民族思想，學術界一般均肯定其中所包含的民族自立、自強、自衛，珍視民族氣節等積極內容，以及對近現代一些先進人物產生過的巨大影響；也都認爲其中包括有狹隘民族主義的消極因素。但在對夷夏之防的命題的分析上則有分歧。有的認爲它歷來是華夏民族用以增強民族自豪感和自信心的理論，應予肯定；有的則認爲它是爲「華夏中心論」服務的，應予否定。

（此文爲《中國儒學百科全書》中本人所寫有關王夫之的條目，中國大百科全書出版社 1997 年版）

船山學研究

「希張橫渠之正學」
——王夫之是如何推崇張載的？

王夫之臨終前曾自撰墓誌銘，其中有曰：「希張橫渠之正學，而力不能企」，這句話表明王氏對張載的極度推崇。那麼王氏所推崇的「正學」到底是什麼樣的學問呢？他為什麼要特別推崇這種「正學」呢？本文擬根據王氏的《張子正蒙注·序論》及《注》中有關論述，作些探討。

一

「正學」一詞，最早出現在《史記·轅固生傳》。轅固生是漢代一位著名的儒家學者。他專治《詩經》，漢景帝時被任命為經學博士。他以非難黃老之學而得罪過竇太后。漢武帝時，他已經 90 多歲了。武帝為了推崇儒學，仍想徵用他，只因那些阿諛奉承的儒生攻擊，才作罷。武帝在徵調轅固生的同時，還徵調了另一位儒生公孫弘。當他們同時朝見武帝時，轅固生對武帝說：「公孫子，務正學以言，無曲學以阿世！」（《史記·儒林列傳》）。從轅固生的學術身份可知，他所說的「正學」，是指正統的儒家學說；而所謂「曲學」，則是對儒家學說的背離或歪曲。王夫之所說的「正學」，與轅固生所講的「正學」，內容是一致的。但這裏有一個問題需要探討的是，自孔、孟之後至王夫之以前，儒家學者何止萬千，對於他們，王夫之均未之許，為何獨推崇張載之學為「正學」呢？我認為，這和王夫之對張載學說的獨特看法是分不開的。

據《宋史·張載傳》記載，張載青年時代喜談兵，後來在范仲淹啓發下，研究過《中庸》，「猶以為未足，又訪諸釋、老，累年究極其說，知無所得，反

而求之六經。」並宣稱：「吾道自足，何事旁求！」張載晚年與諸生講學時，「告以知禮成性變化氣質之道，學必如聖人而後已。以爲知人而不知天，求爲賢人而不求爲聖人，此秦、漢以來學者大蔽也。」(《宋史・道學一》) 這段話清楚地表明，張載的爲學宗旨就是要「求爲聖人」。王夫之肯定張載之學爲「正學」，首先肯定的正是這個宗旨。在《正蒙注・序論》中，王夫之開篇論《正蒙》題旨時即指出：「謂之正蒙者，養蒙以聖功之正也。聖功久矣，大矣，而正之惟其始。蒙者，知之始也。孟子曰：『始條理者，智之事。』其始不正，未有能成章而達者也。」(《張子正蒙注・序論》) 我認爲，王夫之所說的「聖功之正」，包括三個方面的內容：其一，是肯定張載在《正蒙》中強調「求爲聖人」這個爲學宗旨的正確性；其二，是肯定其《正蒙》關於達到「聖人」境界的修養方法，即所謂「聖功」的正確性。其三，是肯定其修養標準的正確性。在這一節，我們著重分析王夫之的第一個觀點，下兩節再分析其第二、三個觀點。

首先，王夫之指出，《正蒙》與秦漢以前的古代之大學宗旨是不同的。他說：「或疑之曰：古之大學，造之以《詩》《書》《禮》《樂》，迪之以三德六行，皆日用易知簡能之理。而《正蒙》推極夫窮神、知化、達天德之蘊，則疑與大學異。子夏曰：『有始有卒，其惟聖人乎！』今以是養蒙，恐未能猝喻而益其疑。則請釋之曰：大學之教，先王所以廣教天下而納之軌物，使賢者即以之上達而中人以之寡過。先王不能望天下以皆聖，故堯、舜之僅有禹、皋陶，湯之僅有伊尹、萊朱，文王之僅有太公望、散宜生；其他則德其成人，造其小子，不強之以聖功而俟其

自得，非有吝也。《正蒙》者，以獎大心者而使之希聖，所由不得不異也。」王夫之認爲，古代的大學，是先王 (這裏講的「先王」即堯、舜、禹、湯、文王，也就是儒家所稱頌的一些「聖人」) 爲「廣教天下」而設的，其目的是爲了使天下之人能夠遵守法度與禮制 (《左傳・隱公五年》云：「君將納民於軌物者也，故講事以度軌量謂之軌，取材以章物采謂之物。不軌不物，謂之亂政。」)，從而使那些賢者能夠「上達」，即通曉道義；使那些「中人」即中等材能的人能夠少犯錯誤。王夫之指出，「先王」知道，要使每一個人都成爲聖人是不可能的，所以他們在進行「大學」教育時，不強迫人們都用「聖功」來要求自己，而是靠人們的自覺修養去領會聖人之道。而張載的《正蒙》則不同，它是爲了鼓勵那些「大心者」即有上進心的人以聖人爲祈向，所以它對修養的要求和方法也就與古代的大學不得不有所不同。

　　其次，王夫之還從歷史的發展，說明《正蒙》與古代大學宗旨不同的原因。他指出，西周以前的士人，品質優秀純樸。那時，既「無記誦詞章以取爵祿之科」，又「無權謀功利苟且以就功名之術」；那時的社會風氣也很純正，沒有老子和佛教一類的「狂思陋測，蕩天理，蔑彝倫而自矜獨悟」的「邪說」去「誘聰明果毅之士而生其逸獲神聖之心」。所以，那時的士人只要「習於人倫物理之當然，而性命之正自不言而喻。」到了東周情況就不同了，各種邪惡的思想開始出現了。所以孔子「贊《易》而闡形而上之道，以顯諸仁而藏諸用，而孟子推生物一本之理，以極惻隱、羞惡、辭讓、是非之所由生。」而儒家的經典《大學》之道，本來講「明德以修己，新民以治人，人道備矣，而必申之曰『止於至善』。」因為，如果「不知止至善，則不定，不靜，不安，而慮非所慮，未有能得者也。」不過，王夫之指出，在孟子那個時代，「楊、墨雖盈天下，而儒者猶不屑屈（曲）吾道以證其邪，故可引而不發以需其自得。」這裏講的「曲吾道以證其邪」，正是指的與「正學」相對立而存在的「曲學」。可見，在王夫之看來，秦、漢以前，社會上雖有「邪說」出現，但當時的儒者卻未受其影響，也就是說，只有「正學」而沒有「曲學」。王夫之接著指出：「而自漢、魏以降，儒者無所不淫，苟不抉其躍如之藏，則志之搖搖者，差之黍米而已背之霄壤矣，此《正蒙》之所由不得不異也。」（《張子正蒙注·序論》）王夫之這一看法，與前述張載所說「求為賢人而不求為聖人，此秦、漢以來學者大蔽也」的觀點是完全一致的。不過，張載是從正面立論，強調修養必須以達到聖人境界為極致；而王夫之則是從反面立論，指出漢、魏以來的儒者「無所不淫」，因而無法達到聖人境界。張載看到這種錯誤傾向之後，力圖糾正它，所以他著《正蒙》，其宗旨與古代的大學就不能不有區別。王夫之所以特別推崇張載的《正蒙》，也正是為了反對「邪說」和「曲學」，倡導「正學」。還必須指出，王夫之所說的「正學」，實質上也就是以孔子為代表的正統儒家學說，或者說就是以「聖功」為修養極致的「聖學」。前述《正蒙注·序論》中講的「養蒙以聖功之正」，就清楚地說明這一點。王夫之又說：「抑考君子之道，自漢以後，皆涉獵故蹟，而不知聖學為人道之本。」（《張子正蒙注·乾稱篇》）這段話，不僅進一步闡明了前述「漢、魏以降，儒者無所不淫」的觀點，而且說明了王夫之所說的「正學」就是以孔子為代表的「聖學」。

二

　　王夫之推崇張載之「正學」，還有一個原因，就是他認為《正蒙》的作聖之功也是正確的。值得注意的是，王夫之在談到張載的「聖功」時，反復將它與周敦頤的學說相比較。因此，我們在探討王夫之對《正蒙》關於「聖功」的分析時，要重視他的這種比較。

　　首先，王夫之指出，在聖人「希天」的問題上，張載與周敦頤是完全一致。王夫之說：「宋自周子出，而始發明聖道之所由，一出於太極陰陽人道生化之始終」（《張子正蒙注·序論》）。他在注《正蒙·天道篇》時，進而指出「前二篇（指《太和》、《參兩》二篇）具明天道，此篇因天道以推聖德，而見聖人之學，惟求合於所自來之天而無所損益；其言雖若高遠，而原生之所自，則非此抑無以為人。周子曰：『賢希聖，聖希天。』希聖者，亦希其希天者也。大本不立而欲以學聖，非異端則曲學而已。學者不可以為若登天而別求企及之道也。」（《張子正蒙注·天道篇》）周敦頤在《通書·志學第十》章說「聖希天，賢希聖，士希賢。」這後面兩句話，即「賢希聖，士希賢」，與張載的為學宗旨是完全一致的，即都是強調人的修養要以「聖人」為祈向，以達到「聖人」境界為修養的極致。而第一句話「聖希天」，則說明了周敦頤的道德哲學，是強調天人合一。周敦頤的《太極圖說》講的正是這個道理，所謂「聖人與天地合其德，日月合其明，四時合其序，鬼神合其吉凶」，不正是講的天人合一嗎？對此，王夫之在《正蒙·乾稱》篇的題注中也有過說明：「濂溪周子首為《太極圖說》，以究天人合一之原，所以明夫人之生也，皆天命流行之實，而以其神化之粹精為性，乃以為日用事物當然之理，無非陰陽變化自然之秩序而不可違。」（《張子正蒙注·乾稱篇》）所以王夫之在評論《正蒙·太和篇》的篇旨時指出：「此篇首明道之所自出，物之所自生，性之所自受，而作聖之功，下學之事，必達於此，而後不為異端所惑，蓋即《太極圖說》之旨而發其所涵之蘊也。」（《張子正蒙注·太和篇》）必須指出，張載（1020～1077）與周敦頤（1018～1073）是同時代人，他們兩人均與二程兄弟有密切交往，張為二程的表叔，周為二程的塾師。因此他們互相認識是可能的，但在學術上是否有過交流，則因資料有缺不得而知。所以我認為，王夫之說張載的《正蒙·太和篇》是「蓋即《太極圖說》之旨而發其所涵之蘊」，並不是肯定地說張載自覺地去發揮周敦頤《太極圖說》之旨，而是說張載和周敦頤學術旨趣是相同的，即他們都主張「聖希天」，都是從強調天人合一的立場

出發，通過對天道的探討，從而正確地把握人道。這種對「天道」的把握，用現代的語言來說，就是從哲學上認識宇宙發展的規律，用傳統儒家的話來說，就是要把握宇宙的「大本大源」。所以王夫之才說：「希聖者，亦希其希天者也。大本不立而欲以學聖，非異端則曲學而已。」

不過，王夫之認爲，周敦頤的《太極圖說》講「乾道成男，坤道成女」，有過於強調了乾坤資生資始的作用的傾向，「而父母特其（指乾坤）所禪之幾，則人可以不父其父而父天，不母其母而母地，與六經、《語》、《孟》之言相爲蹠戾，而與釋氏眞如緣起之說雖異而且同。」就是說，周子之乾父坤母之說，如果不加以限定，可能有與佛教否認父母相同的危險，所以王夫之指出：「則濂溪之旨，必有爲推本天親合一者，而後可以合乎人心，順乎天理而無敝，故張子此篇不容不作」。這說明，王夫之認爲張載與周敦頤之間，不僅有互相發明之處，而且有互相補充之處。王氏指出，張載對周敦頤乾父坤母問題上的補充和修正就在於，他在《乾稱篇》強調「『乾稱父，坤稱母』，初不日『天吾父，地吾母』也：從其大者而言之，則乾坤爲父母，人物之胥生，生於天地之德也固然矣；從其切者而言之，則別無所謂乾，父即生我之乾，別無所謂坤，母即成我之坤；惟生我者其德統天以流行，故稱之曰父，惟成我者其德順天而厚載，故稱之曰母。」這樣，張載就比較順當地解決了乾坤與父母的關係。對此，王夫之的評價極高。他說：「張子此篇，補周子天人相繼之理，以孝道盡窮神知化之致，使學者不捨閨庭之愛敬，而盡致中和以位天地、育萬物之大用，誠本理之至一者以立言，而闢佛、老之邪迷，挽人心之橫流，眞孟子以後所未有也。」（《張子正蒙注·乾稱篇》）

其次，王夫之指出，在重視《周易》之理這個問題，張載與周敦頤也是完全一致的。王氏在釋《正蒙·大易篇》題旨時指出：「此篇廣釋《周易》之指，有大義，有微言，旁及於訓詁，而皆必合於道。蓋張子之學，得之《易》者深，與周子相爲發明。」（《張子正蒙注·大易篇》）周敦頤的《太極圖說》吸收了許多《周易》的思想和概念，如「太極」、「陰陽」、「動靜」等等。周氏還明確指出：「故日：立天之道，曰陰與陽；立地之道，曰柔與剛；立人之道，日仁與義。又日：原始返終，故知生死之說。」這些命題都是出自《易傳》。所以周敦頤的結論是：「大哉《易》也，斯其至矣。」王夫之認爲，《周易》是儒家哲學中最重要的一本著作，《易》理的作用十分廣大。他在《張子正蒙注·序論》中說：「《周易》者，天道之顯也，性之藏也，聖功之牖也，

陰陽、動靜、幽明、屈伸，誠有之而神行焉，禮樂之精微存焉，鬼神之化裁出焉，仁義之大用興焉，治亂、吉凶、生死之數準焉。故夫子曰：『彌綸天下之道以崇德而廣業』者也。張子之學，無非《易》也，即無非《詩》之志，《書》之事，《禮》之節，《樂》之和，《春秋》之大法也，《論》、《孟》之要歸也。」王夫之認爲《周易》是天道的顯示，是窺視「聖功」的窗戶，它涵蓋了人世間一切變化之理，把握了《易》理，就可以「彌綸天下之道」，即統攝和把握宇宙的根本規律，從而達到「崇德而廣業」的目的。他說張載的學說「無非《易》也」，這是對張載哲學思想的充分肯定。正因爲王夫之和張載、周敦頤一樣，十分重視《周易》哲學，所以他頗不滿於朱熹對《周易》的貶低。他說：「自朱子慮學者之騖遠而忘邇，測微而遺顯，其教門人也，以《易》爲占筮之書而不使之學，蓋亦矯枉之過；幾令伏羲、文王、周公、孔子繼天立極、扶正人心之大法，下同京房、管輅、郭璞、賈耽壬遁奇禽之小技。」《朱子語類》卷六十五《易二·綱領上之下·卜筮》一節，收集了朱熹大量關於《周易》是卜筮之書的論述。其基本觀點是：《易》本卜筮之書，其中並無多少義理。文王作《彖辭》，周公作《爻辭》，孔子作《十翼》，都是爲了解釋伏羲所畫之卦，並不是爲了發揮什麼義理；如果要發揮義理，完全可以像作《中庸》、《大學》那樣直抒己意，何必繞那麼大一個彎子，使用那麼多費解的符號。《周禮》也表明，《三易》爲太卜所專掌；而司徒、司樂、師氏、保氏諸子之教國子、庶人，只教《詩》《書》《禮》《樂》，從未有以《易》教人者。孔子也只教人讀《詩》《書》《禮》《樂》，從未教人讀《易》。孔子雖說過「假我數年，五十以學《易》，可以無大過矣」的話，但「這也只是孔子自恁地說，不會將這個去教人。」（《朱子語類》卷六十六，中華書局 1986 年版，第 1622～1623 頁）王夫之認爲，與朱熹貶低《周易》的思想意義相反，張載突出地強調《周易》，並以之作爲自己的方法論，其意義特別重要。他說：「張子言無非《易》，立天，立地，立人，反經研幾，精義存神，以綱維三才，貞生而安死，則往聖之傳，非張子其孰與歸！」（此段引文除注明者外，均見《船山全書》第十二冊，第 12 頁）這就是說，如果沒有張載，就無人繼承「往聖之傳」，即繼承伏羲、文王、周公、孔子一脈相承的《周易》哲學思想。

總之，在王夫之看來，張載在修養方法即「作聖之功」問題上，一方面，由於他「補周子天人相繼之理」，「闢佛、老之邪迷，挽人心之橫流」，爲「孟子以後所未有」；另一方面，又由於他糾正了人們對《周易》的輕視，繼承了

「伏羲、文王、周公、孔子繼天立極，扶正人心之大法」，使這些「往聖之傳」得以維繫不墜，其功極偉，其學極正。稱之爲「正學」，是理所當然的。

三

王夫之不僅肯定張載在修養目標、修養方法的理論的正確性，不愧爲「正學」，而且認爲他的修養標準也是正確的，同樣是「正學」。在這個問題上，他也是以周敦頤關於修養標準的理論來比較的。周敦頤在《通書・聖第四》章中說：「寂然不動者誠也，感而遂通者神也，動而未形，有無之間者，幾也。誠精故明，神應故妙，幾微故幽，誠、神、幾，曰聖人。」可見，在周敦頤看來，所謂「聖人」的標準，就是能做到誠、神、幾。對此，王夫之是肯定的。不過，他將周敦頤誠、神、幾的順序作了調整，改爲誠、幾、神。他在《思問錄・內篇》中說：「誠斯幾，誠幾斯神。『誠無爲』，言無爲之有誠也。『幾善惡』，言當於幾而審善惡也。無爲而誠不息，幾動而善惡必審。立於無窮，應於未著，不疾而速，不行而至矣，神也。」（《思問錄內篇》）在《張子正蒙注》中，王夫之就是以這些思想爲指導，來評論張載有關論述的。

首先，我們看王夫之對張載關於「誠」的論述的評論。張載在《正蒙・太和》篇中解釋什麼是「聖人」時說：「聖者，至誠得天之謂」。對此，王夫之解釋說：「至誠體太虛至和之實理，與絪縕未分之道通一不二，是得天之所以爲天也。」這說明，所謂「聖人」是能夠用赤誠之心去體驗「天道」，即「天之所以爲天」的道理。張載批評佛、老的錯誤就在於不懂得天道，「不知本天道爲用」。對此，王夫之解釋說：「天即道爲用，以生萬物。誠者，天之道也，陰陽有實之謂誠。」（《張子正蒙注・太和篇》）這說明，在張載和王夫之那裏，「誠」的內涵有兩個：其一，是指天道的實然狀態，即所謂「陰陽有實之謂誠」，它說明天道是客觀存在的，不以人的主觀意志爲轉移；其二，是指人的一種赤誠的心理狀態，人們用這種心理狀態去體驗天道，把握天道，就是誠。這兩層意思又是統一的，因爲如果不承認天道是客觀存在的，也就談不上以至誠之心去體驗天道。正是從對「誠」的這種認識出發，所以張載說：「上天之載，有感必通；聖人之爲，得爲而爲之應。」對於前半句話，王夫之是這樣解釋的：「百物之生，情動氣興，天命即授以成其形性，蓋渾淪流動，有可受斯應之。」這是說，百物之生，都是按「天命」即自然規律而發生、發展的，「天命」與萬物的生長、發育是協調統一的。對於張載後半句話，王夫之

解釋說：「渾然一仁，道無不足，時可爲則如其理而爲之。」（《張子正蒙注‧太和篇》）可見，所謂「聖人之爲，得爲而爲之應」，就是要按客觀規律辦事，所謂「時可爲則如其理而爲之」，不正是講的這個道理嗎。張載又說：「誠，故信；無私，故威。」對於前半句，王夫之解釋說：「天惟健順之理充足於太虛而氣無妄動，無妄動，故寒暑化育無不給足，而何有於爽忒。（敬按：氣無妄動，理之誠也，無妄，信也。）」這是說天之理支配著氣的運動，氣的運動是有規律的運動，這便是理的「誠」和「信」。對於後半句，王夫之的解釋是：「聖人得理之全，無所偏則無所用其私，刑賞皆如其理而隨應之，故天下自服。」這是說，由於「聖人」認識和把握了理的全體，沒有片面性，所以他們也就不必憑其主觀私意去行動，他們的刑政賞罰也就皆當於理，這樣天下人自然就會心服口服。接著，王夫之進一步發揮道：「此章申明上章誠此通彼之理而著其所以然之實，蓋人惟託於義理之跡而無實，則據所託以爲己私而思以詘天下，聖人喜怒恩威，至虛而靈，備萬物生殺之理，至足而無所缺陷，何私之有。天之誠，聖人之無私，一也」（《張子正蒙注‧天道篇》）。這段話更是清楚地說明，人如果只懂得一些「義理之跡」即空洞的理論，而不懂得「所以然之實」，即不瞭解客觀事物的規律，那麼就必然會以自己的主觀意志去「詘天下」。而「聖人」則不同，由於他們把握了「萬物生殺之理」，所以其一切行動都能合符規律，從而避免主觀私意和行爲缺陷。所以天之誠和聖人的無私是一致的。這就充分說明，「誠」對於人們達到聖人境界的極端重要性。

其次，再看王夫之對張載關於「幾」的思想的分析。「幾」這個概念，最早見於《易傳‧繫辭下》：「知幾，其神乎。……幾者，動之微，吉之先見者也。」在中國哲學史上，一般來說，「幾」的涵義有兩種：一是指事物潛微的萌芽狀態，《繫辭下》論幾的這段話就是如此。二是指心理動機，如周敦頤在《通書‧誠幾德》章說的「誠無爲，幾善惡」便是此意。對此，朱熹解釋說：「幾者，動之微，善惡之所由分也。蓋動於人心之微，則天理固當發現，而人欲亦已萌乎其間矣。」（本文所引周敦頤文字及有關注釋，均見《周敦頤全書》，江西教育出版社 1993 年版）這裏我們在分析張載和王夫之關於「幾」的思想時，主要是從後一種意義上進行的。張載說：「見幾則義明，動而不括則用利，屈伸順理則身安而德滋。」對此，王夫之解釋說：「事物既至，則不但引我以欲者多端，且可託於義者不一。初心之發，善惡兩端而已，於此分

析不苟，則義明而不爲非義所冒。」當人們遇到一件事時，引起他行動的動機是多種多樣的，而且其中不少都可以以「義」的名義進行。不過，當這種動機剛剛出現的時候，就已經有善有惡，人們只有分清這種善惡，才能懂得什麼行動是正義的，什麼行動是非正義的。這就是張載所說的「見幾則義明」。王夫之接著指出：「義明而推行之無所撓止，或屈或伸，無非理矣。時有否泰而身安，恒一於義，而心日廣，德日潤矣。此言學聖之始功在於見幾；蓋幾者，物慾未雜，思慮未分，乃天德之良所發見，唯神能見之，不倚於聞見也。」（《張子正蒙注・神化篇》）這說明，當人們明確了什麼是正義並因此而堅定不移地實行之後，那麼他的一切行動就都會合於規律（理）。只要人們始終不渝地堅持以「義」行事，那麼儘管機遇會有好有壞，而行爲的主體必然身體安泰，心情舒暢，道德日增。這就是張載所說的「屈伸順理則身安而德滋」。王夫之特別指出，張載的這段話說明，「學聖之始功在於見幾」。因爲「幾」是人們行爲初始的一種心理狀態，這時「物慾未雜，思慮未分」，抓住這個時機分清善惡，端正「初心」以明「義」，「義明」則推行之而「無非理也」。堅持這樣做，人的道德就會高尚。可見，「知幾」的確是「學聖之始功」。

最後，再看王夫之對張載關於「神」的思想的評論。《正蒙》有《神化篇》。張載說：「神，天德」，王夫之解釋說：「絪縕不息，爲敦化之本。」可見，這裏講的「神」，是指宇宙變化不測的一種狀態，它與「誠、幾、神」中的「神」有所不同。後一種意義上的「神」，是指心理活動狀態，即張載和王夫之講的「存神」或「窮神」。所以王夫之在解釋《神化篇》的題旨時指出：「此篇備言神化，而歸其存神敦化之本於義，上達無窮而下學有實。張子之學所以異於異端而爲學者之所宜守，蓋與孟子相發明焉。」（《張子正蒙注・神化篇》）這段話也說明，所謂「神化」是指宇宙的變化，而所謂「存神」就是要認識宇宙的這種變化，並按照宇宙的運動變化規律行動。認識事物發展規律，也就是「知義」。所謂「義」者，宜也；宜，就是要使行爲合符規律。這也就是「存神」的目的。孟子認爲，義是人們行動的「正路」，他在《離婁上》說：「言非禮義，謂之自暴也；吾身不能居仁由義，謂之自棄也。仁，人之安宅也；義，人之正路也。曠安宅而弗居，捨正路而不由，哀哉！」王夫之所以說張子之學「與孟子相發明」，就是因爲張載和孟子一樣，主張通過「存神」（孟子叫「存心」或「盡心」）而去認識「義」這條「正路」。張載的「神化者，天之良能，非人能；故大而位天德，然後能窮神知化」，就是講的這個道

理。接著張載指出：「大可爲也，大而化不可爲也，在熟而已。《易》謂『窮神知化』，乃德盛仁熟之致，非智力能強也。」所謂「大可爲也，大而化不可爲也」，按王夫之的解釋是：「擴充其善以備乎理之用，則大矣；與時偕行而物無不順，非恃其大而可至也。」所謂「在熟而已」，王夫之說就是「一其心於道而漸積以自然，則資深居安而順乎時，故學莫妙於熟，人之所以皆可爲堯、舜也。」對於「《易》謂」後面的一段話，王夫之說：「張子之言，神化極矣，至此引而歸之於仁之熟，乃示學者易簡之功，學聖之奧也。擇善固執，熟之始功，終食不違則熟矣。」（《張子正蒙注·神化篇》）王夫之把張載強調通過「窮神知化」之功，把握「陰陽之化」的規律，從而達到「一其心於道而漸積以自然」的「德盛仁熟」境界，叫做「學聖之奧」，可見他對張氏「存神」之功的高度推崇。

通過以上分析可以看出，王夫之認爲張載不論在修養的宗旨、修養的功夫，還是修養的標準上，都繼承了古代聖人的遺訓，發歷代儒者之所未發，因此他稱張載之學爲「正學」也就是理所當然的了。

（此文原載《船山學刊》1999 年第 2 期）

從呂祖謙的《博議》到王夫之的《續博議》

　　南宋著名學者呂祖謙寫過一本《左氏博議》（亦名《東萊博議》），爲讀《春秋左氏傳》的評論。事過五百年之後，王夫之又寫了一本《續春秋左氏傳博議》。這兩本書是一種什麼樣的關係呢？這就是本文要討論的問題。

兩書的承接關係

　　呂祖謙（1137〜1181），學者稱東萊先生，浙江婺州（今金華）人。南宋著名理學家，與朱熹、張栻並稱爲「東南三賢」。呂氏從小就受「中原文獻之傳」，對於史學很有造詣。

　　關於呂祖謙寫作《左氏博議》的過程，《四庫全書〈左氏博議〉提要》說：「是書相傳祖謙新娶一月之內所成。今考《自序》稱，屏處東陽之武川，居半歲，里中稍稍披蓬藋從予遊，談餘語隙，波及課試之文，乃取左氏書理亂得失之跡，疏其說於下。旬儲月積，浸就篇帙。又考祖謙年譜，其初娶韓元吉女，乃紹興二十七年，在信州，不在東陽。後乾道三年五月，持母喪，居明招山，學子有來講習者，四年已成《左氏博議》。五年二月除母服，五月乃繼娶韓氏女弟。則是書之成，實在喪制之中，安有新娶之事，流俗所傳誤也。」乾道四年爲公元 1168 年，呂祖謙時年 32 歲。提要接著說：「書凡一百六十八篇，《通考》載作二十卷，與此本不同。蓋此本每題之下附載《左氏傳》文中間徵引典故，亦略注釋，故析爲二十五卷。其注不知何人作。觀其標題版式，蓋麻沙所刊。考《宋史·藝文志》，有祖謙門人張成招《標注左氏博議綱目》一卷。疑當時書肆以成招標注散入各篇也。楊士奇稱別有一本十五卷，題曰《精選》，黃虞稷稱明正德中有二十卷刊本，今皆未見。坊間所鬻之本，僅十

二卷，非惟篇目不完，並字句亦多妄削。世久不見全書。」（《四庫全書》152
《左氏博議》，上海古籍出版社版，第 295〜296 頁）這段話說明，《四庫全書》
所收之《左氏博議》是以宋麻沙版爲底本，是最爲接近原刊本的。

　　呂祖謙撰寫《左氏博議》的目的，正如他在此書之序中所說，是爲了幫
助那些參加科舉考試的士子們在做「課試之文」時，「有以佐其筆端」。所以
當其書成之後，「諸生歲時休沐，必抄置楮中，解其歸裝無虛者。並捨姻黨復
從而廣之，曼衍四出，漫不可收。」當時，有人曾咎呂氏之「易其言」。呂氏
以鄉人生病揭之大塗，以求得眾人幫助治療爲例，說自己因母喪守制在東陽，
「離群而索居有年矣，過而莫予輔也，跌而莫予挽也，心術之差、見聞之誤
而莫予正也。幸因是書而胸中所存、所操、所識、所習，毫忽發謬，隨筆呈
露，舉無留藏。又幸而假課式以爲媒，借逢掖以爲郵，遍致於諸公長者之側，
或矜而鐫，或慍而譎，或侮而譙，一語聞則一病瘳，其獲不既豐矣乎？傳逾
博，病逾白，益逾眾，於予也奚損？」（《四庫全書》152《左氏博議》第 296
頁）

　　正是由於呂氏此書適合了士子們的需要，所以自從它刊出之後，歷代翻
刻者不斷。直到清末，仍有一些地方官，爲了解決自己治轄範圍之內應試童
子「文氣卑靡，體裁龐雜，胸無成竹，空弄筆頭」的問題，還親自點定注釋
《左氏博議》。例如張文炳在當泗州知府時，就曾於光緒六年（1880）彙集諸
家注釋，參以己意，重刻了此書。他在重刻序中對此書作了很高的評價：「其
文（指《博議》之文）皆獨抒己見，深入淺出。按之聖賢義理精微之奧，不
差毫髮，眞天下之至文也。學者得是書而讀之，豈特取功名如拾芥，即以之
爲升堂入室之階梯亦無不可。」其子張曉曙則在此篇序文之後，將張氏論《左
氏博議》在幫助士子們提高寫作水準方面的作用的言論，作了介紹：「是編文
取其從，字取其順。其駿發也，菱苶者讀之足以振其懦；其爽朗也，塵悶者
讀之足以破其昏；其排宕也，板滯者讀之足以達其氣；其峭拔也，平庸者讀
之足以淬其鋒。且也得首尾盤旋之法，而結構不懈：得無中生有之法，而波
瀾不窮：得推拓援證之法，而觸類引申，隨取而不盡。文章之能事，由此而
深造之，其又奚難？」（張文炳：《重刻東萊博議序》，載上海同文局光緒辛丑
（1901）石印本《東萊博議》）張文煥的這些論述，比較概括地說明了人們爲
何如此重視《左氏博議》的原因。

　　據王夫之在《憶得》中說，他在丁丑年（1637）新婚時，其叔父王廷聘

（字牧石）曾贈他一首詩，其中有「日成《博議》幾千行」之句。顯然，王廷聘是相信了關於呂祖謙在新婚密月的一個月時間內，寫成了《左氏博議》這一傳說。叔父的這句詩，並不是一定要王夫之去續論《左氏春秋》，而主要是希望其侄兒發揮呂祖謙那樣文如泉湧的才華，寫出更多的好文章。可是言者無心，聽者有意。叔父的這句詩，卻萌起了王夫之作《續春秋左氏傳博議》意願。這可以從他當時和叔父的詩中看出：「閒心不向錦屏開，日日孤山只弄梅。冷蕊疏枝吟未穩，愧無《博議》續東萊。」（《船山全書》第 15 冊，嶽麓書社版，第 684 頁）為什麼王夫之要作《續春秋左氏傳博議》呢？原來，呂祖謙的《左氏博議》主要是評論了從《春秋》隱公至宣公等 7 公的這段歷史，而成公至哀公等 5 公的這段歷史則基本上沒有涉及。這就為王夫之作《續左氏春秋博議》留下了空間。據王之春所編《船山公年譜》，王氏真正寫出此書則是康熙八年（1669），全書共有評論 50 篇。此時，距呂祖謙作《左氏博議》已經是 501 年。在相距五百年的時間之內，兩位著名思想家和史學家，共同完成了對於史學名著《左氏春秋》的評議，並成為我國史論著作中的雙碧，的確是歷史上的一段佳話。

對於王夫之在《續春秋左氏傳博議》中所表現的史識，楊樹達在《省志·藝文志》初稿關於此書的提要中，有所評論：「此書為王氏續宋呂祖謙《春秋左氏博議》而作。如上卷論祈奚不見叔向，謂此因晉君為庸主，范氏乃雄猜之權臣，若奚與向直情而行，以示相好之迹，則疑忌叢而讒謗起，可謂深得古人用心之隱。論宋共姬待姆，左氏譏其以婦而用女之道，著者謂士女之守其身，當夫呼吸生死之介，此非以酬酢天下而可酌之於崇卑張弛之間，捐脰剖肝之下，天地且將避其誠，無為以曲繁分析之禮文為事，責左氏苛求之未當，持論頗為平允。下卷論雞父之戰，吳以罪人三千犯胡沈與陳，著者謂吳幅員頗狹，而罪人之多如是，知秦網之密，實吳開其先而非創於秦，論史亦有為有識。」（《船山全書》第 5 冊第 622 頁）同時，楊樹達對於此書的某些評論也有微詞。

兩書哲學思想之異同

呂祖謙和王夫之都是著名哲學家，其哲學思想也反映在他們評論《左氏春秋》的過程中。那麼，他們在這兩本書中所表現的哲學思想有何異同呢？

首先，是兩書都堅決反對祥瑞迷信之說。

　　呂祖謙在《齊侯見豕》一文中指出：「左氏嗜怪，時神怪之事多出其書」。他認為造成這種嗜怪的原因，在於「人不知道，則所知者不出於耳目之外。耳目之所接者謂之常，耳目之所不接者謂之怪。凡所謂怪者，共辨而競爭之。至於耳目之所常接者，則輕之曰：是區區者，吾既飫聞而厭見之矣，何必復論哉！」接著，呂氏指出，其實正是那些常見常聞的日常事物中，包含了深刻的道理。例如，日星何為而明，雲雷何為而起，山何為而峙，海何為而停等自然現象，都有其「所以然」的內在原因。「其事愈近其理愈遠，其跡愈顯其用愈藏。人之所不疑者有深可疑者存焉，人之所不怪者有深可怪者存焉。」人們懂得了日常生活中經常遇到的一些現象的道理，對於那些較少見到現象，就自然會見怪不怪了。孔子在回答子路關於鬼神和生死的問題時說過：「未能事人，焉能事鬼」；「未知生，焉知死？」孔子為什麼這樣說呢？呂祖謙說，是因為「子路果知人則必無鬼神之問矣，子路果知生則必無死之問矣。」（《四庫全書》152《左氏博議》第 352 頁）呂氏不僅從認識論的角度分析迷信產生的原因，而且還從社會原因方面進行了分析。他在《盜殺伋壽》一文中說：「和氣致祥，乖氣致異。二氣之相應，猶桴鼓也。物之祥不如人之祥，故國家以聖賢之出為佳祥，而景星喬雲神爵甘露之祥次之。物之異不如人之異，故國家以邪佞之出為大異，而彗孛飛流龜孽牛禍之異次之。」這裏講的「和氣」，就是指的和諧安定的良好社會環境。呂氏以衛宣公失道，卻生出了兩個賢良的兒子伋和壽為例，說明這個道理。正是由於衛國的「乖氣」壓倒了「和氣」，所以儘管君子認為此二子之賢是一種「祥」，可是衛國卻認為是「妖」。「彼以其邪我以其正，彼以為濁我以其清，每若鑿枘之不相合。自淫朋惡黨視之，豈不猶妖孽哉。讒譖交作，致二子之死。」由此，呂氏得如下結論：「吾以是知天道之不誣，乖氣之果之致異也。天雖降祥，人無以承之，則祥而為異。」（《四庫全書》152《左氏博議》第 341～342 頁）就是說，如果沒有良好的社會條件，即使是「祥」也可能變為「異」。

　　王夫之在《續博議》中，也對祥瑞災異和報應之類的迷信進行了堅決的批判。與呂氏相比，其批判有一個鮮明的特點，就是運用自然科學的成就，駁斥災異之類的迷信。在《士文伯論日蝕》的一文中，王氏針對士文伯說的「國無政，不用善，則自取謫於日月之災」，明確指出：「嗚呼！此古人學之未及，私為理以限天，而不能即天以窮理之說也。使當曆法大明之日，朔望轉合之不差，遲疾朒朓之不亂，則五尺童子亦知文伯之妄，而奚敢繁稱於人

主之前，以傳述於經師之口哉？故曰理一而分殊，不可得而宗也。天則有天之理矣，天則有天之事矣，日月維有運而錯行之事，則因以有合而相揜之理；既維有合而必揜之理，因而有食而不爽之事。故人定而勝天，亦一理也，而不可立以為宗，限日食之理而從之也。」這裏講的「曆法大明之日」，是指隨著古代天文學的發展，人們認識到日蝕並不是什麼神秘的現象，而是日月運行過程中必然出現的一種現象。具體來說，也就是王夫之所說的「日月並行而殊道，互道而異行，殊道異行恒參差不齊，而有時乎合揜則異矣。」(《船山全書》第 5 冊第 587 頁) 既然日蝕和月蝕都是一種客觀的自然規律，那麼古人所說「天狗食月」或「天狗食日」，就是「私為理以限天，而不能即天以窮理」。

其次，兩書都重視人的主體能動性，但有程度之不同。

呂祖謙對於個體的能動性十分重視，並發揮了一些重要見解。例如，在《鄧三甥請殺楚文王》中，他以疾病為例批評鄧三甥「不歸咎於人而歸咎於天，此天下之拙醫也。守身在我，而疾不在於六氣；守國在我，而患不在於四鄰。」(《四庫全書》152《左氏博議》第 341～342 頁) 而在《鄭太子忽辭昏》一文中，又反復強調「自立」的重要性：「為國者當使人依己，不當使己依人。己不能自立而依人以為重，未有不窮者也。所依者不能常盛，有時而衰；所依者不能常存，有時而亡。一旦驟失所依，將何所恃乎？嗚呼！此特論依之不可常耳。抑有甚者焉。使所依者常盛而不衰，常有而不亡，可謂得所依矣，然猶未足恃也。」(《四庫全書》152《左氏博議》第 347 頁) 這些分析都是很有見地的。但是他在《魯饑而不害》中談到天與人的關係時，又不贊成《左傳》關於災祥妖孽之變，豐歉疫癘之數，皆非人之所能為，「吾知崇吾德，修吾政而已。彼蒼蒼者吾烏知其意之所在哉？以湯之時而旱，天與湯未嘗相參也。當是時，天亂而湯治。以秦之暴而稔，天與秦未嘗相參也」的觀點。呂氏認為，「左氏之意，以謂旱在天備在人，泉枯石燥土焦金流，人固無如天何，修城節費務穡勸分，天亦無如人何。饑者，天之所為也，而不害者，人之所為也。果如是說，則所見者不過覆物之天而已矣。抑不知天大無外，人或順或違，或向或背，或取或捨，徒為紛紛，實未嘗有出天之外者也。順中有天，違中有天，向中有天，背中有天，取中有天，捨中有天。果何適而非天耶？左氏意以修旱備為無預於天，抑不知臧文仲之諫自何而發，魯僖公之悔自何而生，旱備之修自何而出。人言之發即天理之發也，人心之悔即

天意之悔也，人事之修即天道之修也。無動非天，而反謂無預於天，可不爲大哀耶？」（《四庫全書》152《左氏博議》第 332 頁）顯然，呂氏在這裏是過分誇大了天的作用，既然人的一舉一動都是天意爲之，那末人還有什麼主觀能動性能夠發揮呢？在《穎考叔還武姜》中，他還說過「凡出於自然而莫知其所以然者天也」，因此人以「有限之力豈能勝無窮之天也耶？」（《四庫全書》152《左氏博議》第 426～427 頁）這種觀點正是王夫之所批評的「任天」思想。

王夫之不贊成「任天」，而主張「相天」。他在《吳徵百牢》中說：「語相天之大業，則必舉而歸之於聖人。乃其弗能相天與，則任天而已矣。魚之泳遊，禽之翔集，皆其任天者也。人弗敢以聖自尸，抑豈曰同禽魚之化哉？天之所生而生，天之所殺而殺，則是可無君也；天之所哲而哲，天之所愚而愚，則是可無師也；天之所有因而有之，天之所無因而無之，則是可無厚生利用之德也；天之所治因而治之，天之所亂因而亂之，則是可無秉禮守義之經也。……夫天與之目力，必竭而後明焉；天與之耳力，必竭而後聰焉；天與之心思，必竭而後睿焉；天與之正氣，必竭而後強以貞焉。可竭者天也，竭之者人也。人有可竭之成能，故天所死，猶將生之；天之所愚，猶將哲之；天之所無，猶獎有之；天之所亂，猶將治之。裁之於天下，正之於己，雖亂而不與俱流。立之於己，施之於天下，則凶人戢其暴，詐人斂其奸，頑人砭其愚，即欲亂天下而天下猶不亂也。」（《船山全書》第 5 冊第 587 頁）王夫之的「相天」思想，是中國古代哲學中對於人的主觀能動性的最爲深刻的表述。

第三，兩書對於「天理」的認識。

呂氏和王氏都肯定「天理」的存在。但是對於「天理」的作用，認識卻有不同。

上面所引呂祖謙《魯饑而不害》中的那段話也表明，他是過於誇大了天理的作用。既然「人言之發即天理之發」，那麼「天理」與「人心」有什麼區別呢？難道所有的「人心」都是「天理」嗎？而他在《盜殺伋壽》中所說的「上帝之降衷，雖在錯縱悖亂之中，未嘗不存也」，則是將「天理」當成有意志之天的意旨的表現。王夫之在《辟司徒之妻》中也承認「顧天者，生夫人之心者也……人各以其心而凝天，天生夫人之心而顯其序」，但是他又明確指出：「事所不至，心不生焉；心所不至，理不凝焉；理所不凝，天不於此而顯

其節文也。」這就說明，心之「生」，是以「事至」為前提的。王氏在分析辟司徒之妻不可能有「先君而後親」的禮的思想時，就指出：「夫彼特一女子爾，社稷之存亡，君身之安危，非其事也。淒惻倉遽之情奚從而生？閨閣之習知，毛裏之與屬，生死之際，不待徘徊而憤盈以發者，亦其父焉耳。」（《船山全書》第 5 冊第 543 頁）這個例子說明，人心中的禮（理），是為其所處的社會地位決定的。無其事，則無其理。正是基於這一唯物主義的認識論思想，所以王氏在《士文伯論日蝕》中說：「有即事以窮理，無立理以限事。故所惡於異端者，非惡其無能為理也，囿然僅有得於理，因立之以概天下也。而為君子之言者，學不及而先言之，與彼同歸，不已誣乎！異端之言曰：『萬變而不出吾之宗。』宗者，囿然之僅得者也，而抑曰『吾之宗』矣。吾其能為萬變乎？如其不能為萬變，則吾不出吾之宗，而非萬變之不出也。無他，學未及之，不足以言而迫欲言，則囿然亦報以髣髴之推測也。」（《船山全書》第 5 冊，第 586 頁）這就把理的客觀性和人主觀臆想鮮明地區別了開來。

兩書倫理思想的異同

呂祖謙和王夫之在評論歷史時，都十分重視從倫理方面進行分析。他們在這方面有什麼異同呢？

首先，兩書都肯定道德在現實生活中重要作用，同時又不贊成過分地誇大道德的作用。

呂祖謙在《晉文請隧》一文中，批評婁敬論周秦之強弱時，片面地強調德的作用，而否認形勢作用的錯誤觀點，認為要做到「王天下」，既要有道德，又要有較好的地勢。他說：「形勢與德，夫豈二物？形勢猶身也，德猶氣也。人未有恃氣之充而置身於易死之地者，亦未有恃德之盛而置國於易亡之地者。王者之興，其德必有以先天下，其形勢亦必有以先天下。文武成康之德天下莫如也，歧豐伊洛之形勢天下亦莫如也，兩盡其極而未嘗有所隆殺也，君子無所不用其極者。隆其德而殺其形勢，是有時而不用其極矣，烏得為王者之道耶！陋矣哉！敬之論也。」又說：「形勢猶身也，德猶氣也，披其肩背，斷其手足，自謂能守氣者，吾不信也。」（《四庫全書》152《左氏博議》第 299 頁）

王夫之則強調道德與法制的統一。他在《駟歂殺鄧析》而用其《竹刑》時說：「道一本而萬殊。萬殊者，皆載夫一本者也。故道亦非獨崇也，法亦非

獨卑也，生亦非獨貴也，殺亦非獨賤也。法載道，法亦崇矣；殺載生，殺亦貴矣。夫奚以載之哉？載之者人也。人奚以載之哉？載之者德也。德之載之也，非徒其議法之中，函夫生天下之心也。德之周流浹洽，充乎道之所至而巘不勝。乃以時制爲法，殺天下而不必回護其生之之心，然後任天下之險阻恩怨而無疑。」（《船山全書》第 5 冊第 586 頁）這說明，法之可「崇」，是因爲不僅在「議法」的過程中，包含著「生天下之心」的「德」，而且由於「德之周流浹洽」，能使法制因時而變。

呂祖謙和王夫之，或強調形勢與道德的統一，或強調法制與道德的統一，既表明他們善於分析和總結歷史經驗，同時也表明他們辯證思維能力的深刻性。

其次，兩書都十分重視善惡的評價。

善惡問題，是倫理學的根本問題。評價歷史事件或歷史人物，離不開善惡的評價。王夫之就明確指出：「古之爲史者，莫不有獎善懲惡之情，隨小大而立之鑒，故足以動人心而垂之久。若左氏史遷班固之書，記禍敗之際，纖曲猥鄙之無遺，皆此意也。」（《船山全書》第 5 冊第 586 頁）

呂祖謙在《虞叔伐虞公》一文中評論虞公貪得無厭，在向虞叔要了美玉之後又要寶劍時，提出了一個「以貪治貪、以吝治吝」的方法。他說：「至理之中無一物之可廢，人心之中無一念之可除。貪吝之念苟本無，邪安從而有？苟本有邪，安得而無？是貪吝固不可強使之無，然亦不必使之無也。吾心一旦渙然冰釋，則曰貪曰吝，孰非至理哉？蓋事有善惡，而念無善惡。是念加於事之善者，則名善念，是念加於事之惡者，即名惡念。所謂念者，初無二也。譬之於火，用之爨釜則爲善，用之燎原則爲惡，然曷嘗有二火哉？譬之於水，用之溉田則爲善，用之灌城則爲惡，然曷嘗有二水哉？自人觀之，雖若爲二，而其一未嘗不卓然獨存於二之中也。世所以指虞公爲貪者，以其求財常不厭耳，苟用是念以求道不厭，立而不已，必求與權賢而不已，必求爲聖，則與夫子『學而不厭』何以異乎？」（《四庫全書》152《左氏博議》第 448 頁）呂祖謙在這裏是用事物的善惡性質，作爲衡量善惡的標準，說明他在倫理學上是主張「效果論」的。

在對於善的認識上，王夫之與呂祖謙有相通之處。他在《欒武子還師》一文中說：「是非厚薄精粗美惡之辨，擇之至極而無以易之也，然後可曰善矣。」可見，所謂「善」就是能夠辨別「是非厚薄精粗美惡」，這顯然也是從效果上

立論的。正是由於王氏比較強調善的效果，所以他說：「善之生於人心，不必其心之與理無際而亦生者，天動之也。善不必生於心，而有時見於人之戈獲者，天顯之也。夫既皆天矣，天不與百姓同憂，故善有時而成乎不善；天無往而非理之自出，故不善有時而可以爲善。是故唯其匪善者爲不足取耳。善有時而可以不善，弗妨其善也，其已善矣固善也；不善有時而可善，勿疑其不善也，方其善矣則善也。」所以王夫之肯定欒武子「善鈞從眾」的說法：「乃若曰『善鈞從眾』，眾者，尤天之至動至顯者也。」（《船山全書》第 5 冊，第549～550 頁）以群眾的意見作爲善的標準，這就更加表明了王夫之效果論的思想。

王夫之關於善的理論之最精彩之處，還在於其「繼善成性」。他在《莒庚輿以人試劍》一文中論述了這一觀點。他說：「『一陰一陽之謂道』，道不可以善名也。『成之者性也』，善不可以性域也。善者，天人之際者也，故曰『繼之者善也。』……善有體焉，有用焉。繼之者善，體營而生用也；成之者性，用凝而成體也。善之體有四，仁義禮智也，繼天之元亨利貞而以開人之用者也；善之用有三，智仁勇也，變合乎四德之幾而以生人之動者也。……體生用而用溢於體，用非其故體而別自爲體，不善之所自出，亦安得謂非性之所有乎？」（《船山全書》第 5 冊第 597～598 頁）這樣他就解釋了不善產生的原因。

第三，是對於天理與人欲關係的認識。

呂祖謙與王夫之都比較肯定胡宏關於「天理人欲同體而異用，同行而異情」的觀點。朱熹曾經認爲，胡宏的這一觀點「以天理人欲混爲一區，恐未允當。」而呂祖謙則認爲：「『天理人欲同體異用』者，卻似未失。蓋降衷秉彝，固純乎天理，及爲物所誘，人欲滋熾，天理泯滅，而實未嘗相離也。同體異用，同行異情，在人識之耳。」（《胡宏集》附錄一《宋朱熹胡子知言疑義》，中華書局 1987 年版第 330 頁）王夫之則說：「五峰曰：『天理人欲，同行異情』，韙哉！能合顏孟之學而一原者，其斯言也夫！」（《船山全書》第 6 冊第 911 頁）

呂祖謙在《秦取梁新裏梁亡》一文中，提出「天理常在人欲之中，未嘗須臾離也」的命題。他在評論梁伯溺於土功並以詐言欺騙老百姓時說：「梁伯溺於土功，無故勞民底於滅亡。議者莫不指罔民以寇自致駭潰，定梁伯之罪，是則然矣。吾獨於罪之中而知天理之所在焉。人皆以罔民爲梁伯之詐心，吾

獨以為梁伯之良心。世之論良心者，歸之仁，歸之義，歸之禮，歸之信，未有敢以詐為良心者也。名詐以良心，豈有說乎？曰詐非良心也，所以詐者良心也。梁伯之版築其自為是乎？自以為非乎？如自以為是，必不待罔民以某寇將至也，必不待罔民以秦將襲我也。惟其心慊然以為非，恐民之不我從，故虛張外寇以脅之耳。嗜版築而不已者，心之私也。慊版築而不安者，心之正也。詐固非良心，慊獨非良心乎？」由此，呂祖謙得出了「吾是以知天理常在人欲中，未嘗須臾離也」的結論。這一分析是有道理的。因為，如果梁伯根本就沒有「慊版築而不安」之良心，他就沒有必要用詐言去欺騙老百姓。他既然要用詐言欺騙老百姓，就說明他還是有一點「慊心」，如果梁伯能將其慊心擴而大之，就有可能改過自新。遺憾的是，梁伯的「一慊方生，而遽繼之以詐，是猶隕雪霜以摧始萌之草，群鷹隼以擊未翼之雛，良心安得而獨勝乎？」（《四庫全書》152《左氏博議》419頁）

王夫之雖然沒有在《續博議》中發揮其天理人欲相統一的思想，但他在其他的著作的中對這個問題認識，與呂祖謙的經驗性分析相比，更加富有哲理性。例如，他在《周易外傳》中說：「理自性生，欲以形開。其或冀夫欲盡而理乃孤行，亦似矣。然而天理人欲同行異情，異情者異以變化之幾，同行者同於形色之實，則非彼所能知也。」（《船山全書》第1冊第837頁）這說明，既然生「理」之性與人的形體是密不可分的，那麼企圖擺脫形體而只留下「理」來「孤行」，則顯然是做不到的。因此他同意胡宏「天理人欲同行異情」的說法，認為所謂「異情」，就是說天理和人欲的變化契機是不同的，而所謂「同行」，則是它們共處於個體生命這個形體之中。又如他在《讀四書大全說》中說：「聖人有欲，其欲即天之理。天無欲，其理即人之欲。學者有理有欲，理盡則合人之欲，欲推即合天之理。於此可見：人欲之各得，即天理之大同；天理之大同，無人欲之或異。」（《船山全書》第6冊第639頁）這說明，天理和人欲是分不開的。在聖人那裏，理和欲達到了高度的統一，而在普通的「學者」那裏，要使天理與人欲統一起來，還需要一個「盡」和「推」的過程。具體來說，就是一方面要通過格物致知，窮盡事物的道理，才能滿足人們的欲望；另一方面，則是要將那些不符合理的「私欲」排除掉，將那些「廓然見萬物之公欲」推顯出來，才能符合「萬物之公理」。

通過以上分析可以看出，呂祖謙的《左氏博議》和王夫之的《續左氏春秋博議》，不僅在評論的對象方面是前後相續的，而且在立論的許多基點上也

是一致的，雖然王氏在對許多問題的認識上比呂氏要有所前進，但這正好說明了一句古話：「譬如積薪，後來居上。」人類對於歷史的認識，就像接力賽跑一樣，是不斷接續前進的。

（此文原載《湖南民族職業學院學報》2005 年第 1 期）

弘揚船山倡導的經世致用精神

　　船山學術的一個重要特色，就是十分注重經世致用。其子王敔在《薑齋公行述》說他「明人道以爲實學，欲盡廢古今虛妙之說而返之實。」（《船山全書》第 16 冊，嶽麓書社版第 81 頁）這裏講的「實學」即爲一種經世致用之學，它與空談義理不切實際的「虛妙之說」是完全對立的。

　　船山重經世致用，既有時代的原因，也有湖湘文化的歷史承傳。就時代的原因來說，主要是明代後期王學末流空談心性的流弊。所以船山和黃宗羲、顧炎午等人一樣，對這種空談的流弊痛斥不遺餘力。就湖湘文化的歷史承傳來說，則是南宋時期形成的湖湘學派的重經世致用的傳統。湖湘學派的創始人胡安國、胡宏父子，均特別重視經世致用。胡安國發揚「春秋經世」的傳統，一生以治《春秋》名家；其子胡宏則從體用統一的高度，爲經世致用奠定了哲學基礎。胡宏嘗言：「學聖人之道，得其體，必得其用。有體而無用，與異端何辨？井田、封建、學校、軍制，皆聖人竭心思致用之大者也。」（《胡宏集》中華書局 1987 年版第 131 頁）這既從體用關係的理論上說明了讀經與致用的關係，而且說明了「致用」所應包括的一些大體範圍。

　　船山的經世致用思想，正是湖湘文化優良傳統和時代思潮的集中體現。船山的哲學思想，是在精研《易》理，反芻儒經，熔鑄老莊，吸納佛道基礎上形成的，所以他對《周易》特別重視，嘗言：「體三才之道，推性命之原，極物理人事之變，以明得吉失凶之故，而《易》作焉。」（《船山全書》第 1 冊《周易內傳》第 41 頁）船山治史，則強調「所貴乎史者，述往以爲來者師也。爲史者，記載徒繁，而經世之大略不著，後人欲得其得失之樞機以效法之無由也，則惡用史爲？」（《船山全書》第 10 冊《讀通鑒論》第 225 頁）船

山雖然強調不論是治經還是治史，都必須以「致用」爲目的，但他又不是那種淺薄的功利主義者，即簡單地將儒家經典中的一些文字或歷史上一些史實與現實相比附。恰恰相反，他認爲要眞正做到經世致用，就必須深入到經典或歷史中去，把握其「微言大義」或「樞機」，即實質或規律。他在談到《春秋》時說：「《春秋》有大義，有微言。義也者，以治事也；言也者，以顯義也。非事無義，非義無顯，斯以文成數萬而無餘辭。若夫言可立義，而義非事有，則以意生言而附之以事。」（《船山全書》第 5 冊《春秋家說》，第 109 頁）這裏講的「以意生言而附之以事」，就是人們將自己主觀臆想的一些東西塞進客觀對象之中。這樣做，當然無法眞正認識和把握事物的客觀規律。所以船山講的經世致用，是要在深層次上揭示和把握一些帶規律性的東西，以指導人們的現實生活。因此，在船山的各種著作中，雖然其經世致用的傾向十分明顯，但是其理論分析也是十分深刻的，不論是其治經還是治史，都能開出新的生面。

船山倡導的經世致用精神，對於清代以來的湖湘文化的影響是十分深遠的。就是在清代漢學佔主導地位時，湖南許多學者在治學時仍然不忘經世致用。例如嶽麓書院的許多山長在教學過程中，就反復強調要注重經世致用。而到了近代，經世致用更是成了湖湘文化的一個顯著的特徵。近代湖南所以人才輩出，除了其他因素之外，一個決定性的因素，就是因爲近代湖南的一些人物都特別重視經世致用。在近代湖南學界，有以陶澍、曾國藩爲代表的理學經世派，也有以魏源、王闓運、皮錫瑞爲代表的今文經學經世學派，還有以譚嗣同爲代表的功利主義經世學派。須知，清代的漢學家是不重視經世致用的，近代的漢學大家章太炎甚至尖銳地批判魏源的經世致用主張。由於湖湘文化的經世致用傳統的影響，使湖湘士人特別關注國家和民族的命運，積極投身到救國救民的火熱鬥爭之中，因而造就了近代湖南的一批又一批人才。

在近年有關湖湘文化與經濟建設關係的討論中，人們在分析近代湖南人才群體的構成時，發現政治和軍事人才比較多，因而認爲經世致用只注重政治和軍事，所以不適用於今天以經濟建設爲中心的現代化建設。其實，這是一種誤解。就經世致用的本義來說，其「用」的範圍是十分廣泛的。船山之子王敔在《薑齋公行述》中說：「府君自少喜從人間問四方事，至於江山險要，士馬食貨，典制沿革，皆極意研究。」（《船山全書》第 16 冊，嶽麓書社版，

第81頁）這就說明，船山的經世致用是既包括「江山險要」的地理、軍事方面的事物，也包括「士馬食貨」等經濟生活方面的事物，還包括「典制沿革」的禮儀、政治等方面的事物。總之，它要求人們「極物理人事之變，以明得吉失凶之故」，不僅要研究政治、軍事等方面的事物，而且要研究科技、經濟等方面的事物。況且，近代湖南在科技和經濟方面的人才也不少。例如，以丁取忠爲代表的長沙數學學派，在數學研究取得了巨大成就；而范旭東則是近代中國化學工業的奠基人。又如，朱昌琳、聶緝規、聶其傑、梁煥奎、李燭塵等則都是著名的實業家，有的甚至是工商界的領袖人物。只是由於湖南近代的政治、軍事人才太多，從而掩蓋了他們的名聲；加之近年的湖湘文化研究對這方面的研究和宣傳力度不大，所以不爲人們所知罷了。

經世致用作爲治學的一種價值取向，它要求人們關注人生社會一切實際需要的領域，不分學科，不分冷門、熱門，只要有用就應當研究；而作爲一種學風，則與我們經常說的「理論聯繫實際」有相通之處，它要求人們不要坐而論道，而要起而行之。這種價值取向和學風，在社會主義現代化建設都是迫切需要繼承和發揚的。

（此文原載《衡陽師範學院學報》2006 年第 1 期）

傅山與船山子學思想之比較

明清之際崇尚子學形成一般思潮，傅山與船山是這一思潮的重要代表人物。本文擬對他們的子學思想進行一些比較。

一

傅山與船山均重視子學研究，並且都特別會心於道家、道教。

1、兩人子學研究成果都很豐富

據史載，傅山「該博古今典籍，百家諸子靡不淹貫。」（《霜紅龕集》附錄一《傅徵君傳》）在《霜紅龕集》卷三十二至三十五的「讀子」中所涉及的子學著作有《老子》、《莊子》、《淮南子》、《亢倉子》、《鬼谷子》、《尹文子》、《鄧析子》、《公孫龍子》、《鶡冠子》、《管子》、《墨子》。這說明傅山子學研究所涉及的面是十分廣泛的。

船山的子學著作現存的只有《老子衍》、《莊子通》和《莊子解》，但據王敔的《大行府君行述》所載，船山有關子學著作「其他則《淮南子》有旁注，《呂覽》有釋」（王敔：《大行府君行述》）。可是這兩種著作今已不存。相比之下，船山的子學著作所涉及的面沒有傅山那樣廣泛。

2、兩人均特別會心於道家和道教

戴廷栻在《在石道人別傳》中說，當傅山六歲時，見其父「買黃精，云服之不死，輒出入取噉，不肯復穀食。強之乃復穀食。」如果說這還是小孩的一種模仿行為的話，那麼當其弱冠之後，「肆力諸方外書」則已經成了一種愛好。所以當提學使袁山任命他為三立書院「祭酒」時，他仍「讀方外書如

故」。後來袁公被誣下獄，傅山曾「以奇計出公」，袁公後來補官泰州，爲了感謝傅山的救助，曾約傅山往遊，但「道人方服柏葉辟穀，不答公書。」在蔡怡雲任山西巡撫時，又命傅山爲三立書院祭酒，「道人雖期集，不肯衣紳衣，講學書院」。傅山多病，曾受道還陽眞人，還陽眞人是明神宗時雨師，神宗曾賜以印劍紫衣，頗有神異。1642 年（壬午），即明朝滅亡的前二年，傅山做了一個夢，夢見「上帝議劫，給道人單字，不可識，單尾識高尚字。且賜黃冠衲頭，心知無功名分，遂製冠衲，如夢中賜者。」當傅山參加科舉考試完畢，有個一百三十歲的長壽比丘向他表示祝賀，傅山說，我沒有中試，有什麼可祝賀的！比丘說：「不中故賀。」對此，傅山表示接受。從此，他「取所製冠衲服之。甲申之變竟服之不脫，爲眞道士。」（《霜紅龕集》附社《霜紅龕集》附錄一，《石道人別傳》）這說明，傅山之爲「眞道士」的直接原因，固然與明末的社會動亂和明王朝的滅亡有關，但其重視「辟穀」卻與其「善病」不無關係。辟穀又稱絕穀、休糧，是道教的一種修煉方法，即不食五穀。辟穀時並非不食一切東西，仍然要食藥物，並須兼做導引等功夫。傅山早年的服黃精和後來的服柏葉，就是屬於服食藥物的範疇。

與傅山相同，船山在明朝滅亡之後，也是在「山中時著道冠，歌愚鼓。」（王敔：《大行府君行述》）這說明，船山與傅山的重辟穀不同，他更重視的是道家和道教的「內丹」修煉。據吳立民先生研究，《愚鼓詞》是船山於康熙十年（1671）五十三歲時所作。船山接觸內丹學說較早，其煉功實踐似在三十六歲前後，四十五歲所作《遣興詩》、《廣遣興》中已有不少丹語，並自稱「一瓠道人」。船山在在康熙十一年（1672）爲所著《老子衍》寫的後序中，自稱「參魏伯陽、張平叔之說」，可惜此書和「序」因其弟子唐須竹不戒於火，故未能傳世。船山六十七歲時，完成《楚辭通釋》，以內丹丹法注釋《離騷經》、《遠遊》等篇，謂「魏伯陽以下諸人之說，皆本於此。」「融貫玄宗」，「已盡學玄者之奧。後世魏伯陽、張平叔所隱秘密傳、以詫妙解者，皆已宣洩無餘。」「故以魏、張之說釋之，無不吻合。」集中體現了船山鑽研道家丹法之成果。吳立民先生認爲，《愚鼓詞》是船山內煉丹功的實踐總結，而《楚詞通釋·遠遊》則是丹功理論的系統論述。兩相輝映，既闡發了屈原原著的奧旨和《參同契》、《悟眞篇》的精義，也將本人對丹功實踐的體會和對丹法理論的創見，啓迪來者，昭示後人（《船山佛道思想研究》，湖南人民出版社 1992 年版第 269～274 頁）。

以上情況表明，傅山與船山，不僅泛究諸子，而且都對道家、道教情有獨鍾。

二

傅山與船山雖然都重視對諸子的研究，但是其立足點卻有著差異。對此，侯外廬先生有過論述。他說：「清初大儒也有吸收釋道方法論者如王夫之，有兼贊墨學者如顧炎武，但他們都擺脫不開正統思想的形式。惟傅山不然，他大膽地提出了百家之學，對於六經與諸子無可軒輊地加以闡發或注釋，首開近代子學研究的蹊徑，這不能不說是十七世紀中國思想界的一支異軍。」（《中國思想通史》第 5 卷，人民出版社 1980 年版第 272 頁）

1、傅山的經子平等思想

傅山嘗言：「經子之爭亦末矣，只因儒者知六經之名，遂以為子不如經之尊，習見之鄙可見。」接著，他從文字學的角度，分析了古代「經」與「子」兩字皆從「巛」，「巛即川者，水也，巛則無不流行之理」，因而說明「經」「子」二者並無尊卑之不同。他又說：「孔子、孟子不稱為『孔經』、『孟經』，而必曰孔子、孟子者，可見有子而後有作經者也。」（《霜紅龕集》卷三十八，《雜記三》）傅山這一認識是符合歷史實際的，因為任何經典都是人（即某一「子」）所撰述的。離開了人，任何經典的產生都是不可能的。在一定的歷史時代，人們之所以將某些著作稱為「經」，是與一定的時代政治和文化的需要分不開的。儒家的「四書」「五經」的形成過程，就清楚地說明了這一點。

傅山的經子平等思想是與他的反道學的思想分不開的。他說過：「明王道，辟異端，是道學家門面，卻自己只作得義襲工夫。」這就是說，道學家們雖然口口聲聲喊「明王道」，但是他們並沒有多少自己的創造，而只是沿襲古人的注釋。他們不知道，「今所行五經四書注，一代之王制，非千古之道統也。注疏氾濫矣，其精處非後儒所及，不可不知。」（《霜紅龕集》卷三十六，《雜記一》）宋明道學（理學）形成後，朱熹等人的「四書」「五經」集注成了科舉考試的必讀教科書，「代聖賢立言」的標準範式。傅山指出，這些注釋不過是「一代之王制」，而「非千古之道統」，這就從根本上推翻了這些注釋的權威性，從而為人們重新將儒家的經典與諸子的著作置於平等地位進行新的探討和分析，掃清了思想障礙。

正是因為傅山從經子平等的思想出發，所以他的文化性格不僅偏愛諸子，而且力圖從諸子，特別是老莊之中，探求安身立命的指針。所以他說：「三日不讀《老子》，不覺舌本軟。疇昔但習其語，五十以後細注《老子》，而覺前輩精於此學者，徒費多少舌頭，舌頭終是軟底。何故？正坐猜度，玄牝不著耳。」（《霜紅龕集》卷四十，《雜記五》）魏宗禹教授將傅山對《老子》和《莊子》的繼承和發展歸納為三個方面，即「獨立思考的自由思想」、「『無為而有為』的觀點」、「『隱而不隱』的觀點」（《傅山評傳》南京大學出版社 1995 年版，第 190～200 頁），也說明傅山是善於從老莊思想尋找其處世之道的。

2、船山的「入壘」「襲輜」

船山在《老子衍·自序》中說，他對《老子》思想的態度是：「入其壘，襲其輜，暴其恃，而見其瑕矣，見其瑕而後道可使復也。」那麼船山所謂的「道」是什麼呢？這也就是他自己在同一篇序言中所說的「聖道所謂文之以禮樂以建中和之極者」。顯然，船山在這裏是以儒家的「聖道」為標準來衡量老子及莊子思想的。所以他說「天下之言道者，激俗而故反之，則不公；偶見而樂持之，則不經；鑿慧而數揚之，則不祥。三者之失，老子兼之矣。」（《船山全書》第 13 冊，嶽麓書社 1993 年版第 15 頁）也就是說，老子違背了聖道「中和之極」的原則。船山對於莊子的學說持相同的態度：「凡莊生之說，皆可因以通君子之道」（《船山全書》第 13 冊第 493 頁）。這說明在船山看來，莊子的學說本身並不是君子道，但是可以採取「通」的辦法，即創造性的轉換，使之達到君子之道。

那麼船山是怎樣使老莊思想通向「君子之道」呢？這主要表現在兩個方面。

其一，是批判和改造其世界觀。船山是以繼承張載的氣本論而自命的，所以他在《張子正蒙注》中說：「老氏以天地為橐籥，動而生風，是虛能於無生有，變幻無窮；而氣不鼓動則無，是有限矣。然則孰鼓其橐籥令生氣乎？有無混一者，可見謂之有，不可見遂謂之無，其實動靜有時而陰陽常在，有無無異也。誤解《太極圖說》者，謂太極本未有陰陽，因動而始生陽，靜而始生陰。不知動靜所生之陰陽，乃固有之蘊，為寒暑、潤燥、男女之情質，其絪縕充滿在動靜之先。動靜者即此陰陽之動靜，動則陰變於陽，靜則陽凝

於陰，一震、巽、坎、離、艮、兌之生於乾坤也；非動而後有陽，靜而後有陰，本無二氣，由動靜而生，如老氏之說也。」（《船山全書》第 12 冊第 24 頁）這段話就清楚地表明，船山是不贊成老子的有生於無之說的。船山在《老子衍》衍第四十章「天下之物生於有，有生於無」時也說：「若夫道，含萬物而入萬物，方往方來，方來方往，蜿蟺希微，固不窮矣。乃當其排之而來則有，當其引之而去，則託於無以生有，而可名爲無。」（《船山全書》第 13 冊第 41 頁）這就是說，道與萬物是互相含容，不分先後的，但是各種具體的事物有生有滅，有成有毀，當其成則爲「有」，當其毀則爲「無」，只有在這時，才可以「託於無以生有，而可名爲無。」這樣，船山就對老子的「天下之物生於有，有生於無」作了唯物主義的解釋。

其二，吸收和改造其方法論。船山之所以對於老莊感興趣，就是因爲在老莊哲學中充滿了辯證法的智慧，他要利用這些思想資料爲構建自己的哲學體系而服務。所以我們看到，在《老子衍》和《莊子通》中，船山所「衍」和所「通」的內容，大多是老莊的那些辯證法思想或可爲辯證法酵母的思想因素。例如，船山在衍繹《老子》第二章時說：「天下之變萬，而要歸於兩端。兩端生於一致，故方有『美』而方有『惡』，方有『善』而方有『不善』。據一以概乎彼之不一，則白黑競而毀譽雜。聖人之『抱一』也，方其一與一爲二，而我徐處於中；故彼一與此一爲壘，乃知其本無壘也，遂坐而收之。壘立者『居』，而坐收者『不去』，是之謂善爭。」（《船山全書》第 13 冊第 18 頁）在《老子》第一章的原文中，的確描述了許多矛盾對立的現象，而船山則將它們概括爲「天下之變萬，而要歸於兩端」這樣一個具有普遍意義的辯證法命題。老子講「聖人」以無爲的方法，達到了「功成而不居」效果，船山則從辯證法的角度指出，「聖人」之所以能夠做到「不居」，就在於他們善於把握矛盾的對立與統一，因勢利導，從而坐收其功。又如，船山在《莊子通》中，通過對莊子在《逍遙遊》中講的那些寓言，疏通出一篇辯證法的道理：「多寡、長短、輕重、大小，皆非耦也。兼乎寡則多，兼乎短則長，兼乎輕則重，兼乎小則大，故非耦也。大既有小矣，小既可大矣，而畫一小大之區，吾不知其所從生。然則大何不可使小，而困於大？小何不可使大，而困於小？無區可畫，困亦奚生！夫大非不能小；不能小者，勢使之然也。小非不能大；不能大者，情使之然也。天下有勢，『扶搖』之風是已。我心有勢，『垂天』之翼是已。夫勢之『厚』也生於『積』：『扶搖』之風，生物之吹息

也；『垂天』之翼，一翮之輕羽也。然則雖成乎勢，大之居然小也固然。」（《船山全書》第 13 冊第 495 頁）僅此二例，就足以說明船山是十分善於「入壘」「襲輜」的了。

<h2 style="text-align:center">三</h2>

傅山與船山雖然在對諸子的評價的立足點上存在一定的差別，但在對老莊一些著作的具體詮釋上，又有其一致之處，特別是他們都比較肯定老莊的養生思想。以下僅舉兩例以說明之。

其一，傅山和船山都對於《老子》第五十九章「治人事天莫若嗇」作過疏解。傅山的解釋是：「人不能早自愛惜，以易竭之精氣盡著耗散，及至衰朽怕死時，卻急急求服食之藥，以濟其危。不知自己精氣原是最勝大藥，早不耗散，服而用之，凡外來風寒濕暑、陰陽之患皆能勝之。此但淺淺者所謂最易知最易行，而人不肯耳。」（《霜紅龕集》卷三十二，《讀子一》）船山則說：「『人』之情無盡，取而『治』之，則不及情者多矣。『天』之數無極，往而『事』之，則無可極者遠矣。以其敝敝，從其浩浩，此冀彼之恩，而彼冀望此以為怨。怨不可以有國，而敝敝窮年，亦『根』敗『柢』枯，而其『生』不延。迨其不延，悔而思『服』，豈不晚與！」（《船山全書》第 13 冊第 54 頁）可見，傅山和船山都是肯定老子「嗇」的思想，即養生最根本的是要保持自己的精氣，而不在於服食過多的藥物。

其二，傅山和船山都論述過《莊子・養生主》中的「指窮於為薪，火傳也，不知其盡也」。對此，傅山的分析是：「此義實多門，但就養生上說，猶言以薪喻身，以火喻命。為身是命之所依，凡所以養身者，無所不至，惟恐其養有不至而喪命者，即似恐為薪之備而火忽然息也之義。指猶意也，意窮極於為薪者為火，因此而傳也，卻不知膏煎之義所以養身之備，而有速其盡者矣，即有生必先無離形，形不離而生亡者有之矣之意，此又一解也。」（《霜紅龕集》卷三十八，《雜記三》）船山則在《莊子解》中說：「以有涯隨無涯者，火傳矣，猶不知薪之盡也。夫薪可以屈指盡，而火不可窮。不可窮者，生之主也。寓於薪，而以薪為火，不亦愚乎！蓋人之生也，形成而神因附之。形敝而不足以居神，則神捨之而去；捨之以去，而神者非神也。寓於形而謂之神，不寓於形，天而已矣。寓於形，不寓於形，豈有別哉？養此至常不易、萬歲成純、相傳不熄之生主，則來去適然，任薪之多寡，數盡而止。其不可

知者，或遊於虛，或寓於他，鼠肝蟲臂，無所不可，而何肯聽帝之懸以役役
於善惡哉！傳者主也，盡者賓也，役也。養其主，賓其賓，役其役，死而不
亡，奚哀樂之能入乎？」（《船山全書》第 13 冊，第 124～125 頁）這說明，
傅山與船山都是從養生的角度來闡述莊子這一段話的。

（此文原載《船山學刊》2008 年第 1 期）

王船山對湖湘文化的繼承與創新

　　王船山是明清之際的一位偉大的愛國主義者和傑出的哲學家、思想家，他不僅在中國哲學史上有著十分重要的地位，而且在湖湘文化的發展歷史上起了承前啓後的作用。所謂「承前」，是指他繼承和發展了古代湖湘文化、特別是經過南宋湖湘學派基本定型的湖湘文化的優良傳統；所謂「啓後」，是他的思想和學風開啓了近代湖湘文化的繁榮。這突出地表現在以下三個方面：

　　第一，是王船山繼承和發展了古代湖湘文化中強烈的民族主義思想，開啓了近代湖湘文化愛國主義的優良傳統。戰國時期的著名愛國詩人屈原，其救國主張不僅得不到楚王的支持，反而被小人所讒誹，並被迫流放，自沉於湖南汨羅江。西漢前期的著名思想家賈誼，針對當時朝廷所面臨的一系列矛盾，提出了許多有遠見的策略，不僅得不到朝廷大臣的支持，反而被貶爲長沙王太傅。以生活在「屈原、賈誼傷心之地」（《曾國藩全集‧詩文》嶽麓書社 1986 年版第 270 頁）而自豪的湖南士人，對於屈原、賈誼倡導的這種愛國主義思想十分推崇。

　　南宋時期湖湘學派的先驅者和奠基人胡安國，爲了對抗金人的入侵，潛心三十年寫出《春秋傳》，企圖爲解決中原地區與周邊少數民族的矛盾尋求理論上的根據。胡安國說，唐代著名的文學家韓愈說過，《春秋》的特點是「謹嚴」，那麼這種謹嚴表現在什麼地方呢？就在於嚴格地進行華夷之辨，即嚴格地劃清華夏族與周邊少數民族的界限。當夷狄侵犯華夏族的時候，要堅決地進行抵抗，這是《春秋》的根本宗旨。湖湘學派的主要代表人物胡宏、張栻及其弟子，都接受和繼承了胡安國在《春秋傳》中宣傳的這些「夷夏之辨」和「尊王攘夷」的思想，在抗金鬥爭中，不僅向朝廷提出了許多建議，而且

創造了許多可歌可泣的英勇事蹟。例如，張栻在抗金鬥爭過程中，就曾多次上疏言事，他呼籲皇帝堅定抗金鬥志，「誓不言和，專務自強，雖折不撓。」張栻的得意學生醴陵人吳獵和衡山人趙方，都在抗金鬥爭中創建了可歌可泣的業績。南宋政權在 1234 年聯合蒙古兵滅金之後，又面臨著一個比金國更為強大的蒙古汗國的威脅。德祐元年（1275），元軍圍攻潭州（長沙），當時潭州州學、湘西書院和嶽麓書院三個學校的學生數百人，在湖南安撫使兼潭州知州李芾的率領下，與長沙軍民一道，浴血奮戰，堅守長沙城達半年之久，最後城池被元軍攻破，守城的將士和三個學校的學生幾乎全部殉難。可見，當時嶽麓書院的師生是忠實地實踐了胡安國所宣導的民族主義思想的。

王船山是怎樣繼承湖湘文化中的民族主義和愛國主義思想的呢？這主要表現在以下四個方面：首先，在清兵初入湖南後，他親身組織過抗清的武裝鬥爭。當清朝統治湖南後，他又拒絕清朝當局的「薙髮令」，終身不薙髮，並且始終拒絕與清王朝合作，即使生活十分困難，也不接受清政府官員的經濟接濟。民間還曾流傳一些關於船山堅持民族氣節的故事。如他經常住在樓上，如果要出門，不管天晴下雨都要打傘和穿木屐，表示他頭不頂清朝的天，足不踏清朝的地。其次，王船山像胡安國一樣，十分注重研究《春秋》。他的父親研究《春秋》多年，很有心得。船山青少時代就在父親指導下研究《春秋》。所以在 1642 年考舉人時，他就是以《春秋》中試第五名經魁。1646 年，即明朝滅亡之後的第二年，他的父親指示他編《春秋家說》。遵照其父親的指示，他撰寫的有關《春秋》的著作就有四種：《春秋稗疏》、《春秋家說》、《春秋世論》和《續春秋左氏傳博議》。在這些著作中，他既繼承了父親有關《春秋》的思想，又做了很大的發展。第三，船山不僅在其有關《春秋》的著作中，發揮了其民族主義思想，而且在其他著作中，也充分表現了民族主義思想。可以說，堅持民族主義，堅持民族氣節，是貫穿船山著作中的一根紅線。第四，船山不僅繼承了湖湘學派的民族主義思想，而且在理論上有很大的發展。這又突出地表現在以下三個方面：其一，船山認為，華夏與夷狄的界限不是絕對的、固定不變的。他說，中國之天下，在軒轅黃帝以前，大概與夷狄差不多；太昊（伏羲氏）以前，大概與禽獸差不多。那時的人不過是能站立走路的禽獸而已（「直立之獸」）（《思問錄外篇》，《船山全書》第 12 冊第 467 頁）。這樣，他就從進化的角度說明了從夷狄發展到文明的華夏的歷史進程。其二，船山認為從夷狄進化到華夏文明的條件，是「衣食足而後禮義興」，即在經濟

有一定的發展之後，創立仁義禮樂等制度和精神文明。如果不重視經濟發展和精神文明建設，人類就有可能返回到原始的夷狄狀態。其三，船山認爲民族利益是高於「一人之正義」和「一時之正義」的「天下古今之通義」。所謂「一人之正義」，就是替某一個皇帝當臣子，就要爲其盡忠，必要時甚至爲之盡死節。但是這個皇帝可能只是割據一方一豪傑，而不爲全國人民所承認，你如果忠於他並爲之盡死節，那就只能算是「一人之正義」。有的皇帝可能是一個朝代的君主，但是他如果他不堅持民族氣節，奴顏婢膝地屈服於異民族的淫威，甚至投降賣國，如果你還是忠於他，那就只能算是「一時之正義」。船山認爲只有堅持夷夏之辨、堅持民族氣節，才是古今之通義。所以他說：「以一人之義，視一時之大義，而一人之義私矣；以一時之義，視古今之通義，而一時之義私矣；公者重，私者輕矣，權衡之所自定也。」人們不能「以一時之君臣，廢古今夷夏之通義」（《船山全書》第 10 冊第 535～536 頁）。

　　船山的這種民族主義思想，極大地啓示了近代湖南的先進人物。如譚嗣同、楊毓麟、禹之謨、樊錐、易白沙等人無不從其民族主義思想中吸取原動力。譚嗣同不僅繼承了船山的民族主義思想，極力批判滿族貴族屈服於西方列強、出賣民族利益的種種投降主義行徑，而且繼承和發展了王船山以文明進化區分華夏夷狄的思想，痛批在西方文明比當時的中國要先進得多的情況下，一些頑固守舊的人物仍然堅持傳統的夷夏之變，以反對「以夷變夏」爲理由，反對向西方學習的保守主義。楊毓麟則指出：王船山平生所著書，自經義、史論以至稗官小說，於種族之戚、家國之痛，呻吟嗚咽，舉筆不忘，就好像瞎子想看見，好像癱瘓者想起床起，好像啞巴想講話，好像飲食男女之欲望一日也不能離開，朝思暮想，夢寐求之（楊毓麟：《新湖南》，《楊毓麟集》嶽麓書社 2001 年版第 34 頁）。正是在船山的民族思想的啓發之下，近代許多湖南的先進人物都起而獻身變法或革命。而楊昌濟則在辛亥革命之後，根據國內民族大團結的新形勢，將船山的這種以反抗周邊少數民族入侵的狹義民族主義改變爲反抗帝國主義列強的現代愛國主義。他在 1914 年船山學社成立之時寫道：學社既然以船山爲名，即就應當講船山之學。他認爲船山一生卓絕之處，在於主張民族主義，以漢族之受制於外來之民族爲深恥極痛，這是船山之大節，這是我們應當瞭解的。民國成立後，漢滿蒙回藏五族一家，船山所謂狹義的民族主義當然不如過去那樣重要了，但是所謂外來民族如英法俄德美日者，其壓迫之甚非僅如漢族前日之所經驗，故吾輩不得以五族一

家，遂無須乎民族主義也（《楊昌濟集》湖南教育出版社 2008 年版第 512 頁）。這樣，楊昌濟就把傳統的民族主義轉變成現代愛國主義。這一思想對於他「心賞」的弟子毛澤東和蔡和森等人的青年時代，影響極爲深遠，並且最終促使他們由愛國主義轉向共產主義。

第二，王船山繼承了古代湖湘文化的強烈的經世致用思想，並且開創了近代湖湘文化注重經世致用的優良學風。所謂「經世致用」，就是要求將儒家經典的精神實質用於現實的政治和社會生活，以爲廣大人民群眾創造福祉。用現代語言來說，就是要理論聯繫實際。什麼理論呢？在古代，主要是哲學理論和歷史理論。從哲學上說，就是要解決知與行、理論與實踐的關係問題。從歷史學上說，就是要從歷史經驗中尋找歷史發展的規律，用以指導人們的現實實踐。南宋的湖湘學派開創了古代湖湘文化史上第一個經世致用的高潮。湖湘學派的創始人胡宏認爲，儒家聖人的經典、理論是「本體」，學習和掌握這個本體的目的，不是爲了裝門面，而是必須拿來運用於實際生活。這樣，就從哲學的體用關係上爲經世致用奠定了理論基礎。至於經世致用的內涵，胡宏則指出，在古代像井田、封建、學校、軍制，這些都是聖人竭心思以致用的一些大方面。我們撇開這些制度的具體內容不去討論，光就其所涉及的方面，就可以看出，既包括土地制度、政治制度，也包括教育制度和軍事制度。這說明，在胡宏看來，經世致用的範圍是很寬廣的。胡宏還認爲，經世致用的範圍不僅包括上述制度一類的「大者」，還應該包括生產勞動等實踐活動。他十分注重物質生產實踐。

王船山繼承了湖湘學派的經世致用思想，在湖湘文化的發展史上開創了第二個經世致用的高潮。那麼，他的經世致用思想有什麼特點呢？這些特點主要表現在以下三個方面：其一，他突出地強調「實學」，「欲盡廢古今虛妙之說而返之實。」就是說，他既反對玄學和佛教、道教的「虛妙」，也反對理學的空談，主張實事求是地研究學問，尤其重視實地調查研究。所以他的兒子王敔說他「自少喜從人間問四方事」，對於「江山險要，士馬食貨，典制沿革，皆極意研究。讀史讀注疏，於書志年表，考駁同異，人之所忽，必詳愼搜閱之，而更以聞見證之。」（王敔：《大行府君行述》）其二，他反復強調知行統一。他既反對朱熹「知先行後」的觀點，也反對王陽明「知行合一」的觀點，而主張知行是互相依賴的，知有賴於行，知必須從行中來，必須以行爲基礎；而行又有賴於知的指導，知的目的就在於行，所以他說：「知之盡，

則實踐之而已。」（《船山全書》第 12 冊第 199 頁）王船山正是以這種以實踐為基礎的認識論，為他的經世致用思想奠定了一個唯物主義認識論的基礎。其三，強調以史學經世。他認為，研究歷史的目的，不是為了炫耀自己知識廣博，而是必須從中吸取知識和經驗，以指導現實的實踐。只有這樣，才能實現「經世之大略」。所以他說，史學之所以可貴，就在於通過講述歷代的往事以為後人提供師法的經驗教訓。研究歷史的人，如果只注意記載歷史的過程，而缺乏經世致用的指導，那麼後人想從歷史中找到古人行事得失之關鍵並以之作為自己行動的參考，就無從著手了，這樣還要歷史幹什麼呢？所以他在解釋司馬光所著的《資治通鑑》為什麼叫「資治」的原因時說：不是要知道什麼是治、什麼是亂而已，而是要為力行求治找到一些借鑑、參考的資料（《船山全書》第 10 冊第 1181 頁）。

　　正是在王船山這種經世致用思想的啟發之下，近代湖湘文化中的經世致用的思想特別鮮明，並且有以下幾個特點：其一，在近代之前，湖湘文化中的經世致用傳統始終沒有中斷。清代乾隆年間，由於文禁森嚴，許多地方的學者都把精力用在考據、訓詁等方面，整天沉迷於故紙堆之中，不再講經世致用之學。可是湖南的學者不同，他們始終繼承並堅持了明末清初學者所強調的經世致用傳統。例如，嶽麓書院的一些山長中，如李文炤、易宗涒、王文清、曠敏本，他們或者以漢學名家，或者對於漢學很有研究，但他們並沒有輕視經世致用，相反在他們制定的嶽麓書院學規之中，均反復強調「力行」、「坐言起行」、「通曉時務物理」、「經邦經世」。其二，陶澍、賀長齡、魏源在近代中國首倡經世致用，魏源編的《皇朝經世文編》，為如何經世致用提供了一個範本。值得注意的是，湖南近代許多注重經世致用的思想家，都繼承了王船山所倡導的「以史經世」思想。早在道光二十一年（1841）七月，曾國藩在北京向湖南籍著名理學家唐鑑請教經世致用從何處下手時，唐氏就告訴他：「經濟不外看史，古人已然之跡，法戒昭然；歷代典章，不外乎此。」（曾國藩全集·日記一》第 92 頁）所以不僅曾國藩十分重視歷代典章的研究，而且魏源所編的《皇朝經世文編》所搜集的文獻，也多為涉及清代各方面的典章制度。當此書刊出之後，成為士人研究經世致用的必讀教材。其三，曾國藩在桐城派倡導的「義理、考據、辭章」的基礎上，加上一個「經濟」，即經邦濟國、經世致用（《曾國藩全集·詩文》第 442 頁）。這樣，就將本來是一種作古文的「義法」（方法）改變

成一個治學的綱領。由於曾氏當時所處的地位顯赫，所以這一綱領在全國的影響極大，它有力地推動了近代經世致用學風的深入發展。其四，如果說陶澍、賀長齡、曾國藩在中國近代是屬於理學經世派的話，那麼，從魏源開始，湖南又出現了另一支經世學派的大軍，這就是今文經學經世派。這一派人所推崇的是西漢時期以董仲舒爲代表的《春秋》公羊學派。他們主張透過研讀儒家經典中的「微言大義」，從中引申出一些改革現實政治的結論。在近代湖南，屬於這一派的主要人物爲魏源、王闓運、皮錫瑞等。王闓運在四川教學期間曾培養了一位專治今文學的弟子廖平，而廖平的今文經學思想又直接影響了廣東人康有爲。在戊戌變法期間，康有爲、梁啓超等人，就是以《公羊春秋》的今文思想爲理論武器，宣傳其變法思想。這些情況表明，近代湖南的經世致用的學風是很有特點的。

必須指出，近代湖南人才輩出的原因雖然是多方面的，但是必須承認，正是經世致用這個優良學風，才使湖南士人在愛國主義思想的指導下，更加關注現實，更加關注國計民生，積極投身於改造中國的偉大的鬥爭實踐之中，從而培養了一代又一代的傑出人才。如果沒有這一批又一批人才的湧現，湖南是不可能在近代中國造成那麼大的影響的。

第三，王船山繼承了古代湖湘文化那種敢於和善於吸納百家、綜合創新的精神，開啓了近代湖南先進人物「敢爲天下先」的「湖南人精神」。在古代湖湘文化中，不論是從屈原、賈誼到柳宗元，還是從周敦頤到胡宏和張栻，他們都具有一種廣闊的文化胸懷，敢於吸收各種不同的學派和不同地域的文化，從而創造了自己的思想和學術體系。就以湖湘學派的創始人胡宏爲例，他就是一位很有創新精神的學者。他不僅提出了與朱熹的「理本論」和陸象山的「心本論」不同的「性本論」，而且在「性本論」的基礎之上，提出「天理人欲，同體而異用，同行而異情」（《胡宏集》第 329 頁）的命題。就是說，天理和人欲都是「性」這個本體的產物，不過它們的作用不一樣，它們同時存在於同一人的身體之中，不過表現形式不同罷了。這一說法，否定了程顥、程頤兄弟將天理和人欲絕對對立起來，主張「存天理、滅人欲」的禁欲主義觀點。胡宏的這一命題遭到朱熹的批評，卻得到了王船山的充分肯定，認爲這一命題是正確的。不止如此，船山還進一步發展了胡宏的觀點，指出「理欲皆自然」、「有欲斯有理」、「私欲之中，天理所寓」，「終不離欲而別有理也。」（《船山全書》第 6 冊第 911 頁）在他看來，「天理充周，原不與人欲相爲對壘」；

「人欲之各得，即天理之大同；天理之大同，無人欲之或異。」（《船山全書》第 6 冊第 639 頁）王船山的這種理欲統一論，在近代成爲譚嗣同和楊昌濟批判封建主義倫理思想的重要思想武器之一。這說明胡宏的理論創新影響是十分深遠的。

王船山繼承了古代湖湘文化這種吐納百家，綜合創新的優良傳統，他不僅明確提出了「六經責我開生面」的學術方針，對儒家經典敢於進行創造性的發揮；而且明確提出了「入其壘，襲其輜，暴其恃，而見其瑕」（《船山全書》第 13 冊第 15 頁）的方針，對佛家和道家等學派也善於進行創造性的轉換。俗話說：「海納百川，有容乃大。」正是由於船山善於廣收博取，所以他才能創造出一個博大精深的哲學思想和學術體系。還必須指出，船山不僅善於對待中國傳統文化，而且在吸收在明代開始傳入中國的西方文化方面中，也爲近代湖南人帶了一個好頭。例如，他不僅對於從西方傳入的望遠鏡等先進技術表示肯定，對於西方近代的天文學知識也有所瞭解，而且明確表示接受方以智把研究自然事物的學問稱爲「質測」之學的說法。並且認爲這種質測之學，確實是學思兼致之實功。

王船山的這種開明的文化觀，對於近代湖南的先進人物向西方學習很有啓發。近代中國向西方學習的過程中，大體經歷了三個階段，即學習其器物層面的階段、學習其政治層面的階段和學習其思想層面的階段。而在這三個階段中，湖南的先進人物都是走在全國最前列的。如在學習西方的器物層面階段，魏源最早提出了「師夷長技以制夷」的著名口號，而曾國藩和左宗棠開創的洋務運動則是將這一口號付諸實際行動。當洋務運動失敗之後，又是譚嗣同、唐才常等人積極倡導維新變法，並使當時湖南的變法活動成爲全國最有朝氣的省份。戊戌變法失敗之後，黃興、宋教仁等人又積極投身於辛亥革命。這都是從政治層面向西方的學習的階段。辛亥革命之後，楊昌濟在國內最先探討了近代中國向西方學習的這個歷史進程，並且根據當時封建主義復辟的嚴重形勢，明確指出，向西方學習不能只停留在前兩個階段，還必須「研究其精神之科學」（《楊昌濟集》，第 74 頁），即要從思想層面向西方學習。五四新文化運動的出現，正是這一學習階段的開始。所謂「湖南人精神」，就是一種艱苦奮鬥的精神，一種「敢爲天下先」的創新精神。通過以上分析可以看出，這種湖南人精神，在從周敦頤到湖湘學派的代表人物胡宏、張栻，在從王船山到近代湖南的大批先進人物的身上，都得到了充分表現。我們研

究王船山，繼承湖湘文化的優秀傳統，就是要弘揚湖南人精神，創造一種社會主義先進文明於湖南領域之內。

（此文原載《船山思想與文化創新》嶽麓書社 2010 年出版）

王船山論舜帝——讀《尚書引義》

　　王船山（本名夫之，1619～1692，湖南衡陽人）的《尚書引義》，是一本引申《尚書》中觀點來發揮作者自己政治和哲學等方面思想的著作。書中有讀《舜典》的論文四篇，從舜帝的人品及有關言論出發，引申出王氏的一系列觀點。研究王氏的這些論述，對於我們深入研究舜帝及其思想，不無參考價值。

一

　　據《尚書‧堯典》記載，堯帝欲禪帝位，群臣對堯說：「有鰥在下，曰虞舜。……克諧以孝，烝烝乂，不格姦。」《舜典》又載：舜「濬哲文明，溫恭允塞。玄德升聞，乃命以位。」

　　王船山在《舜典一》這篇論文中就《尚書》為什麼以「玄德」稱舜的問題進行了深入的辨析。他說：「舜之德，自孝而外，未有聞也。」為什麼除孝而外未有聞呢？並不是沒有什麼東西可聞，也不是舜故意「韜光斂采」不讓人們知道。而是因為有虞氏在其先祖虞幕之後，降為庶人，所以雖然想張揚自己，也沒有張揚的機會。舜之德所以僅僅表現在孝道之上，是因為「父頑，母嚚，象傲」，即其父母兄弟都有變態的人格。所謂「頑」，指不按照道德的原則辦事；所謂「嚚」，指放肆、跋扈；所謂「傲」，指傲慢。據《史記》記載，舜的父親叫舜到倉庫上去，自己則從倉庫之下縱火；叫舜挖井，又從上面傾倒泥土填井，但舜都能巧妙地逃過危險。對於這種情況，舜自己是引以為內疚的，所以他雖然能以孝道正確處理家庭關係，但是不願意將其作為一種高尚的品德而自我吹噓。後來，舜以自己的孝行，潛移密化其父母兄弟，

在他自己看來，沒有什麼可以聲張的。所以「名有所必辭，事有所必隱，事隱而無可聞，名辭而不可見，史以謂之『玄』，職此故也。」如果舜能夠繼承其先祖虞幕之業，其家庭父母兄弟的關係也很合符倫常，能夠「光被邦家，勳施下土」，那麼史書上就不能以「玄」來稱頌舜之德了。

　　船山進而指出，所謂「玄」，是指一種「幽潛」的狀態。舜既然具有「浚哲文明」，即深刻的智慧，這說明他並不想以「玄」來隱蔽自己的知；舜又具有「溫恭允塞」的德行，這表明他並不想以「玄」來隱蔽自己的行為。船山引《周易》「君子以成德為行，日可見之行」一語後指出，難道人們能夠因為不想宣揚自己，就不去成就自己的道德嗎？舜既然具有「成德」，所以他的「玄」，只是時機未到，「舜之『玄』，玄以時而不以德，明矣。」船山又說，所謂「玄」，是「不可測」的意思。所謂「不可測」的東西，並非其本來面目。《易》傳說「天玄而地黃」，地並不恰好是黃色，人們不過是以黃色來象徵地；天也並不故意玄，人們不過是以玄來象徵天。這種象徵的手法，是不符合「名之從實」原則的。「故象潛德者，以其隱而未著者，託於無所極，以命之曰玄，亦非舜之固以玄為德也。」船山指出，只有那些老莊之徒才會「亟言玄」，而君子之人則「擇善以法天。法天之正，極高明也，強不息也。不法天之玄，玄非天之正也。……玄者，聖人之不幸也。父非瞽瞍，弟非象，居非木石，游非鹿豕，何為其玄哉？」（《尚書引義》中華書局 1976 年版第 10～12 頁）這說明，舜德之「玄」，是特定條件下的產物。

　　王船山的這些論述，對於人們正確認識舜帝的品德是有助益的。

二

　　《尚書・舜典》記載，舜帝對契曰：「百姓不親，五品不遜。汝作司徒，敬敷五教，在寬。」舜帝又對臯陶說：「蠻夷猾夏，寇賊奸宄。汝作士。五刑有服，五服三就。五流有宅，五宅三居。惟明克允。」

　　王船山在《舜典二》中，結合上述言論，對舜帝的禮法思想進行了細緻的分析。他說，所謂「敬」，指要嚴以律己；所謂「寬」，指要恕以待人。嚴乎己以立法，恕乎物以達情。《春秋》之所以立法謹嚴宅心忠恕，正是「敬敷五教在寬」在政治實踐領域的具體表現。船山又說，司徒之教，五品而已。所謂「五品」指父義、母慈、兄友、弟恭、子孝。他認為，人之異於禽獸，華夏族之異於夷狄，就在於此。相對於這「五品」或「五教」而言，禽獸偏

而不全，夷狄則略而不詳。既然是「偏」，則亦有部分達到了這方面要求；既然是「略」，則亦有部分具備了這方面的素質。但是，如果要用「五教」來區別於禽獸和夷狄，那麼標準就不能太「寬」了。朱熹說「反之於嚴，矯之而後得其常」，講的就是這個道理。但是，船山認爲朱子這句話「實有不然者」。就是說，他並不完全贊同朱子的話。

船山說：「五教者，禮之本也。禮者，刑之相與爲出入者也。出乎禮，斯入乎刑矣。刑者，箝之使合，抑之使受也。不親者豈箝之而親，不遜者豈抑之而可使遜？」就是說，「五教」這類東西，是禮的根本。而刑則是通過強制手段使人服從。親情和謙遜是不能用強制手段來達到的。司徒之教，從來沒有聽說過鞭撻兒子以使其孝順，撲打弟弟以使之順從的。人都有其父子、兄弟、夫婦、朋友之情，需要受到別人的教育，如果因爲稍有不謹就受刑罰，那裏還有拂拭自新以立於人世之理呢？這樣看來，嚴以教君子往往會阻礙其自然之愛敬，嚴以教小人往往會激起其滔天之巨惡。這個道理是通於古今，達於四海的，人們都是以寬而成其涵泳薰陶之化的，爲什麼要像朱熹所說「矯之以嚴」呢！接著，船山例舉歷史的教訓。他說，宋代立國過於寬柔，爲君子所傷。但這一弊端的產生，是政治的失誤，而不是教化的失誤。宋朝的教化雖然不是純粹的先王之道法，但是它不是以苛刻嚴急的政令加之於學校，所以能夠承續先王之墜緒，經過胡安國和孫復等人的提倡，最後達到了濂、洛、關、閩四個學派的興起。這一事例充分顯示了「在寬」的效果。而五代時的蕭梁，由於不講孝道，因而導致罔上欺天，天眞泯滅。所以到了侯景叛亂時，父子兄弟相戕，導致道德淪喪，國家滅亡。其原因沒有別的，就是「弛敬於立教之身，而過嚴於物也」。也就是說，是對待自己的親人過寬，而對待老百姓過嚴的結果。船山說，君子最害怕的是以申韓之酷政，文飾儒術，而重毒天下。而朱子在方面的觀點，是可以非議的，他所說的「矯之以嚴」，是「欲辭申韓之過而不得」的。所以船山的結論是：「士師之職，『惟明克允』，司徒之命，『敷教在寬』。刑禮異施，弛張順道，百王不易之則，以扶進人心，昭明天彝者，此也。」（《尚書引義》第12～15頁）

三

《尚書‧舜典》又載舜帝對夔說：「命汝典樂，教冑子。直而溫，寬而栗。剛而無虐，簡而無傲。詩言志，歌永言。聲依永，律和聲。」

王船山在《舜典三》中，根據舜帝的這段話，發揮了一套音樂理論。他說：「詩所以言志也，歌所以永言也，聲所以依永也，律所以和聲也。以詩言志而志不滯，以歌永言而言不鬱，以聲依永而永不蕩，以律和聲而聲不詖。君子之貴於樂者，貴以此也。」這就揭示了詩、歌、聲、律四者在音樂中的不同作用和價值。接著，船山進而論述了四者的辯證關係。所謂「志」指人們的志向和興趣，詩就是要表達人們的志向和興趣。志又有正與不正之別，所以聖人首先必須從內「辨志」。有了正確的志，不僅要表現為詩，而且還可以發之為歌，因為歌是用長短之節奏來表達詩的語言的。歌不僅通過「五聲」即宮、商、角、徵、羽的清濁來表述，而且要符合律呂（古代用竹管製成的校正樂律的器具，以管的長短來確定音的不同高度，從低音管算起，成奇數的六個管稱「律」；成偶數的六個管稱「呂」，後來「律呂」作為音律的統稱）。所以船山說：「律者哀樂之則也，聲者清濁之韻也，永者長短之數也，言則其欲言之志而已。律調而後聲得所和，聲和而後永得所依，永得所依而後言得以永，言得永而後志著於言。」可見，所謂「樂」，是必須嚴格按照上述要求才能做到的，並不是什麼志向和興趣，什麼語言都可以稱為樂的。「捨律而任聲則淫，捨永而任言則野。」「無修短則無抑揚抗墜，無抗墜則無唱和。未有以整截一致之聲，能與律相協者。」

船山在引述了《禮記·樂記》「知聲而不知音，禽獸是也。知音而不知樂，眾庶是也。惟君子為能知樂」後指出：「此言聲永之必合於律，以為修短抗墜之節，而不可以禽獸眾庶之知為知也。」這說明，音樂是一種高級的創造性活動，它必須嚴格按照音樂的規則來進行製作。如果「任心之所志，言之所終，率爾以成一定之節奏，於喁嘔啞，而謂樂在是焉，則蛙之鳴，狐之嘯，童稚之伊吾，可以代聖人之製作。」這種作法，要達到《舜典》所說的「直而溫，寬而栗，剛而無虐，簡而無傲」是不可能的。正是基於這樣的認識，所以船山極力批判俗樂之失。他認為俗樂之失就在於「律不和而永不節」；「律亡而聲亂，聲亂而永淫，永淫而言失物、志失紀。」至於那些「閭巷之謠，與不知音律者之妄作」，那就更是「如扣腐木，如擊濕土，如含辛使淚而弄腋得笑」。「彼固率眾庶之知，而幾同於禽獸，其可以概帝舜、後夔之格天神，綏祖考，賞元侯，教冑子，移風易俗之大用哉？」（《尚書引義》第15～19頁）也就是說，俗樂是無法達到移風易俗的教化作用的。

船山的這些分析表明，他對舜帝的音樂理論的理解是十分深刻的。

四

《尚書·舜典》在講到舜帝對國家的治理時說：「象以典刑，流宥五刑。鞭作官刑，撲作教刑，金作贖刑。眚災肆赦，怙終賊刑。」

所謂「象以典刑」有兩種解釋：一種是《尚書》孔傳的說法：「象，法也。法用常刑，用不越法」；另一種說法，是將施用刑罰的情況繪成圖形，公佈於眾，使人們知所警戒。看來，船山是主張後一種說法的。他說，五刑（墨、劓、剕、宮、大辟）的使用，使人的性命以殘，肢體以折，痛楚以劇，而僅爲之名曰「象」，難道是聖人不忍於戕人而只是以其刑法的形象的醜陋來警醒人們嗎？「夫死之非患，痛之弗恤，重矜其象，以目治警來者，是聖人以君子之道待天下也。」所謂「以目治警來者」，就是要用形象的教育啓發人們遵守法制的自覺性。所以船山接著說，惡死而恤病，是人們的共同心理，也是鳥獸的共同心理。而象刑，則是人之所恥，而非鳥獸之能恥。害怕痛苦的刑罰，使人欲死不得，肢體傷殘，則是君子區別於鳥獸的地方。所以聖人以象刑來對待放辟邪侈之民，是爲了使這些人變爲君子。聖人對待老百姓，首先是教之有素，矜之以誠，然後再使用刑法。這一點，正是聖人仁心的充分表現。

船山進而論述了對古代肉刑的態度。他認爲，五刑並不能從根本上使人從善。那些受過五刑的人們，「與人並齒於天地之間，面已黥矣，趾已兀矣，鼻已毀矣，人道絕而髡已凋，音已雌矣，何恤乎其不冒死以求逞於一朝？」就是說那些受到五刑殘害的人，由於自己的肢體受到了嚴重傷害，在社會上無以自容，因此有可能進一步鋌而走險。船山忿激地說：「爲復肉刑之議者，其無後乎！」所以他充分肯定「漢文之仁，萬世之仁也。」因爲漢文帝曾經下詔廢除肉刑。他又認爲後世的「五刑」即笞、杖、徒、流、死，比之肉刑，是比較輕的，賢者創而不肖足以守，乃可垂百世而禍不延。「以舜爲君，臯陶爲士，執笞、杖、徒、流之法，刺天下之奸而有餘。」（《尚書引義》，第 20～22 頁）這說明，船山是反對肉刑，主張輕刑的。

通過以上分析，可以看到，由於船山具有深刻的哲學思想，又具有淵博的歷史知識，所以他在評論《尚書》中的一些文字時，往往能夠一語中的，新意迭出。

（此文原載《舜文化研究與交流》2012 年第 3 期）

王船山論舜帝
——讀《四書訓義·論語》

　　王船山在《四書訓義·論語》中，根據孔子對舜帝的許多評論，論述了他對「帝王之道」如何修養的觀點。這些觀點歸納起來有三個方面：

心必存德，寬信敏公

　　具有崇高的道德，是船山對「帝王之道」的基本要求。《論語·八佾》：「子謂《韶》，『盡美矣，又盡善也。』謂《武》，『盡美矣，未盡善也。』」《韶》是舜樂，《武》是周武王樂。船山說，「美」指聲容之盛，「善」指美之「實」（內容、本質）。舜帝繼堯帝之後使國家達到太平之治，武王伐紂救民，他們的功勞是一致的，所以其樂皆「盡美」。然而舜帝的德是其性中固有的，他又以謙讓而得天下，而武王的德則是違反天性的，他又以征伐殺戮而得天下，故其「實」是不同的。音樂是象徵道德的，它不是帝王自誇其德以沾沾自喜。道德這個東西，是人們內心所固有的，事業靠它建立，功勳靠它成就，它是可以坦然薦之鬼神，傳之天下後世的，不需要自我誇耀，它本身就是無法掩蓋的；即使是後世的帝王也要靠它來決定自己皇位升降的命運。舜帝有《韶》樂以象徵其無為之治，周武王有《大武》以象徵其協同征伐之功，舜和武王都是通過音樂來昭示其心並且感通神與人的。所以孔子對這兩種音樂的評論是有差別的。船山在分析了孔子對兩種音樂的評論之後指出：孔子的評論是十分精妙的。文德與武功的作用都是安定天下，但對於人心的和諧來說，武功的震懾作用不如文德的滋潤作用。君臣、父子之間都要確立他們互相關係

的一些根本準則，就天理的順應來說，處於巨變而最終得到歡樂自然比那種
為了平定叛亂而實行武力征伐好。聞樂而知其德，這是孔子精妙的言論。帝
王有大美而不亂說，言行有缺失而不隱諱，他們恃以對待上天和下民、感動
四方的東西，就是道德。這說明，王船山對帝王之道德修養是特別重視和強
調的。德既然如此重要，那麼什麼是帝王之德呢？孔子在《論語·堯曰》中
引述堯、舜、禹、湯、周武王的訓辭之後說「寬則得眾，信則民任焉，敏則
有功，公則說。」船山說這句話在武王的事蹟中不見，可能是孔子概括出來
的帝王之道。接著他指出，古今之天下，都是由帝王所維持，並且為萬民確
立根本原則。周王朝衰落之後，王道也息滅了，孔子於是彙集堯舜二帝和禹、
湯、文三王的成法，論定其道法，推究他們的道德為什麼那樣高尚的原因，
以垂法於萬世。所以二帝、三王雖然不能再生，但是得到他們所確立的根本
原則的，國家就可以治理；失去這些根本原則的，國家就會出現混亂。後世
的人雖然不能親自見到聖王治理之美，但由於有這些根本原則，所以天下還
是可以自立的。歷史的記錄者將孔子所肯定的書籍和史籍中的舊文與孔子論
治理國家的道理，記錄下來，認為孔子的聖學與王道是完全一致的。對於有
天下的帝王來說，最關鍵的是要上合天心。而天心的去留存在於民眾意志中，
民眾意志是順從還反對要看統治者的方法，而這種方法又是植根於帝王之
心。孔子曾經以寬、信、敏、公為天德王道共同依歸的極則，驗之二帝、三
王，的確就是這個「道」。船山的分析表明，寬、信、敏、公是貫通天心與王
心、天德與王道之間的共同原則，是帝王道德的最高原則。

　　船山進而指出，古代的二帝三王在平定天下時，雖然揖讓和討伐的時勢
不同，文采和實質的作用也不一致，但從根本上來看，他們在承襲天心、民
意時，手段雖然秘密，但其中起作用的還是所謂的「寬也，信也，敏也，公
也」這些根本原則。古代的聖君沒有不秉持它們作為自己德性的，而其治理
天下的巨大作用也都是自此而出的。所以船山說：「故其得眾也，惟其寬，是
以仁惠孚於民也；其為民任也，惟其信，是以誠意交於下也；其有功也，惟
其敏，是以天工畢代也；其致民之說也，惟其公，是以天理攸同也。四者，
天德也，仁之行於天下者也。」王船山曾經說，所謂「寬」是指「有涵焉而
無所隔礙之心，以行之於容物之器量」（《船山全書》第 7 冊，第 907 頁），就
是說，一個人的心很有涵養沒有任何阻礙，具有包容一切事物的器量，所以
他心量寬廣，能夠以仁惠取信於民，從而得到群眾擁護。所謂「信」是指「有

一真無妄之心，以行之於告戒期許之間」（《船山全書》第 7 冊第 907 頁），就是說，一個人的心是完全真實誠懇的，能夠貫徹在警告、勸戒和期望等言行之中，所以他誠實守信，能夠以誠意交於天下，從而得到群眾的任命。所謂「敏」是指「有自強不息之心，以之行乎救幾治事之繁」（《船山全書》第 7 冊第 907 頁），就是說，用自強不息的心，去處理那些細微和繁雜的事務，所以他自強不息，能夠以人力代替天工，從而取得成功。又由於其公是完全符合天理的，所以能夠使群眾滿意。因此船山說：寬、信、敏、公四者是天的德性，是「仁」具體表現在天下的東西。古代的聖帝明王，就是將這四德裝在心中並用它們治理國家，而我們孔聖人的立教，也是以這四德概括學者的心學。由此可見，只要謹守孔子的這個心學，就是繼承帝王的「治統」，後世的人們得到了它就可以使天下安定，堅守它天下就可以保存，相反，如果違背了它天下就會混亂。這是累試不爽的（《船山全書》第 7 冊，第 991～995 頁）。

博施濟眾，以安百姓

《論語‧雍也》：「子貢曰：『如有博施於民而能濟眾，何如？可謂仁乎？』子曰：『何事於仁，必也聖乎！堯、舜其猶病諸！』」這段話說明，要做到博施於民而能濟眾是很不容易的，就是像堯、舜這樣的聖人也都會感到心有餘而力不足。船山在解釋這段話引用了程子的解釋，程子在解釋「堯舜其猶病諸」時說，在古代由於生產力水準低下，人只有到了 50 歲才能穿帛，70 歲才能食肉。聖人並非不希望「博施」，並非不想讓少年人也能衣帛食肉，但是條件有限。所以聖人病其施之不博。聖人的治理的範圍在九洲之內，他並非不想四海之外的地方也能兼濟，但這是其治理達不到的地方。所以聖人為自己的「濟之不眾」感到遺憾。

船山在解釋這段話說，子貢的意思是，如果能夠廣博地對民眾進行施予，不局限在近處和小事，而是廣泛地對民眾進行救濟，並且充分滿足他們的需要，這樣就可以從其所施予的普遍，知道其心胸的廣大，這樣做可以叫做仁嗎？孔子回答說，施予而想廣博，這是沒有邊際的。施予又賑濟，對廣大民眾進行賑濟並且使每個人都得到救濟，這樣「道」就會達到變化的極致，其作用也就會無所不至。「仁」的能力還達不到這一點。這樣做豈止是仁，天下如果真有這樣的事，那一定是聖人的功用發揮到極致的結果。然而事情也不

一定如此。堯、舜之德澤被天下萬世，再沒有超過他們的了，但是從堯、舜的行事推想他們的內心，可以發現他們有很多事也辦不到，他們也不得不感到遺憾。他們感至憂患的是，民物的氣數不統一，人的情欲也不穩定，所以施予不易廣博，賑濟也未必能起到救濟的作用（《船山全書》第 7 冊第 473～475 頁）。船山的這些分析表明，聖人的心是始終關心著民眾的，所以他們對自己沒有能力做到博施於民而能濟眾感到遺憾。

《論語·憲問》：「子路問君子。子曰：『修己以敬。』曰：『如斯而已乎？』曰：『修己以安人。』曰：『如斯而已乎？』曰：『修己以安百姓，堯、舜其猶病諸！』」船山在解釋這段話時說，「人」是對「己」而言。「百姓」則包括了所有的人。「堯、舜猶病」，則說明沒有比「安百姓」更高的境界了。孔子講這句話是為了抑制子路，使他注意從近處著手。聖人的心是無窮的，即使世界達到了極治，但又誰能夠知道四海之內還有不得其所的人和事呢？所以堯、舜認為安百姓為最困難。如果說「我的治理已經臻於完善」，那就不是聖人了。

船山在為「修己以安百姓」訓義時指出，自己的行為，能夠與一部分人思想相通，但不能與天下人的思想相通，這說明自己的思想還未達到圓融；自己雖然知道一部分人的情感，但是不能知道天下人的情感，則一定是自己的欲望未純淨。只有不斷地修養，做到言可以為人效法，行可以為人準則，對天下事瞭解得很明白，對百姓的事處理很妥當，對百姓之理都能掌握，百姓也就能夠地接受治理、天下也會安定。不要使自己的所作所為對別人造成安或不安的感覺，也不要使百姓老是去想著安或不安，這樣百姓才能安定。一個君子的言行對別人的影響就有這樣大。要做到這一點，不是那麼容易的。不要說自己不引導天下走向邪惡是容易的，也不要說自己不傷害天下的生存之理是容易的。如果真能集合百姓之理於自己一身，又能謹慎自己的行動以普遍地宣示於百姓，道德就會澤被四海，民眾不受干擾，政治也不苟煩，這種恭謹以律己的盛德，用心巧妙地體現存神的巨大作用的做法，就會取得智者和愚者、順從者和反對者的信任。這個「道」，是堯、舜所努力追求而唯恐得不到；如果不能得到，他們是會感到遺憾的（《船山全書》第 7 冊，第 819～821 頁）。

船山的分析表明，既然「安百姓」是很困難的，所以聖人的修養就必須以「安百姓」為最高標準。

無為而治，人才難得

　　《論語‧衛靈公》：「子曰：『無為而治者，其舜也與！夫何為哉？恭己正南面而已矣。』」船山在解釋這段話時說，「無為而治」是說聖人的道德盛大而使人民感化，不需要等待聖人有什麼具體作為。孔子何以惟獨以「無為而治」稱頌舜帝呢？這是因為舜帝繼承堯帝，又有許多人才擔任各種職務，所以更難看到他有為的種種跡象。船山指出，其實，舜並不是有意無為。注視著時日的循環，治理好國家各族百姓的事情，堯帝開創的政績還在澤潤著他。治理水土，處理刑罰教化之類的工作，又有禹、棄、契、皋、垂、益、夔、龍、俞等九官及十二州的長官各負其責各著其功。即使舜想有所為，又有什麼可為的呢？他所以繼承堯的事業、作臣下的榜樣的東西，就是盡君德於己，內心把握著「惟精惟一，允執其中」的訓戒，外部則保持著端敬的容貌，這就是「恭己」；坐在帝王寶座上守其君道，聽取四方諸侯的施政報告，追求萬民的安樂，這就是「正南面」。船山還特別指出，「為」字是指製作立法而言，不是老莊所說的「清靜」。「恭己」是修身，「正南面」是用人行政（《船山全書》第 7 冊第 830～831 頁）。這樣，船山就劃清了帝王「無為而治」與老、莊「無為而治」的界限。

　　船山不僅對什麼是「無為而治」進行了解釋，而且分析了堯、舜為何能做到「無為而治」原因。《論語‧泰伯》：「子曰：『巍巍乎，舜、禹之有天下也，而不與焉！』……舜有臣五人而天下治。……孔子曰：『才難，不其然乎！唐、虞之際，於斯為盛。』」船山在分析這段話時指出，「才難」是一句古話，但得到了孔子的肯定。才是德的外在表現和作用。建一代之治以定天下者，在於人才；而立遠大之基，以合天心而為臣民之所信服者，在於道德。人才難得，所以人君不可不以培育人才為頭等大事。舜的五臣指禹、稷、契、皋陶、伯益。舜因為有這五臣，所以能使天下得到治理。這五人才能全面，有的能平水土，有的能教稼穡，有的能敷五教，有的懂得刑法能奠山川驅猛獸，這確實是一個人才繁盛的時代。船山聯繫武王所說的「予有亂臣十人」這一段歷史故事說，人君（帝王）雖然有匡定天下的大志，因而求賢才以為自己的輔助，但是真要找到合適的人才是十分困難的。正是由於人才難得，所以天下太平的時間少，而混亂的時間多。所以一個君子想要擔負天下的重任，想使自己的諾言得到信任和成功，就必須尚賢修德（《船山全書》第 7 冊，第550～556 頁）。

在談到如何選拔人才時，船山結合舜的事蹟，發揮了孔子「舉直錯諸枉，能使枉者直」的觀點。《論語・顏淵》：樊遲對子夏說，他曾問孔子如何做到「知人」？孔子說：「舉直錯諸枉，能使枉者直」，這句話如何理解？子夏曰：「富哉言乎！『舜有天下，選於眾，舉皋陶，不仁者遠矣。湯有天下，選於眾，舉伊尹，不仁者遠矣。』」「舉直錯諸枉，能使枉者直」的原意，是說把直的東西放到彎曲的東西上面，彎曲的東西就自然變直了。船山說，「舉直錯枉」，是智慧的表現；「使枉者直」，是仁愛的表現。這兩者不是矛盾的，而是相反相承，互相為用的。智者知道一個人正直，就必定將他選拔出來，這種選拔表明他真正懂得什麼是君子；知道一個人不正直，則必定將其擱置，這種擱置說明他真正知道什麼是小人。天下的人都懂得正直人不會被掩蔽而邪曲的人無法進行欺騙，那麼邪曲的人就會改正其邪曲而爭行直道。舜帝治理天下時，天下那些能夠體現舜帝好生之德的人，都被選用了，而被擱置不用的邪曲者也很多。這樣，舜帝就用音樂來教化天下而不需要用刑法。舜這種一舉一錯的行動，並不為了顯示自己的知人之明，而完全是行一種仁天下的心。通過一舉一錯的辦法使那些邪曲的人受到感化，帝王仁愛天下的德性便全面地普及於萬物（《船山全書》第 7 冊，第 718～721 頁）。這樣，船山就從哲學的高度分析了「舉直錯諸枉」的重要價值。

（此文原載《舜文化研究與交流》2013 年第 3 期）

王船山論舜帝
——讀《四書訓義·孟子》（上）

「孟子道性善，言必稱堯舜。」（《孟子·滕文公上》）在儒家的經典中，《孟子》是除《尚書》之外，對舜帝歷史記載和論述最多的一種經典。正因為如此，所以王船山在《四書訓義·孟子》一書中對舜帝的論述，相應地也比較多。他從理論上對孟子的有關舜帝的論述做了充分發揮，其論述的內容則大多關係如何學習舜帝的高尚品德，以加強個人（包括帝王）的道德修養。

一、聖人之德人人可學而至

《孟子·滕文公上》記載，滕文公為太子（原文稱「世子」）時，準備到楚國去，在路過宋國時，拜會了孟子。「孟子道性善，言必稱堯舜。」對這句話，船山是這樣解釋的：「道」，就是說話；「性」則是指人從天那裏稟受而來並賴以生存之理。它充滿著善，沒有一點惡。普通的人在初生時與堯舜一樣，其性中都充滿著善，但是普通的人由於私欲太多而將善淹沒了，堯舜由於沒有私欲的掩蔽，因而其性中充滿著善。所以孟子在與「世子」談到性善時，總是要舉堯舜的例子，其目的就是想要他知道，仁義不需要向外追求，只要自己不懈地努力，聖人是可以學得到的。孟子關於這個問題講了許多話，其弟子不能將這些話都記錄下來，只是概括其談話宗旨，這就是「孟子道性善，言必稱堯舜。」

接著，船山在對這一章的訓義時發揮說：「孟子之學，以性善為宗。惟知夫人無異性，性無異理，則可以信聖人之德，人人可學而至；而推此理以治

天下，則帝王之治，無人不可逮，無時無地而不可行。」可是，自從異端出現之後，他們說性中無善，善不是性所固有的，於是那種認爲不必講究修養就可以輕鬆得到功名的謬論產生了，他們還推脫說堯舜這些聖帝賢王的事業是無法繼續的「絕業」。後世的人君不講學術，治理也不如古代，其受害的原因，就是由於不知道性善因而挫傷了自己的有爲之志。如果知道性善，知道爲善容易，那麼愚蠢者可以變聰明，柔弱者可以變強大。可是當人受積習污染之後，不是那種能夠奮起以破庸懦之見而自強自立的人，是無法恢復性的本然狀態（「復性」）而推行其善的。上天是不可依恃的，人不可不自己努力。在邪說橫行之世講求獨一無二的學問（「絕學」），企圖興「王道」於無道的天下，這是貫穿於《孟子》七篇中的思想。

「世子」對孟子講的性善的道理還有疑問，於是在從楚國的回國途中，再次拜會孟子。孟子曰：「世子疑吾言乎？夫道，一而已矣。」船山在「訓義」中對孟子的這句話做了充分的發揮：「性善無可疑也，反而求之，心有其端；推而行之，心有其術；則堯、舜之可爲，亦無可疑也。世子以爲道高而不可及，疑爲之也難乎？無疑也。夫堯、舜有堯、舜之道，夫人有夫人之道，時異勢殊，而理不可二。出乎堯、舜則入乎桀、紂，發端一謬而取塗遂差。其必盡吾性以法堯、舜者，時無古今而勢無難易，本一心以貫乎常變不一之塗，止此善而已矣，無能損之而就苟且之塗也。道一則不可不爲，道一則無不可爲，而有所阻者，學術不明而自棄之心生也。」（《四書訓義·孟子·滕文公上》）船山之所以充分肯定孟子的性善論，就是由於他認識到堯舜之道與普通人之道雖然「時異勢殊，而理不可二」，即時勢雖然不同，道理卻是一樣的。所以他反復強調必須充分發揮自己的善性以法堯、舜，不要自暴自棄，而要堅定地相信「聖人之德，人人可學而至」，運用聖人的這種道理去治天下，那麼帝王之治，人人都可以達到，並且隨時隨地都可行。

孟子的弟子公都子在和老師討論性善問題時，列舉了當時學術界不贊成孟子性善論的三種觀點：一種是告子的「性無善無不善」；一種是「性可以爲善，可以爲不善」；一種是「有性善，有性不善。」最後一種觀點還「以堯爲君而有象；以瞽瞍爲父而有舜」等爲證，說明社會上的確有性善與性不善的情況存在。對此，孟子回答說：「乃若其情，則可以爲善矣，乃所謂善也。若夫爲不善，非才之罪也。」船山在分析孟子這段話時指出，它實際上涉及到性、情、才三個不同層面的問題。如前所述，船山認爲孟子所說的「性」是

指人從天那裏稟受而來的賴以生存之理。這個性是客觀存在的，有外物感應它，它存在；沒有外物感應它，它也存在。當它受外物的感應時，便出現同、異、得、失的不同感受，於是心為之動，因而出現喜、怒、哀、樂等微妙的心理變化，這就叫做「情」。情有所指向，便產生行動，於是耳、目、心、思發揮其功能做成事業，這就叫做「才」。上述三種反對性善論的觀點，都只說到情和才，而未嘗知性。情之所以可以為善，是因為被性所感通。我能夠通過情而知性，因而更加堅信性是實有其善的，相信性是治情之本，所以說性善。如果讓情過度的發展，就會一發不可收拾，那麼聞見思慮就會跟著走向歧途。由於不能奉性以治情，而使情被物慾誘惑，因而使才為惡用，政治和教化就不能不能為之而轉移。但是才的本體是性，它的作用是反映性的條理秩序，它本身又有什麼罪呢？所以如果不懂得用性善去觀察情和才，則可以說「性無善無不善」，可以說「性可以為善可以為不善」，也可以說「有性善有性不善」。如果真正懂得性，則情和才都會仿效性的善而不會有不善，又何況性本身呢？也就是說，性是無不善的。（《四書訓義‧孟子‧告子上》）正是通過這樣的論證，船山不僅說明了堯舜的性是善的，而且說明了普通之人的性也是善的。正是由於人性都是善的，所以船山說堯舜等聖人之德，人人可學而至。

二、君子之道以至善為歸

孟子說過：「大舜有大焉，善與人同。舍己從人，樂取於人以為善。自耕、稼、陶、漁，以至為帝，無非取於人者。取諸人以為善，是與人為善者也。故君子莫大乎與人為善。」船山解釋「善與人同」意思是：「公天下之善而不為私也。己未善，無所繫吝而捨以從人，人有善，則不待勉強而取於己。此善與人同之目也。」在解釋「取諸人以為善，是與人為善者也」時，船山指出，就是取別人的善而用之於我，則對方就會更加努力為善，這實際上是幫助他為善。能夠使天下之都努力為善，君子的善沒有比這更大的了。孟子的這段話說明，堯舜等聖賢樂善的誠意，一開始就沒有彼此之分，所以當善在別人身上時，便拿來充實自己，當善在自己身上時，則將它分給別人。船山在對孟子這段話進行「訓義」最後指出：「故君子之道，以至善為歸，以萬物為一。」自己必須努力使善流行於天下，從而做到刑賞不用，風俗都很淳樸。要達到這一目的，則只有以自己的至虛至公的胸懷，鼓勵天下之人朝著至善

的方向不斷前進，從而使父母兄弟子侄自覺地做到謙遜，各種事務不需要太勞累而能健康快樂地完成。世間那有比這更爲重大的事啊！學者如果還未達到這種境界，首先就要克服那種堅持錯誤自以爲是的心理，培養不斷求善的志向，充分發揮其樂善的誠心，努力將善推而廣之，這樣就與大舜使自身以外的一切有所成就（「成物」）的功能一樣偉大。成物是成己的極至，而成己爲成物的根本，這是進入君子之道的門徑，難道不應該認眞實踐嗎！（《四書訓義・孟子・公孫丑上》）

既然君子要學堯舜以至善爲歸，那麼就有一個如何學習的問題。有一個名叫曹交的人問孟子：「人皆可以爲堯、舜，是嗎？」孟子說：「是的。」曹交說，我聽說文王高十尺，湯高九尺，而我的身高達到九尺四寸，卻還是只會吃飯而已。那麼如何學堯舜呢？孟子回答說：關鍵是要實踐，認眞地去做。曹交於是要求留下做孟子的學生。孟子說，堯舜之道就像一條大路，擺在那裏並不難知，問題在於人們不去求知。如果你回去在事親敬長這些日常生活中認眞地體會，則會發現性分之內萬理皆備，到處都可以發現，無不可師，不必留在我這裏受業。船山在對孟子的話進行「訓義」時感慨說：「學者求道之心決於一念，一念定，則動靜云爲皆有善惡之幾明著於前，而求合於道者，取之自心而已足。若但驚其名，而無果於有爲之志，徒欲託於君子之門以自矜，則其人固在不屑教誨之中，君子姑且使之自反焉，而冀其悔悟耳。」就是說，曹交並沒有求道的堅定決心，他不過想利用當了孟子學生的名義，出去招搖撞騙，所以孟子拒絕收留他做自己的弟子。船山進而從哲學上分析了曹交與孟子的對話。他說，身體的高矮是偶然的因素造成的，形體的不同，對於一個人道德水準的高下並沒有什麼影響。學道沒有什麼速成之術，也沒有什麼密傳之方，關鍵在勇於有爲，勉力追求其不知以求知，努力於其所未行以求行而已。堯舜之道十分博大，但並沒有什麼奧秘。充分發揮自己的知愛知敬的天良，去做那些不忍不敢做的實事，那麼就會天也明地也察，平正彰明的盛德大業，都會從此而順利地達到。可見，一個人如果想爲堯舜，完全是決定於自己的。比如，一個人立志爲堯，則反躬內省，只要有一點不如堯，就會內心不安。於是「服必堯之服，而飾躬以定志；誦必堯之言，而修辭以立誠；行必堯之行，而循禮以居正，則堯之所以爲堯者在是，而皇皇君子之容，奕奕哲人之話，兢兢至德之修，堯之道盡於此，是堯而已矣。」可見，學習堯舜並不難，關鍵在於自己是否能夠「起念」，即立志。「一念之存

亡，萬行因之而異，而即聖與狂之所自分。故曰亦爲之而已矣，而何形體之
足言乎！」（《四書訓義‧孟子‧告子下》）

三、作聖之功盡性而已

孟子說：「堯、舜，性者也；湯、武，反之也。」船山在解釋這句話時說，
所謂「性者」是指將從天那裏稟受而來的賴以生存之理保全得很好，沒有任
何污染毀壞，不需要通過修養，這是聖人的最高境界。所謂「反之」，就是要
通過修養以恢復其本性，從而達到聖人的境界。因此，「作聖之功，盡性而已
矣」。性雖然是受之於天，但卻是凝聚在人的身上，所以盡性之事完全在乎人
的努力，而不需要憑藉天的說明。船山從理論上分析了「堯、舜，性者也」
的意思，是說堯舜能將自己所受於天之理，保持在一種和合的狀態而不失去，
所以其知識都是由此而出，而不待思慮；其行爲也都是由此決定，不需要勉
強。他們未嘗拿這種善性當作自己的德性，更不要說是自己的功勞了。天下
的人看到了他們的高尚的道德，但他們自己並沒有故意去修德，他們完全是
順著性的自然而行事。至於「湯、武，反之也」，則是說他們從上天那裏雖然
接受了理但還無法充分認識和發揮自己的本性，所以他們要努力通過致知的
工夫來明白它，從而使性中所固有的知都知道；要努力發揮其能力來行動，
從而使性中固有的能力充分釋放。他們未嘗以這種復性作爲自己的功勞，只
不過是爲了完善自己的道德，但是天下之人最終還受到了他們的功勞的恩
惠。這就是湯武等聖人的「合天」之道，也是他們的「復性」，即恢復本來的
善性所當然的結果。最後，船山指出，「性者」、即順性而爲的堯舜和「反之」、
即能夠復性的湯武，其道德水準雖有差異，但就他們都能盡性這一點來說，
卻並沒有什麼不同。作爲「性者」的堯舜，他們做到了天人合一，他們的知
天也不外乎知人；作爲「反之」者的湯武，他們雖然只是盡人事，並且只求
知人而不強求知天。聖人的心是純白無雜的，難道有什麼不同嗎？凡不是自
己性分之中的事，則都與自己無關。所以他們的盛德大業雖然達到了聖人的
境界，仍然不能使其心自滿，何況那區區的功利！

堯舜的「盡性」雖然爲人們提供了「作聖之功」的方法，但是堯舜的時
代畢竟離孟子生活的時代已經很遠，所以孟子說：「由堯、舜至於湯，五百有
餘歲，若禹、皋陶則見而知之；若湯，則聞而知之。由湯至於文王，五百有
餘歲，若伊尹、萊朱則見而知之；若文王，則聞而知之。由文王至於孔子，

五百有餘歲，若太公望、散宜生則見而知之；若孔子，則聞而知之。由孔子而來至於今，百有餘歲，去聖人之世若此其未遠也，近聖人之居若此其甚也，然而無有乎爾，則亦無有乎爾。」船山認為，孟子這段話一方面表明，他擔心聖人之道在後世失傳，另一方面則表明，孟子「又以見乎天理民彝不可泯滅，百世之下，必將有神會而心得之者耳」，因而對聖人之道能夠繼續傳播充滿了信心。那麼孟子是如何把握和繼承聖人之道呢？船山認為：「孟子學孔子之學，以正人心而明作聖之功，既身體之以俟後世聖人之復起，〔乃〕述其憂患之深心，而明乎所述之不易也曰：『自今以往，聖人復起，非孔子其誰法哉？』夫聖人之心，天地之心，匹夫匹婦皆有其心，天地不毀，人道不絕，亦何患後之無其人！而道如大路，又豈必有傳心之秘乎！乃大義之垂，有其疑似，則必明知先聖必出於至一之塗，而不容歧；一貫之理，散為萬殊，則必明知先聖有其不易之法，而不可略。」可是自從孔子逝世之後，聖人的微言從此隱蔽，其七十多個著名弟子走散了，理論上不同的觀點也產生了，但還是會有人根據其文章，體會其性道，因而確切地知道先聖的思想並進行表彰宣揚，則後世那些像孔子那樣「祖述堯舜，憲章文武」的人便更加有根據了。船山指出，孟子上述那段話表明，「辨楊、墨，絕鄉願，正人心，明王道，堯、舜、湯、文之盛治，孔子之至教」，雖然是不容易擔當的，但是捨我其誰呢？這充分表明了孟子在繼承和發揚聖人之道的當仁不讓、敢於擔當精神。（《四書訓義‧孟子‧盡心下》）

（此文原載《舜文化研究與交流》2014 年第 3 期）

王船山論舜帝
——讀《四書訓義・孟子》（下）

四、學者之稱孝極於大舜

　　舜帝是以大孝稱著的。在這方面孟子的論述很多，而船山在《四書訓義》中發揮也較多。

　　孟子曰：「不孝有三，無後為大。舜不告而娶，為無後也，君子以為猶告也。」船山在解釋這句話時說，由於舜的父親是非不分，如果向他報告，就無法娶妻，也就會無後。結婚之前，向父母報告，這是守禮的一種表現，舜不報告，只是一種權宜之舉。「猶告」，是說與報告是一樣的。舜帝的這種「權」是符合中道的，所以他並沒有違背禮的要求。舜為什麼要行權呢？船山說，孝子在事親時，是以自己的心去侍奉的。客觀的形勢制約自己不能做到「兩全」：即既要報告父母，而父母不同意，又必須娶妻，不娶就會無後，這時候便要用心地進行衡量。之所以在結婚之前向父母報告，是因為孝子之心的不敢與不忍。之所以不向反對自己結婚的父母報告而娶妻，也是因為孝子之心的不敢與不忍。懂得了這個道理，就可以知道舜這個大孝的人為什麼要採取權宜的方法。

　　孟子曰：「天下大說而將歸己。視天下說而歸己猶草芥也，惟舜為然。不得乎親，不可以為人；不順乎親，不可以為子。舜盡事親之道而瞽瞍底豫，瞽瞍底豫，而天下化；瞽瞍底豫，而天下之為父子者定。此之謂大孝。」船山在解釋這句話時說，舜帝將天下歸順自己看成與得到一株小草那樣的

輕，他一心所想的是能夠得到父母之愛並且承順他們。所謂「得乎親」的「得」，指委曲地侍奉父母使他們高興。所謂「順乎親」的「順」，指以道去勸諭父母認識大道，從而做到父母子女的心都能保持一致，這是最難的。由於舜充分地盡了事親之道，最後使其父瞽瞍高興了，這就是舜的「順乎親」。由於有了舜這一崇高的榜樣，所以天下爲子者都知道天下沒有不可事之父，只不過是自己的侍奉態度不如舜罷了，於是大家都無不努力地去盡孝，結果使自己的父親也高興，這樣天下爲父的人都能夠做到慈愛，這就是孟子所說的「天下化」。子做到孝，父做到慈，雙方都達到自己品德所應有的高度，而無不安於自己所處的地位之感，這就是孟子所說的「天下之爲父子者定」。舜的榜樣可以爲法於天下，可以傳於後世，而不僅僅是停留在對一個人或一個家庭孝的影響之上，這就是稱他爲「大孝」的原因。船山在訓義中對孟子這段話進行總結時指出：「聖人之大孝，豈有他哉？此心之誠至而已矣。此可以見凡爲人者皆有此大順之心，凡爲子者皆有此篤愛之心，聖人保其赤子之良，而德孚於上下，豈外求之哉？故孝者，天地生生之理，生人知能之同得者也，可以知心之德，可以知性之通矣。」（《四書訓義・孟子・離婁上》）

孟子說：「人少則慕父母，知好色則慕少艾；有妻子則慕妻子；士則慕君，不得於君則熱中。大孝終身慕父母。五十而慕者，予於大舜見之矣。」船山在解釋這段話時說，這是指的普通人的感情是隨其境遇的改變而改變的，只有聖人才能不失其本心。所謂「熱中」，指躁急心熱。所謂「五十」，是說舜攝政時年齡已經五十歲，五十歲還慕父母，其終身之慕是可以想見的。孟子的這段話說明，舜不以得到普通人所想做的那些事爲自己的快樂，而是以不能順應雙親之心爲自己的憂愁。不是像聖人那樣的盡性，一般的人誰能夠做到這一點呢？船山在訓義時又說：「學者之稱孝，極於大舜。然能知舜事親之道，未能知舜事親之心也。夫孝豈有常道，爲職分之之所可盡者哉？唯其心而已矣。」這裡講的「職分」指人的官爵之類的東西。對舜來說，雖然貴爲天子，富有四海，但其慕親之心始終不衰。所以船山感慨地說：「蓋天下之理皆可以職言，而惟孝則但存乎心。天人相繼，形色性命相依，生生相續，止此心也。心隱而但以職言，孝衰於天下，孰足以知聖人之心哉？此不容不爲之發其隱微也。」就是說，世俗之見以爲當大官揚大名是孝順父母的最好表現，其實孝只存在於自己的心中。正是由於不懂得這個道理，所以孝道逐漸

衰落於天下，有幾個人能知道聖人之心呢？所以船山特別要揭示出這個微妙的道理。（《四書訓義・孟子・萬章上》）

孟子的弟子咸丘蒙問：舜既然當了天子，請問他的父親瞽瞍難道不是臣子嗎？孟子回答說：「孝子之至，莫大乎尊親；尊親之至，莫大乎以天下養。爲天子父，尊之至也；以天下養，養之至也。《詩》云：『永言孝思，孝思維則。』此之謂也。」船山在解釋這段話時說，舜的父親瞽瞍爲天子之父，則當然要亨受天下的供養，這也是舜在尊親養親方面所做到的極至，那有使其父親北面稱臣的道理。《詩》經說，人如果能夠永遠講孝道而不忘記，就可以成爲天下的法則。船山在訓義中進而發揮說，聖人是人倫的極至。因爲他充滿了忠孝之心，所以在雙親生時則盡敬，死時則盡哀，並且制定禮儀作爲萬世必須遵循的典則，凡爲子爲臣者都不敢違背。父義、母慈、兄友、弟恭、子孝這「五典」的徽號，就是從舜帝開始的。可是堯舜時代過去已經很遠了，其保存的歷史文獻也不多了，於是一些附會之說便產生了。到了戰國時期，社會風俗越來越壞，異端邪說紛紛產生，於是一些竊國篡位而凌辱其君的人和一些官大有錢而傲其父母的人，他們恬不知恥地誣衊大舜以堯爲臣、以父親爲臣，實際上是爲了掩蓋自己的罪惡。由此，船山感歎，聖人曲盡心思表現出來的忠孝之情，爲何那麼難以和流俗之人說呢！（《四書訓義・孟子・萬章上》）

五、堯舜之道仁而已

孟子曰：「堯、舜之道，不以仁政，不能平治天下。今有仁心仁聞而民不被其澤，不可法於後世者，不行先王之道也。」船山在解釋這段話的前一句時，引范氏曰：「此言治天下不可無法度。仁政者，治天下之法度也。」在解釋後一句時說，所謂「仁心」指愛人之心；「仁聞」則指有愛人之聲聞於人；而「先王之道」就是仁政。船山在訓義時，分析了孟子爲什麼要突出地強調堯舜之道是仁而已的問題。他說，在戰國時代，先王之道既不明也不行了，當時各個國家的君主一心只圖富國強兵，而認爲先王愛養人民平治天之道不足法，在爲政時完全是憑自己的主觀想像爲所欲爲。即使有那麼一二個天資柔厚的君主，也因爲時代太亂而無法改變這種傾向。當時的遊士則憑著自己的小聰明出一些主意，因而擾亂了昔日的典章。比如申不害、商鞅崇尚刑名法術，李悝則主張盡地力、開阡陌，惠施、公孫龍則辨論堅白同異。他們的

說法不一，但大都以破壞井田制、廢除學校、毀棄《周禮》中所規定禮制法度，毀滅三代的禮樂，以迎合時君好大喜功的志趣，因而造成天下大亂。而孟子卻獨守先王之道，其本來意圖是爲了平治天下，但當時沒有人相信和實行他的主張。於是孟子便深入地辨析當時暴君賊臣統治術的錯誤，用著作寫出先王之道中那些不可變易的實際內容，詳細地剖析治亂產生的緣由並用前人的成說加以證明，希望天下人通過讀他的著作或許能夠改變自己錯誤的觀點。船山在發揮孟子的觀點時說：「法堯、舜以盡君臣之道，猶用規矩以盡方員之極，此孟子所以道性善而稱堯、舜也。法堯、舜，則盡君臣之道而仁矣；不法堯、舜，則慢君賊民而不仁矣。」又說：「乃堯、舜之道無他，仁而已矣；今之事君治民者無他，不仁而已矣。」（《四書訓義・孟子・離婁上》）船山在解釋孟子「舜明於庶物，察於人倫，由仁義行，非行仁義也」時指出：「物理固非度外，而人倫尤切於身，故其知之有詳略之異，在舜則皆生而知之也。由仁義行，非行仁義，則仁義已根於心，而所行皆從此出，非以仁義爲美，而後勉強行之，所謂安而行之也。此則聖人之事，不待存之，而無不存矣。」這就是說，在舜那裏，行仁義完全是出於內心的需要，而不是因爲仁義可以美化自己，出於勉強而行之。（《四書訓義・孟子・離婁下》）

萬章問：「舜流共工於幽州，放驩兜於崇山，殺三苗於三危，殛鯀於羽山，四罪定而天下咸服，誅不仁也。象至不仁，封之有庳。有庳之人奚罪焉？仁人固如是乎！在他人則誅之，在弟則封之。」孟子回答說：「仁人之於弟也，不藏怒焉，不宿怨焉，親愛之而已矣。親之欲其貴也，愛之欲其富也。封之有庳，富貴之也。身爲天子，弟爲匹夫，可謂親愛之乎？」船山在評論這一段對話時指出，聖人的心，純粹是仁的。他天性中的那種慈愛是無法隱藏的，在施及最親愛之人時表現得更加深厚。聖人在施行其慈愛時，自然要竭盡慈愛的條理，從而使各方面的人能各得其所。即使在不能不施行法治懲罰的時候，其慈愛也是並行不悖的。後世的法家以刻薄寡恩爲心，於是提出了伸大法以抑私恩的說法，既傷害了天然的至親，而臣民也得不到恩澤，結果導致天下怨聲載道，他們還利用古人似是而非的故事爲自己辯護。船山從理論上對孟子上述這段話作了這樣的解釋：「夫仁人之於弟也，所性之仁所必篤者，不以天下易之而已。且夫象得罪於舜，未嘗得罪於宗社，未嘗得罪於生民也。其欲殺舜，非不可怨，非不可怒也；終不足以害舜，而怨怒釋矣。時過事已，而怒奚藏焉？怨奚宿焉？則夫舜此日之心，暢達自致，親之而不欲離，愛之

而不忍其失所而已矣。」就是說，象想殺舜是屬於個人的恩怨，而不是宗族的或人民的恩怨，況且他的謀殺企圖並沒有得逞，所以在時過境遷之後，舜仍然給象以適當的安置，封之於有庳，使其不至於流離失所。在往下的論述中，船山又根據孟子的說法，象雖然封於有庳，但「天子使吏治其國，而納其貢稅焉」，因而說明，象的「封」與一般的諸侯不同，他沒有生殺予奪之權，只不過收稅以養而已。這樣，象就不能殘暴地對待有庳之民。船山由此得出結論：「全象於侯度之外，即安民於吏治之中。仁人之親親仁民，並行不悖者，其條理然也。」（《四書訓義·孟子·萬章上》）

魯國想使慎子爲將軍。孟子說：「不教民而用之，謂之殃民。殃民者，不容於堯、舜之世。」對此，船山感慨地說：「先王之所制爲天下後世必遵之法，以建久安長治者，曰道；而人君推其不忍之心，以休養其民者，曰仁。乃率行先王之道，則天下安於無事，而仁自全；推其不忍之仁，則自有所憚而不爲，而道不悖。」可是在戰國之世，諸侯失度，互相兼併，危害士民的爭城爭地戰爭，慘殺不顧。王道不能爲之預防，仁心也不能使之感動，這固然是君主的錯誤，同時與爲臣者的誤導分不開。周人白圭想行二十取一之稅，孟子說他實行的是駱國的收稅方法，而堯、舜是什一而稅。所以孟子說：「欲輕之於堯、舜之道者，大駱小駱也；欲重之於堯、舜之道者，大桀小桀也。」對此船山指出：「人君取民有制，而即以天下之財待天下之用。此帝王之所以經理天下，使有恆而不匱，則亦終無意外非法之求，以反成乎虐害。」如果不預先從國家長遠的需要制定稅收政策，而只是一意裁減稅收，以爲這樣就可以減輕人民負擔，可是到了重大事務完不成的時候，臨時又要倉促向老百姓徵收錢糧，這時人民就會覺得雖然自己沒有供上之名，卻得到了上面苛責之實。駱國沒有治理國家的正確制度，表面上節儉實際上繁瑣，表面上寬大恤民實際上殘酷剝削。夏桀的無道，其表現之一，就是收稅沒有一定方法，想多收就多收，其實質與駱國相似，所以最終結果是虐民亡國。可見船山認爲，什一而稅也是堯舜實行仁政的具體表現之一。（《四書訓義·孟子·告子下》）

船山在解釋孟子說的「堯、舜，性之也；湯、武，身之也；五霸，假之也。久假而不歸，惡知其非有也」時指出，堯、舜的天性全體渾然，不需要通過修養練習；湯、武則是通過修身體道，以恢復自己的善性；而五霸則假借仁義之名，以求達到其貪欲之私。五霸一輩子都是盜竊仁義之名，而不自

知其「仁義」非眞有。船山在發揮孟子的思想時指出：「天下人心之所歸，而乘乎時以建業者，仁義而已矣。仁義者，道也。所以行仁義者惟其心，其所由以行仁義者異，而眞僞之別，道德功名之遞降，亦於此分焉。」（《四書訓義‧孟子‧盡心上》）就是說，仁義是影響天下人心的歸向，也是決定帝王能夠乘時建立功業的東西。仁義是聖人之道，能否行仁義決定於帝王的內心，但採取什麼方法和措施行仁義則是不同的。正是這種不同，決定著他們是眞行仁義還是假行仁義，也決定著他們的道德功名的高低程度。

六、天下者非一人之私有

　　船山十分讚賞大舜的公天下思想。他在解釋「萬章曰：『堯以天下與舜，有諸？』孟子曰：『否。天子不能以天下與人』」時說：「天下者，天下之天下，非一人之私有故也。」船山進而從理論上分析了孟子與萬章的上述對話：堯把帝位禪讓給舜，從現象上看，是將天下當作自己的東西推讓給別人，所以人們說「堯以天下與舜」。後世的人也習慣了這一說法。因此萬章提出質疑：「堯對舜的禪讓，將天下當作自己的東西，將聖人之大寶帝位、九州之地，完全按照自己個人的想法送給人，以此來成就自己的大公。堯眞的有這種想法嗎，眞的有這種事嗎？」孟子爲了破除歷代傳說造成的疑問，爲了替堯舜之間的這種授受關係正名，於是明確地指出：「不對。堯未嘗輕視天下因而輕易地說『與』，舜也並不是承受堯的意旨而接受其『與』。爲什麼呢？天子不能以天下與人。天下之人推戴一個人爲天子，但是這個天子並不能將天下視爲自己所有的東西。如果將天下視爲可『與』的東西而『與』人，那麼這個『與』者已經是錯誤的了，而被『與』者也不能接受。這從『理』的角度來說是不允許的，從『勢』的角度來說就是不可能的。如果強制地推行這種不可能，那麼天下也就岌岌可危了。」船山對萬章和孟子對話的分析完全是按照自己的理解進行表述的。而這種分析清楚地表明了船山對堯舜的公天下思想的擁護。

　　在往下的論述中，船山根據孟子的記載，論述了由公天下到家天下產生的歷史必然性。「萬章問曰：『人有言：至於禹而德衰，不傳於賢而傳於子。有諸？』孟子曰：『否。不然也。天與賢，則與賢；天與子，則與子。』」船山對孟子的回答作了充分的發揮。他說，禹的道德與堯舜一樣，那裏有什麼衰落！禹何嘗有傳子之事，而吝於傳賢呢？這句說法是不對的。其傳賢還是

傳子，不是禹的責任，這不是禹的心所考慮的。就是堯舜的傳賢，也不是堯舜個人的私相授予，而是天授與的。在那遠古的洪荒之世，沒有聖賢之間的傳承，就無法開創萬世的治理國家的一脈相傳的統系（「治統」）。所以當時天理的要求，在與賢者以立君道的極則，則天下的人知道有其德者便有其位，而不敢輕視帝位這個大寶的歸屬誰。」理」認為是適宜的，「勢」便隨著理而形成，事勢民情因之而很順暢，這都是天的安排。禹的傳子，也不是禹給予的，而是天給予的。因為禹在世時，是向上天推薦舜之子益為自己的接班人。但是在禹死後天下之人朝覲訟獄不到益那裡而到禹之子啓那裏。這是由於自從文明發達之後，不必等聖人相繼而起也可以安一代之人心。這時的理之所宜，便是傳子以定君臣之分，這時天下的創業者把自己的基業留傳下去，而其子孫也都能享受先王的積德。「理」既然認為是適宜的，「勢」也就順著理而發展，因而事勢民情也都能安定，這也是天決定的。船山在這裏雖然和孟子一樣強調天的作用，但是這不過是一種表面現象。其論述的實質，在於探求人類歷史發展的一種必然性。目的是為了說明，堯舜的禪讓傳賢是歷史的必然要求，禹之傳子家天下也是歷史的必然要求。由此，船山得出結論：聖人對於天下，在開創治世，治理亂世方面，都是通過自身的努力，而不是將其歸之於命運（氣數）。惟有在帝位的授受這個問題上，則一切聽之天命，自己決不參與。因為天下是上天的天下，也是天下人之天下。由帝王自己來傳授帝位，那就是把帝位視為自己的；託之於人民，帝位就不是自己的。正是由於不懂得這個道理，所以有人說堯舜的禪讓是以天下轉讓他人，而三代以後帝位世襲是以天下給予兒子，於是便有「帝降而王」，有公天下與私天下的道德境界不同的說法。開始的時候是一些不拘禮法的超脫之人，認為古代帝王視帝位為破舊的鞋子（「敝屣萬乘」）是清高的表現，而不知道聖人尊重老天託附的意義；而一些奸巧之人因而竊取其說以誘惑愚弱之人主，企圖篡奪其帝位。所以君子之人用大義以辨之，使天下之人知道有天意在上而不敢隨意猥褻（《四書訓義‧孟子‧萬章上》）。

（此文原載《舜文化研究與交流》2014 年第 4 期）